国家社科基金青年项目"遏制外部势力干涉台湾问题的法理依据研究"（18CGJ009）
教育部哲学社会科学重大攻关项目"中国国家安全法治建设研究"（16JZA012）
教育部哲学社会科学重大攻关项目"采取反分裂国家必要措施的相关法律问题研究"（17JZD030）

台湾地区宪制性规定法理定位研究

段 磊 著

九州出版社　全国百佳图书出版单位

图书在版编目（CIP）数据

台湾地区宪制性规定法理定位研究／段磊著．--2版．--北京：九州出版社，2023.9
（国家统一理论论丛／周叶中总主编）
ISBN 978-7-5225-2175-6

Ⅰ.①台⋯ Ⅱ.①段⋯ Ⅲ.①法的理论-研究-台湾 Ⅳ.①D927.580.4

中国国家版本馆CIP数据核字（2023）第180257号

台湾地区宪制性规定法理定位研究

作　　者	段　磊著
责任编辑	肖润楷
出版发行	九州出版社
地　　址	北京市西城区阜外大街甲35号（100037）
发行电话	（010）68992190/3/5/6
网　　址	www.jiuzhoupress.com
印　　刷	北京捷迅佳彩印刷有限公司
开　　本	720毫米×1020毫米　16开
印　　张	20
字　　数	270千字
版　　次	2023年10月第2版
印　　次	2023年10月第1次印刷
书　　号	ISBN 978-7-5225-2175-6
定　　价	118.00元

★ 版权所有　侵权必究 ★

"国家统一理论论丛"总序

党的二十大报告指出："解决台湾问题、实现祖国完全统一，是党矢志不渝的历史任务，是全体中华儿女的共同愿望，是实现中华民族伟大复兴的必然要求。"这充分体现出解决台湾问题对党、对中华民族、对全体中华儿女的重大意义，更为广大从事国家统一理论研究的专家学者提供了根本遵循。

自20世纪90年代以来，武汉大学国家统一研究团队，长期围绕国家统一的基本理论问题深入研究，取得一系列代表性成果，创建湖北省人文社科重点研究基地——武汉大学两岸及港澳法制研究中心。长期以来，研究团队围绕国家统一基本理论、反制"法理台独"分裂活动、构建两岸关系和平发展框架、构建两岸交往机制、两岸政治关系定位、海峡两岸和平协议、维护特别行政区国家安全法律机制、国家统一后治理等议题，先后出版一系列学术专著，发表数百篇学术论文，主持多项国家级重大攻关课题和一大批省部级以上科研项目。其中，《构建两岸关系和平发展框架的法律机制研究》与《构建两岸交往机制的法律问题研究》两部专著连续两届获得教育部高等学校科学研究优秀成果奖（人文社会科学）一等奖，后者还被译为外文在海外出版，产生一定国际影响。研究团队还围绕国家重大战略需求，形成一大批服务对台工作实践的战略研究报告，先后数十次获得中央领导同志批示，一大批报告被有关部门采纳，为中央有关决策制定和调整提供了充分的智力支持。

在长期从事国家统一理论研究的过程中，我们形成一系列基本认识和基本理念，取得一大批关键性成果，完成了前瞻性理论建构布局。我们先后完成对包括国家统一性质论、国家统一过程论、国家统一治理论在内的国家统一基本理论框架的基础性探索；以问题为导向，逐一攻关反"独"促统、两岸关系和平发展和特别行政区治理过程中面临的一系列关键性命题，并取得重要理论成果；面向国家统一后这一特殊时间段的区域治理问题，提出涵盖理论体系、制度体系、机构体系、政策体系等四大体系的先导性理论设计架构。

在过去的近三十年时间里，武汉大学国家统一研究团队的专家学者，形成了大量服务于国家重大战略需求的研究成果。然而，由于种种原因，这些成果未能以体系化、规模化的方式展现出来，这不得不说是一种遗憾。为弥补这一遗憾，我提议，可将我们过去出版过的一些较能体现研究水准、对国家统一事业具有较强参考价值的著作整合后予以再版，出版一套"国家统一理论论丛"，再将一些与这一主题密切相关的后续著作纳入这一论丛，争取以较好的方式形成研究成果集群的体系化整合。提出这一设想后，在九州出版社的大力支持下，论丛首批著作得以顺利出版。在此，我谨代表团队全体成员，向广大长期关心、支持和帮助我们的朋友表示最衷心的感谢！同时，我们真诚地期待广大读者的批评和建议。我们坚信：没有大家的批评，我们就很难正确认识自己，也就不可能真正战胜自己，更不可能超越自己！

周叶中
2023 年夏于武昌珞珈山

目　　录

绪论 …………………………………………………………………（1）

第一章　问题意识与理论面向 ……………………………………（15）

　第一节　从"中华民国"到"中华民国宪法"：问题意识的
　　　　　提出与转换 ……………………………………………（16）

　第二节　台湾地区宪制性规定法理定位理论面向的释出 ………（28）

　第三节　台湾地区宪制性规定法理定位问题的论证结构 ………（39）

第二章　台湾地区宪制性规定法理定位的主权面向 ……………（52）

　第一节　两岸关于主权争议：实践面的解析 ……………………（52）

　第二节　两岸关于主权争议：理论面的困境与挑战 ……………（64）

　第三节　台湾地区宪制性规定法理定位主权背景的再确认 ……（80）

　第四节　"治权"与台湾地区宪制性规定法理定位问题 …………（96）

第三章　台湾地区宪制性规定法理定位的历史面向 ……………（117）

　第一节　作为历史事实的《中华民国宪法》之制定与
　　　　　废除（1945—1949）…………………………………（118）

　第二节　1949年后"中华民国宪法"的历史定位研究 …………（130）

　第三节　台湾地区"宪政改革"与台湾地区宪制性规定法理
　　　　　定位问题的蜕变 ………………………………………（146）

3

第四章 台湾地区宪制性规定法理定位的两岸面向 ……………（169）

第一节 "中华民国宪法"的维护一个中国框架
功能之考察 ……………………………………………（170）

第二节 台湾地区宪制性规定在岛内的政治功能之考察 …………（192）

第三节 台湾地区宪制性规定的两岸交往中的功能之考察 ………（210）

第五章 台湾地区宪制性规定法理定位策略：形成与应用 …………（225）

第一节 台湾地区宪制性规定定位策略的基本思路及其内涵 ……（225）

第二节 台湾地区宪制性规定法理定位策略的可实现性论证 ……（248）

第三节 台湾地区宪制性规定法理定位策略与其他模式之
比较 …………………………………………………（262）

第四节 台湾地区宪制性规定法理定位策略与两岸政治关系
发展 …………………………………………………（279）

结语 ……………………………………………………………（290）

参考文献 ………………………………………………………（292）

后记 ……………………………………………………………（308）

绪　　论

一、研究缘起

2015年11月7日，两岸领导人习近平、马英九在新加坡会面并就推动两岸关系和平发展交换意见。在会谈中，马英九提出，台湾方面对"九二共识"的表述，"完全不涉及'两个中国'、'一中一台'与'台湾独立'，因为这是'中华民国宪法'所不容许的"[1]。尽管马英九的表述未必能够代表台湾岛内所有政治力量的共识，但其论述在一定程度上体现出"中华民国宪法"对于遏制"台独"分裂活动，维护一个中国框架的重要作用。2016年2月26日，外交部部长王毅在美国"战略与国际研究中心"（CSIS）演讲时提及，台湾当局执政者"应当接受他们自己'宪法'规定的大陆与台湾同属一个中国"[2]。王毅这一涉及台湾地区宪制性规定的论述引发两岸各界舆论强烈关注、讨论和反响。2016年5月20日，台湾地区领导人蔡英文在其"就职演说"中亦围绕宪制性规定"中华民国宪法"提出其两岸关系政策主张，称其将"依据'中华民国宪法''两岸人民关系条例'及其他相关'法律'处理两岸事务"[3]，较之于其

---

[1] 《"习马会"闭门会谈马英九讲话全文》。
[2] 《王毅：台湾新执政者"违宪"不可想象》，资料来源：http://www.crntt.com/doc/1041/3/6/9/104136983.html?coluid=0&kindid=0&docid=104136983，最后访问日期：2017年5月20日。
[3] 《蔡英文520就职演说全文》，资料来源：http://www.zaobao.com/realtime/china/story20160520-619360，最后访问日期：2017年5月20日。

之前所称依照"中华民国现行宪政体制"处理两岸关系，更进一步。这些现象都表明，围绕宪法理论形成对台湾地区宪制性规定"中华民国宪法"[①]法理定位问题论述和相应的涉台策略，在时机上已经趋于成熟。

短短十年时间，两岸关系实现了从政治对抗到和平发展的阶段性转变。2005年，国共两党领导人实现六十年来首次会面，2008年两岸两会在中断联系九年之后重启事务性协商，2013年两岸事务主管部门负责人直接交往，2015年两岸领导人实现首次会面……十多年来，两岸关系的不断前行，既为我们实现祖国和平统一提供了越来越多的机遇，也为我们进一步推动双方关系深入发展提出了新的难题和挑战。当前，对两岸关系和平发展最大的现实威胁是"台独"分裂势力及其分裂活动，能否有效遏制"台独"分裂势力，消除其分裂活动的政治影响，直接关系到两岸关系的发展方向。

早有学者指出，台湾问题不仅是政治问题，也是法律问题，归根到底是宪法问题。[②] 这意味着台湾问题虽具有政治属性，但我们在思考和解决台湾问题的过程中，依然可以积极运用法治思维，尤其是宪法思维，通过将纷繁复杂的政治问题转化为可以由法治方式加以解决的法技术性和法理论性问题。在两岸政治分歧尚未彻底解决的情况下，两岸政治性议题中，最为重要的一个问题，即两岸政治关系定位问题，亦即在两岸政治交往中，双方如何看待对方政治地位，如何看待彼此之间政治关系的问题。[③] 就大陆方面而言，两岸政治关系定位问题的核心，即如何看待"中华民

[①] 长期以来，大陆法学界通常以"中华民国宪法"指代1946年制定之后直至台湾地区"宪政改革"前施行的"宪法"，而以"台湾地区现行'宪法'"指代台湾地区通过"宪政改革""增修"而成的"宪法"。然而，在两岸政界，"中华民国"问题、"中华民国宪法"问题已成为指代相应问题的专用术语，故本书一般使用"中华民国宪法"的表述。需特别指出的是，这一表述系为方便行文，并不表明作者承认其合法性。

[②] 周叶中：《台湾问题的宪法学思考》，载《法学》2007年第6期。

[③] 周叶中、祝捷：《关于大陆和台湾政治关系定位的思考》，载《河南政法干部管理学院学报》2009年第3期。

国",如何看待"中华民国"与中华人民共和国的关系问题。将这一政治问题置于宪法学的研究视野之中,运用法治思维思考这一问题时,问题的重点随之变为台湾地区宪制性规定(即"中华民国宪法")的法理定位问题,以及《中华人民共和国宪法》与"中华民国宪法"的关系问题。

在上述实践和理论背景下,重新审视"中华民国宪法"的法理定位及其对于两岸政治关系发展和祖国实现和平统一的重要意义,重视"中华民国宪法"在台湾地区政治生活的重要地位,从宪法学角度对"中华民国宪法"及其对我们维护两岸关系和平发展的重要价值做出精细化评估已成当务之急和必然之需。基于这一认知,从"中华民国宪法"法理定位问题的问题意识出发,从两岸主权争议、宪制史发展和两岸关系现状出发,解决当前形势下重新界定这部"宪法"法理定位的可能性与可行性问题,形成合乎规范性与可接受性的研究结论,对于巩固一个中国框架和拓展两岸政治交往空间具有重大现实意义。

二、研究现状

长期以来,两岸政治关系定位议题都是为两岸学界高度重视的"显学"。在这种"显学"效应的影响下,两岸学界对相关问题的研究形成的学术成果可谓汗牛充栋。"中华民国宪法"法理定位问题,是两岸政治关系定位问题在宪法学领域的映射,也是两岸政治关系定位问题的重要表现形式。从宪法学视角看,两岸若需就两岸政治定位问题形成共识,首先必须正视和解决"中华民国宪法"法理定位问题。通过对既有研究加以综述与评析,可以为本研究奠定良好的文献基础。

(一)国内外研究综述

近年来,随着两岸关系和平发展的不断深入,两岸学界围绕"中华民国宪法"法理定位问题、两岸政治关系定位问题和两岸政治性议题的协商等问题展开了诸多讨论,并形成了一些研究成果。具体来说,这些研究成果主要集中在以下四个方面：

第一，围绕台湾当局与"中华民国"定位问题形成的研究成果。"中华民国"的政治定位问题是制约两岸关系的瓶颈问题之一，学者围绕这一问题形成一系列研究成果。1. 大陆学者基于维护一个中国原则的政治立场，多在论证中否认"中华民国"的存在，而在两岸关系和平发展的背景下，部分学者开始倾向于从认可"中华民国"的"有效性"出发探讨其政治定位，如陈孔立认为，"中华民国"是一个无法回避、需要解决的问题，在处理这一问题过程中，应不违背一个中国原则，要有容和思维，准备让步，鼓励合作[①]；王英津认为，"中华民国"问题"是两岸关系发展中的主要矛盾，是两岸政治关系定位所要解决的核心问题"，当前两岸在处理这一问题时，都存在其政策内部的矛盾，目前"中华民国"的实质是"与中国中央政府（即中华人民共和国政府）'负隅顽抗'的一个'事实上的政权'"[②]。2. 台湾学者则基于"中华民国是一个主权独立的国家"的既定立场，坚持"中华民国"是"合法性"与"有效性"的统一体，但其内部亦因政治立场的差异，而对"中华民国"的政治内涵持不同立场，部分学者将"中华民国"视为"主权涵盖全中国，而治权仅及于台澎金马地区"的"主权国家"，而部分学者则将"中华民国"视为"主权、治权均仅及于台澎金马地区"的"主权国家"。

第二，围绕台湾地区现行"宪法"定位问题形成的研究成果。如何看待台湾地区现行"宪法"是我们解决台湾问题，尤其是开启两岸政治对话时必须解决的重要命题。1. 大陆学者往往立基于一个中国原则和两岸关系发展的特定情形，将台湾地区现行"宪法"界定为一种事实上存在，却不具有合法性（或不具有作为一国宪法合法性）的"根本法"，如

---

① 陈孔立：《"中华民国"的政治定位》，载陈孔立：《走向和平发展的两岸关系》，九州出版社2010年版。
② 王英津：《论两岸政治关系定位中的"中华民国"问题（下）》，载《中国评论》（香港）2016年2月号。

周叶中认为，可以将台湾地区现行"宪法"定义为一种"宪制性规定"①；杜力夫认为，台湾地区现行"宪法"本质上是"中国台湾地区基本法"②；殷啸虎认为，台湾地区现行"宪法"是一部中国的"省宪"③。

2. 台湾学者则大多立基于"中华民国是一个主权国家"（不论其"主权"范围是包含大陆和台湾在内的全中国，还是仅及于台澎金马地区）的观点，将"中华民国宪法"具有合法性作为其论证背景，继而提出其对两岸关系定位的基本观点，如张亚中在提出其"一中三宪、两岸统合"理论时，即将"中华民国宪法"的合法性作为一个无需证明的理论前提，继而提出两岸的现状是"一中两宪"，而"中华民国宪法"作为"两宪"之一，是"整个中国土地上并存的两个治理其居民的宪法之一"④；颜厥安则一针见血地指出岛内主要政治力量对于"这个称之为中华民国的宪政体制，其实多半抱着工具性利用的心态"，提出"中华民国已死，只有中华民国宪法（因为历史的偶然）仍一息尚存"的观点，认为"中华民国宪法"只是台湾出于无奈而借用的一种"生存策略"⑤。

第三，围绕台湾地区现行"宪法"变迁形成的研究成果。20世纪90年代初开始启动的台湾地区"宪政改革"，是台湾地区现行"宪法"发展史上的重大事件，因而两岸学者对这一事件都形成了为数不少的研究成果。1. 大陆学者的研究成果多从遏制台湾借"宪改"之机实现"法理独立"的角度出发，论述"宪改"的现实影响，如周叶中、祝捷认为，从台湾地区"宪政改革"的历程、特点和矛盾等问题的分析可以看出，"宪政改革"的"台独"背景深厚，"宪改"本身亦有可能成为某些政客用于

---

① 周叶中：《关于两岸关系法理定位的思考》，载周叶中、祝捷：《两岸关系的法学思考（增订版）》，九州出版社2014年版。
② 杜力夫：《"一国两制"视角下"中华民国宪法"的定位》，载《"一国两制"研究》（澳门）2013年第4期。
③ 殷啸虎：《关于台湾现行"宪法"的定性与定位》，载《法学》1995年第9期。
④ 张亚中：《论两岸与中国的关系》，载《中评月刊》2009年3月号。
⑤ 颜厥安：《宪政体制与语言的困境》，载颜厥安：《宪邦异式》，元照出版公司2005年版。

实现"台独"目标的法宝①；亦有部分学者从"宪政改革"的积极意义出发，分析其对两岸关系发展的正面影响，如刘国深认为，随着时空环境的改变，我们对"中华民国宪法"的角色与功能的定位和看法也必须相应调整，台湾多数民众对这部"宪法"有他们的感情和坚持，对此我们需要在一个中国原则下予以尊重和包容②；杜力夫认为，台湾地区"宪政改革"对两岸关系的影响是一个动态的过程，"宪改"政权的"本土化""台湾化"有利于两岸关系和平发展，有利于约束"台独"势力，"宪改"对两岸现状的定位为"九二共识"和两岸和平发展奠定了基础③。

2. 台湾学者的研究成果，多意图借对"宪政改革"的研究，证成其对两岸政治关系的结论，尤其是部分持"台独"立场的学者，多选择以此为切入口，论证"宪政改革"对"台湾法理独立"的意义，如许宗力认为，"宪政改革"是对"两个中国"关系模式的重新定位，在"宪政改革"时期，大陆和台湾的关系是"特殊的国与国关系"④；王泰升认为，"宪政改革"的本质，"乃于实定法中将台湾予以'特殊化'"，继而提出"台湾与中国大陆之间事实上是'两国两制'"⑤；叶俊荣认为，"宪政改革"是一场"宁静的革命"，它构成了台湾地区"代表性的重建"⑥；李仁淼认为，依照西耶斯的"修宪权"理论，"未参加制定'中华民国宪法'的台湾人民，无权修改这部宪法"，因此解决台湾地区"宪政"问题的途径

---

① 周叶中、祝捷：《台湾地区"宪政改革"研究》，香港社会科学出版社有限公司2007年版，第352—353页。
② 刘国深：《台湾地区"宪政改造"对国家统一的影响》，载《台湾研究集刊》2006年第4期。
③ 杜力夫：《台湾"宪政改革"的政治功能和对两岸关系的影响》，载《太平洋学报》2007年第11期。
④ 许宗力：《两岸关系法律定位百年来的演变与最新发展》，载《月旦法学杂志》1996年第12期。
⑤ 王泰升：《中华民国法体制的台湾化》，载王泰升：《台湾法的断裂与连续》，元照出版公司2002年版。
⑥ 叶俊荣：《法统的迷思——台湾民主代表性的操控与重构》，载《当代公法新论（上）：翁岳生教授七轶诞辰祝寿论文集》，元照出版公司2002年版。

是制定"新宪法"①。

第四，围绕两岸政治关系定位问题形成的研究成果，兼及台湾地区现行"宪法"定位问题及其与《中华人民共和国宪法》关系的问题。大陆和台湾的政治关系定位是两岸关系研究的核心问题之一，它直接关系到两岸启动政治对话的基本条件，也直接关系到两岸未来重归统一的基本方式。通过对两岸政治关系定位问题的分析和研究，可随之推导出"中华民国宪法"的定位结论。1. 大陆学者立基于一个中国框架，在这一框架之下兼顾台湾方面对其所谓"主体性"需求，提出大陆和台湾政治关系定位的方案，如周叶中等认为，作为地理概念的"两岸"可以作为现阶段大陆和台湾政治关系定位的模式，在这一模式下，与"国家""政府""实体"等有关的政治问题都被"议题化"，由两岸通过谈判和协商的方式分阶段加以解决②；刘国深提出"球体国家理论"，认为两岸政治关系的现状是"一个中国境内两个竞争中国代表权的政权差序并存"③；李义虎认为，应基于两岸政策主张的上限和下限实行区间定位，按照存量不动、增量改革的原则，将"一国两宪"视为维持现状的一部分，将两岸整合和国家统一进程视为国家结构调整的过程④；李鹏认为，在两岸政治关系定位过程中，可使用双方在过去数十年使用的"当局"一词作为当前双方政治定位的起点，双方互称"当局"既不违背一个中国框架，又可体现平等协商、对等谈判的身份⑤；祝捷认为，基于两岸各自宪制性规定对于"一中性"的确认以及两岸对于治理理念的认可，可形成"宪制-

---

① 李仁淼：《自制宪权直观点思考我国宪政改革之问题点》，载《月旦法学教室》第144期。
② 周叶中、祝捷：《关于大陆和台湾政治关系定位的思考》，载《河南政法干部管理学院学报》2009年第3期。
③ 刘国深：《两岸政治僵局的概念性解析》，载《台湾研究集刊》1999年第1期。
④ 李义虎：《台湾定位问题：重要性及解决思路》，载《北京大学学报（哲学社会科学版）》2014年第1期。
⑤ 李鹏：《以"当局"作为两岸商谈政治定位起点之理论探讨》，载《台湾研究集刊》2014年第2期。

治理"框架,并将"一中宪制框架内两个平等的治理体系"作为现阶段两岸政治关系定位的安排之一。① 2. 台湾学者将"台湾主体性""正当性"视为两岸政治关系定位的"天然"起点,继而提出相应的定位方案,如张亚中等持"一中三宪、两岸统合"观点的学者将两岸政治关系界定为"整个中国之下的两个宪政秩序主体",两岸体现出"主权重迭,治权分立"的关系;② 杨开煌认为,两岸关系的法理状态是一个主权,而事实状态是两个主权行为者,而且彼此之间,必须也必然只能是平等而互不隶属的。③

第五,围绕"中华民国宪法"与一个中国框架之关系形成的研究成果。近年来,"台独"分裂势力的分裂活动日益猖獗,在这种背景下,越来越多的学者开始对"中华民国宪法"和一个中国框架之间的关系加以研究,或力图形成借助这部"宪法"中的相关资源,巩固一个中国框架,或希望借助这部"宪法"和1982年宪法关系的论证,为两岸政治关系发展方向提供理论预设。1. 大陆学者的研究重点在于挖掘和论证"中华民国宪法"的"一中性"因素,借以通过台湾地区有关规定维护一个中国框架,如周叶中、祝捷认为,两岸法律制度的"一中性",将政治的"一中性"具体体现为法律的"一中性",借助法律的权威性、规范性和可操作性,丰富了政治的"一中性"内涵,因而也推动一个中国框架表现形式和内涵的具体化④;杜力夫认为,"中华民国宪法"确认当时中国包括台湾在内的全部固有疆域为中国领土,确认世界上只有一个中国的原则,是"一中宪法"⑤。2. 台湾学者在这一领域的研究重点则因个人政治立场

---

① 祝捷:《论"宪制—治理"框架下的两岸政治关系合情合理安排》,载《台湾研究集刊》2015年第5期。
② 张亚中:《两岸统合论》,中国评论学术出版社2013年版。
③ 杨开煌:《中共面对"中华民国议题"之研究》,载《第一届北京"台研论坛"论文集》。
④ 周叶中、祝捷:《关于两岸法律制度"一中性"的几点思考》,载周叶中、祝捷:《两岸关系的法学思考》,九州出版社2013年版,第120页。
⑤ 杜力夫:《"宪法一中"与国民党当政时的大陆政策》,载《台湾研究集刊》2007年第1期。

的差异分为两派：一派从规范分析角度出发，认为"中华民国宪法"依然是一部"一中宪法"，只不过此处的"一中"是指"中华民国"，如苏永钦认为，"两岸的宪法都还承认有一个涵盖大陆与台湾的完整主权……我们称之为中华民国"[①]；曾建元认为，"一九九一年以后的台湾新宪法秩序，于是存在着法理主权与实施主权/中国性与台湾性的二律背反现象，在法理上存在着一个虚拟的大中国架构，但整个宪法秩序反映的是台湾（事实）主权独立于中华人民共和国所主张的中国法理主权之外的现实"[②]；另一派则从法史学角度出发，建立了所谓"以台湾为中心的宪法观"，将台湾视为一个独立于大陆的"共同体"，并意图通过"宪法"的描述，完成对"台湾主体性"的论证，如王泰升认为，台湾为"非指某特定的政权或国家，而是指称由居住其上的人民组成的一个共同体"[③]，在"自由民主的宪政秩序"可以超越既存宪法文本之上的前提下，所谓"大一统"的国家观念与"台湾独立"立场的分歧，可被视为"国家为帝王而存在"与"国家为人民而存在"矛盾的外化[④]；许宗力认为，台湾地区"宪政改革"是两岸政治关系定位模式的分界点，"宪改"之后，两岸关系即所谓"特殊的国与国关系"，台湾应抛弃"漏洞百出""不惧任何实际意义的新名词"，将大陆和台湾的政治关系定位为所谓"两个中国"[⑤]。

（二）研究综述评述

总体而言，针对"中华民国宪法"定位及其相关问题的研究，两岸

[①] 苏永钦：《从区际法的角度读反分裂国家法》，载苏永钦：《寻找共和国》，元照出版社2008年版，第15页。
[②] 曾建元：《一个宪法，各自表述：台湾宪法秩序中的"一个中国架构"》，载《中华通识教育学刊》2006年第4期。
[③] 王泰升：《台湾法律史概论》，元照出版公司2001年版，第4页。
[④] 王泰升：《自由民主宪政在台湾的实现：一个历史的巧合》，载《台湾史研究》2004年第1期。
[⑤] 许宗力：《两岸关系法律定位百年来的演变与最新发展——台湾的角度出发》，载《月旦法学杂志》1996年第12期。

学界已经形成了为数不少的研究成果，这些研究成果为本研究的展开奠定了良好的理论基础。但坦率地说，当前学界对于"中华民国宪法"问题的研究总体上依然处于起步阶段，尚未获得与其应有价值和意义相称的重视与关照。因此，关于这一问题的研究依然有待进一步精进。具体说来：

第一，既有研究已经形成了从政治学、法学、国际关系学等多个学科出发的、为数众多的研究成果，但大多数成果仍系对大陆和台湾各自两岸关系政策表述（尤其是对一个中国框架政策）的复述，缺乏从理论层面，尤其是宪法学基础理论层面，深入分析"中华民国宪法"问题的成果。

第二，既有研究成果往往基于特定的政治立场（或立基于维护一个中国框架，或致力于鼓吹"台湾主体性"甚至是"台独"观点），以两岸之间的"主权"争议为核心展开论证，兼有使用"治权"等概念者，因而两岸学者的观点往往限于"自说自话"的窘境之中，而难以形成共识，更无法提出能够为两岸所共同接受的建设性策略体系，因而缺乏实践价值。

第三，既有研究成果多是在两岸政治关系定位问题的研究过程中兼及"中华民国宪法"问题，大陆方面缺乏对其问题的系统性研究，因而现有的部分观点缺乏足够的理论深度，面对台湾方面政治人物和部分学者以"宪法"为突破口提出的有关两岸关系的理论论述，缺乏足够的理论回应。

既有研究成果有待精进之处，恰恰构成本研究的必要之处，这些问题既是本研究要着力克服和改变的，也构成了本研究的理论动力和研究的突破口。

三、研究意义

本研究着眼于作为两岸政治关系定位问题在宪法论域映射的"中华民国宪法"法理定位问题，力求运用宪法学基本理论和基本原理，形成一套具有建设性意义的法理定位策略体系。基于这一目标,本研究的意义主要体现在理论和实践两个层面。

(一) 理论意义

第一,本研究能够系统地梳理和分析"中华民国宪法"的地位问题,为我们从历史和现实两个角度,以宪法学基础理论为依托,论证台湾地区现行"宪法"的法理定位,形成一套完善的说理体系。

第二,本研究系统分析我国现行宪法与台湾地区现行"宪法"的关系问题,能够为两岸政治关系定位和祖国和平统一问题的研究开启一个新的理论视角,为进一步完善相关问题的研究提供理论支撑。

第三,本研究能够在一定程度上丰富、更新和证成以法治思维为核心的新型台湾问题研究的方法体系。本研究拟在反思传统的以政治学为主要理论来源,以政策话语为研究依据的研究框架之基础上,形成以宪法学理论为主要理论渊源,以宪法思维为核心的新的研究框架,并将这一研究框架实践于对"中华民国宪法"问题的研究,这将为形成新型的台湾问题研究方法论体系提供理论素材。

(二) 实践意义

第一,本研究运用宪法学基础理论,系统分析台湾地区现行"宪法"的"本土性"与"代表性"问题,能够为驳斥部分给"台独"分裂活动背书的错误观点提供学理支持。

第二,本研究比较两岸各方以"宪法"为核心概念形成的多种涉及两岸关系的政策表述,并对这些表述做出理论评析,能够为国家应对台湾方面部分政治人物,尤其是民进党部分政治人物以"宪法"为核心的两岸论述提供支持。

第三,本研究运用宪法学基本理论从主权、历史和现实等角度出发,对台湾地区现行"宪法"法理定位问题进行分析,能够基于两岸政治关系定位和台湾地区政治局势的状况形成对"中华民国宪法"法理定位问题的策略性回应，供有关部门在决策时参考使用。

第四，本研究通过对两岸就一个中国框架在宪法层面的表述之分析，提出两岸就这一问题形成具有规范表现形式的"法理共识"之观点，为两岸推动"九二共识"的规范化提供策略支持。

四、研究方法

本研究坚持马克思主义的根本方法论，坚持辩证唯物主义和历史唯物主义的方法论，力求辩证地、全面地、历史地、现实地考察"中华民国宪法"问题。在这一根本方法论的指引下，本研究拟采用规范分析法、历史分析法、比较分析法和案例分析法等多种研究方法。

1. 规范分析法。本研究拟对"中华民国宪法"之中能够体现其法理属性的重要条款进行规范分析，为论证"中华民国宪法"的"一中性"等问题提供佐证。

2. 历史分析法。本研究拟运用历史分析法，分析"中华民国宪法"法理定位问题的内核演变，进而对这一问题的本质进行纵向切割和相应的论证。

3. 比较分析法。本研究拟在集中分析和研究台湾地区现行"宪法"的同时，借鉴各国运用宪法方式处理国家分裂与统一问题的典型理论、制度与实践，为本研究的展开提供理论素材。

4. 案例分析法。本研究拟对台湾地区"司法院大法官"的"释字第31号解释""释字第85号解释""释字第117号解释"和"释字第150号解释"，在台湾地区"宪政改革"中起到重要推动作用的"释字第261号解释"，对台湾地区两岸政治关系定位观点的形成有着重要价值的"释字第328号解释"以及对大陆人民在台法律地位问题做出规制的"释字第710号解释"等台湾地区重要的司法案例进行分析。

五、结构安排

本研究因循"形成研究框架—展开研究框架—应用研究结论"的基本思路,除绪论外,共分为三个部分,共计五章:

第一部分即第一章,为"中华民国宪法"法理定位研究的问题意识与理论面向。本章首先提出,"中华民国"政治定位问题是政治学长期重点研究的理论和实践难题,实现"中华民国"问题到"中华民国宪法"问题的转换,从而将这一问题纳入宪法学的研究视野,既有其必要性,也有其可行性。在实现问题意识的转换之后,本章对"中华民国宪法"法理定位研究可能涉及的三个无法绕开的理论范畴及其与本研究的关联性进行分析,提出应当分别从主权面向、宪制史面向和两岸面向三个理论面向出发,形成一套由三个理论面向共同构成的递进式研究框架。本章的理论作用是明确"中华民国宪法"法理定位问题的问题意识,并基于对这一问题意识的认知形成由三个面向构成的研究框架,为整个研究奠定基础。

第二部分即第二、第三、第四章,本部分因循第一章形成的研究框架,分别从背景、历史和两岸三个面向出发,对涉及"中华民国宪法"法理定位问题的若干重要理论与现实问题加以讨论。具体说来:1. 主权面向以两岸主权争议为研究对象,通过对两岸各自主权立场的回顾与分析,从理论和实践两个层面,进一步巩固一个中国框架的主权意涵,澄清"治权"概念的使用方法及其与"中华民国宪法"法理定位问题之间的关联,最终达到巩固两岸主权统一论证,为整个研究提供前提和背景性支持的研究目的;2. 历史面向以"中华民国宪法"法理定位问题产生与蜕变的宪制史实为研究对象,对1945—1949年前后"中华民国宪法"的制定及其在大陆的废止和台湾地区"宪政改革"对"中华民国宪法"的内在影响加以分析,运用制宪权理论,形成对"中华民国宪法"在宪制史发展过程中重大事件法理属性的分析,解决本研究涉及的历史遗留问题,为整个研究提供纵向学理支撑。3. 两岸面向以"中华民国宪法"法理定位的现实困境为研究对象，从当前两岸关系发展现状和"中华民国宪法"在台湾地区发挥的实际作用出发，以维护一个中国框架、促进祖国实现和平统一为目标指引，形成对"中华民国宪法"在当前形势下重新定位的理论分析，为整个研究提供横向学理支撑。

第三部分即第五章，"中华民国宪法"法理定位策略之形成与应用。本章是全书的结论章，也是全书的核心部分。本章立基于上述各章对"中华民国宪法"各理论面向之认知，形成由认识论、方法论和本体论构成的"中华民国宪法"法理定位策略思路，完成对这一策略的可行性论证。除此之外，本章还将在两岸范围内具有代表性的多种涉及"中华民国宪法"法理定位、两岸"宪法关系"等问题的理论模式加以对比，从而更加明晰本研究所提出的定位策略之理论内涵。最后，本章还探讨了对"中华民国宪法"法理定位策略的应用，即本章之结论对于两岸形成"一个中国"法理共识、促进两岸国家认同民意整合、探索"一国两制"在台湾地区实现形式等与两岸政治关系发展密切相关的重大现实问题之解决的现实意义，使本研究的研究结论能够在应用之中得到检验和升华。

第一章　问题意识与理论面向

树立正确的问题意识，对于解决问题有着极为重要的意义。长期以来，如何给予败退台湾之后，仍以"中华民国"为"国号"而存在的台湾当局以一个合情合理的定位，是大陆方面在处理台湾问题时，必须面对的一个难题。台湾问题是政治问题，也是法律问题，更是宪法问题。随着人类政治文明的不断发展，运用具有技术性色彩的法律手段，解决极具对抗性特点的政治问题，已经成为一种潮流。就"中华民国"问题而言，与其拘泥于传统的政治思维，以极具对抗性的政治思维思考这一问题，不如转而运用法治思维，尤其是宪法思维考虑这一问题。通过问题域和研究框架的调整，可将存在于政治学视阈中的"中华民国"问题，转换为存在于宪法学视阈中的"中华民国宪法"问题，从而为运用宪法学的理论资源解决这一横亘于两岸之间的政治难题提供可能。台湾问题实际上是新中国制定的宪法有效适用于台湾地区的问题，也是台湾现行"宪法"和新中国宪法之间的关系命题，[1] 而"中华民国宪法"法理定位研究，既涉及两岸主权争议、中国的革命事实和1949年发生的政权更迭与宪法更迭，更关系到两岸政治关系定位与发展等重大现实问题，构成了一个极为宏大和复杂的理论命题。本章意欲释明和厘清的乃是这一命题的问题意识，继而在此基础上，将可用于分析这一问题的理论要素加以整合，提出可用于

---

[1] 周叶中：《台湾问题的宪法学思考》，载《法学》2007年第6期。

分析这一命题的三个理论面向,为下文从理论上解决这一问题提供分析框架。

第一节 从"中华民国"到"中华民国宪法":问题意识的提出与转换

要将两岸关系之中极为重要和复杂的"中华民国"问题纳入宪法学研究范围,就必须通过对政治学中"中华民国"问题之问题意识进行合乎宪法学学科特点的转换,即通过对问题域和研究框架的调整,实现从"中华民国"到"中华民国宪法"、从政治思维到法治思维的转换,继而完成对"中华民国宪法"法理定位问题意识的释出。

一、问题基点:政治学视阈中的"中华民国"问题

"中华民国"问题是两岸关系发展中一个无法绕开的关键性问题。如果说在两岸事务性交往过程中,双方尚能以"九二共识"这一"建设性模糊"暂时搁置"中华民国"问题,那么双方的交往一旦涉及两岸政治性议题,则处处都无法绕开这一难题。大陆学者陈孔立教授将"中华民国"问题列为"两岸政治定位瓶颈"[①]的两个问题之一,足见这一问题的重要性与复杂性。具体说来,这一问题的重要性与复杂性体现在以下几个方面:

第一,自1949年至今,大陆方面基于对中国已经发生政府继承事实的认知,已不再承认"中华民国"作为一个"国家"的存在,不再承认"中华民国政府"作为一个"政府"的存在。然而,1949年以来,尽管中国的国号已因中华人民共和国已经取代"中华民国"而发生变化,但是随着蒋介石政权败退台湾,"中华民国"这个名称依然在台湾地区长期

---

① 陈孔立:《两岸政治定位的瓶颈》,载《台湾研究集刊》2011年第3期。

存在。同时，由于蒋介石政权坚持所谓"反共复国"的建政口号，故长期以来"中华民国"依然保持着作为一个"国"的政治架构，拥有其"宪法"和全套公权力机构。在近年来，台湾地区越来越多的政治人物对大陆方面提出了所谓"正视中华民国"的诉求，这使得我们不得不重视"中华民国"的政治定位问题。

第二，由于两岸长期隔绝，台湾岛内民众长期以来生活在以"中华民国"为"国号"的台湾地区，这一"国号"逐步成为岛内民众的最大公约数，若不承认"中华民国"，岛内民众就会在情感上感到反感。[①] 长期以来，大陆方面基于一个中国原则的基本要求，拒绝承认"中华民国"，在国际场合坚决反对出现"中华民国"，包括作为其"国家符号"的"中华民国国旗""中华民国国歌"等。大陆方面这种坚持原则的行为当然无可非议，但这种对"中华民国"的拒斥，却伤害了多数以"中华民国"为"国家认同"对象的台湾同胞的情感，为此，部分台湾同胞对大陆方面的涉台政策颇有微词。[②] 因此，这也要求我们不得不重视"中华民国"的政治定位问题。

第三，当前大陆方面不给予"中华民国"以定位的态度，在客观上，与部分"台独"分裂分子对"中华民国"所持的态度在一定程度上有所契合。长期以来，大陆方面对"中华民国"的定位往往集中于1911年至1949年之间的认识，而并未对1949年之后，尤其是当前存在于台湾地区的"中华民国"做出定位。这种观点和台湾岛内部分"台独"分子的"台独"主张在外在形态上存在一定程度的契合。如民进党于1991年10月通过的"党纲"即公然把"台湾独立"和"建立台湾共和国"的内

[①] 陈孔立：《走向和平发展的两岸关系》，九州出版社2010年版，第86页。
[②] 如2016年台湾地区领导人选举前发生的所谓"周子瑜事件"即反映出两岸民众对"中华民国"及其"国家符号"认知的矛盾与差异。中国台湾网：《国台办发言人就台湾选举及周子瑜事件答记者问》，资料来源：http://www.chinanews.com/tw/2016/01-16/7719093.shtml，最后访问日期：2017年5月20日。

容,包括"建立主权独立自主的台湾共和国及制定宪法的主张,应交由台湾全体住民以公民投票方式选择决定"①等置于其中,可以说否定"中华民国"成为这种"台独"主张的核心组成部分。因此,在当前"反独"任务较之于"促统"更具紧迫性的情况下,若仍坚持不给予"中华民国"以定位的态度则极易在一定程度上助长"台独"分子的气焰。

基于"中华民国"问题的重要性与复杂性,这一问题一直是两岸政界、学界人士讨论的重点。两岸政界、学界对于"中华民国"是什么,它至今是否"依然存在",它是否是一个"主权独立的国家",它与中华人民共和国之间的关系如何等问题提出过许多不同的,甚至是相反的看法。② 大陆方面认为,"中华民国"的历史地位已经于1949年结束,中华人民共和国已经取代"中华民国"成为中国的唯一合法代表,而"中华民国"充其量只是中国一个地方当局(台湾当局)的名称;台湾方面泛蓝阵营普遍认为,"中华民国是一个主权独立的国家……其主权范围及于大陆和台湾,其治权范围仅及于台、澎、金、马地区"③;台湾方面泛绿阵营则普遍认为,"中华民国就是台湾",虽然台湾"依目前宪法称为中华民国,但与中华人民共和国互不隶属"④。可以说,两岸三方政治力量在"中华民国"政治定位问题上存在极大分歧,这种分歧已超越各方可以妥协的范围之外,而体现为一种对立式的话语不兼容。

总之,作为两岸政治关系发展中的瓶颈问题,"中华民国"问题严重制约着两岸政治互信的增强与两岸政治关系的进一步发展,对大陆方面反对和遏制"台独"分裂活动也起到一定程度的负面作用,而基于其本身的复杂性,两岸又尚未就这一问题达成能够为双方接受的共识。因此,如

---

① "民进党党纲"(1991年)。本书关于民进党的相关文件,均来自民主进步党网站,资料来源:http://www.dpp.org.tw/,最后访问日期:2017年5月20日,以下不再一一注明。
② 陈孔立:《走向和平发展的两岸关系》,九州出版社2010年版,第85页。
③ 马英九:"在2012年就职典礼上的讲话"。
④ 民进党:"台湾前途决议文"(1999年)。

何解决"中华民国"问题成为两岸政治关系发展过程中极具理论与现实意义的重大问题。

二、问题意识的转换：必要性、可行性与实现路径

早有学者提出以"两岸法理关系定位"作为两岸从以民间团体为交往主轴的事务关系到政治关系过渡的一个中间概念，透过这一概念，两岸可以最大限度地运用双方法律制度中的"一中性"资源，积累政治互信，助力与两岸政治共识的法理化、规范化。[1]"中华民国宪法"法理定位问题是两岸法理关系定位中的一项核心议题，通过对这一议题的探讨，能够为解决"中华民国"政治定位问题，乃至两岸政治关系定位给问题奠定基础。基于这一原理，应通过对"中华民国"定位问题之问题域与研究框架的转换，实现"中华民国宪法"问题意识的转换。

（一）从"中华民国"到"中华民国宪法"的转换：必要性与可行性

基于台湾问题的法律属性和宪法属性，挖掘法律资源，尤其是宪法资源，运用法治思维和法治方式处理两岸关系和台湾问题，已成为台湾问题研究领域的一种重要的研究方法。[2]从理论上讲，若大陆和台湾能够就两岸政治关系定位问题达成共识，从而解决"中华民国"定位问题，则"中华民国宪法"法理定位便能够顺理成章地得到解决。但是，从当前两岸关系发展的现状和台湾地区内部高度对立的政治生态来看，在短期内，两岸尚无法具备达成上述共识的政治互信基础，大陆方面亦不可能单方面就"中华民国"定位问题做出表态。因此，更加务实的解决方案，只能是逆序而行，从更具法律技术性、法理理论性特点的"中华民国宪法"

---

[1] 周叶中：《关于两岸法理关系定位的思考》，载周叶中、祝捷：《两岸关系的法学思考》，九州出版社2013年版，第405页。

[2] 周叶中、祝捷：《论宪法资源在两岸政治关系定位中的运用》，载《法商研究》2013年第5期。

法理定位问题开始,通过给予"中华民国宪法"以合情合理定位,实现对两岸法理关系定位的合情合理安排,为两岸累积政治互信,进而解决双方政治定位问题奠定基础。

从两岸关系和平发展的大势和两岸交往的实践情况看,在当前形势下,继续坚持传统的政治思维,只会置"中华民国"问题于某种两岸红、蓝、绿三方几乎完全不相兼容的话语体系冲突之中,使三方都无法在既有的政策空间内实现突破,从而使这一问题陷入"绝境"。然而,超越既有的政治思维,转而运用法治思维,尤其是宪法思维对"中华民国宪法"法理定位问题做出预判性研究和务实探讨,却已具备足够的可行性。具体说来:

第一,两岸都已经选择法治作为社会治理所遵循的主要方式和核心价值,两岸都认同通过法律的社会治理是最佳的政治模式,[①] 因而通过运用法治思维化解两岸政治分歧,在大陆和台湾均具有一定的社会基础。因此,相对于具有较高政治敏感性的"中华民国"定位问题而言,通过运用法治思维对"中华民国宪法"定位的合情合理安排,实现对"中华民国"定位、两岸政治关系定位的合情合理安排,能够有效提升其在两岸范围内的权威性和认受度。

第二,法治思维体现为规范思维、程序思维、权利思维和制度思维,理性化是法治思维的核心特点之一,因而可以预见的是,通过运用法治思维解决两岸政治争议,在两岸均具有较高的可接受性。因此,相对于注重权力关系,而缺乏法理推导和规范界定的政治思维而言,法治思维更加注重在分析和解决问题的过程中应用制度化、程序化和规范化的思维方式,因而通过运用法治思维对"中华民国宪法"定位的合情合理安排,能够有效促进两岸某些特定政治共识的合法理化和合规范化,避免部分具有

[①] 周叶中、段磊:《论"法治型"两岸关系的构建》,载《福建师范大学学报(哲学社会科学版)》2015年第6期。

"建设性模糊"特点的政治共识在实践中走向空洞化。①

第三，尽管"中华民国宪法"与"中华民国"存在千丝万缕的联系，但从理论和实践两个层面看，二者仍然存在一定差异，对前者的探讨更具可操作性。具体而言：1. 基于宪法规范所具有的法技术特点，对"中华民国宪法"法理定位问题探讨的敏感性远低于对一个具有"政治实体"属性的"中华民国"政治定位问题的探讨；2. 基于法律所具有的明确性特点，对"中华民国宪法"这一具有明确文本归属的规范性文件的定位，较一个可为各方做出不同解读的"中华民国"②之定位更具精确性。3. 基于法律所具有的稳定性特点，对"中华民国宪法"法理定位问题的探讨并不必然会对"中华民国"定位之中涉及的某些极易发生变化的因素产生影响，从而导致大陆方面的政治被动。

基于上述分析，通过引入法治思维，尤其是宪法思维，将"中华民国"定位问题转化为"中华民国宪法"定位问题，有助于在当前两岸政治条件下，为解决这一问题提出更具建设性的策略思路。同时，作为一门独立的学科，运用宪法学理论对"中华民国宪法"法理定位问题进行研究，需要首先将来自政治学等学科的素材进行宪法学的问题意识转换，使原本表现出强烈的政治学学科特点的问题意识转变为宪法学问题意识，从而为我们应用宪法学理论解决这一问题奠定基础。因此，可以通过适当的问题意识转换，将政治学视阈内的"中华民国"问题转变为宪法学视阈内的"中华民国宪法"问题，从而使这一问题落入宪法学的学科论域之中。

（二）问题域与研究框架：实现转换的具体路径

要实现对"中华民国"问题意识的转换，其核心在于通过对问题域

---

① 祝捷：《巩固"一个中国"原则的法治思维析论》，载《武汉大学学报（哲学社会科学版）》2016年第2期。
② 王英津：《论两岸政治关系定位中的"中华民国"问题（下）》，载《中国评论》（香港）2016年2月号。

的调整，实现研究框架的变化，从而达到给予"中华民国宪法"法理定位的同时，为合情合理解决"中华民国"问题提供策略参考。因此，这种转换可以展开为以下两个层次：

一是通过问题域的转换，实现从"中华民国"问题到"中华民国宪法"问题的调整。问题域，意指提问的范围、问题之间的内在的关系和逻辑可能性空间。要实现对"中华民国"问题之问题意识的转换，就必须对作为其基础的问题域做出转换，将研究对象从"中华民国"问题转向"中华民国宪法"问题，从而为我们将更多的理论资源和研究方法引入这一问题的研究提供前提。具体说来，进行这一调整的原因有三：1."中华民国"与"中华民国宪法"息息相关，前者构成后者存在的政治基础，后者则构成对前者的法理映射与确认。因此，当"中华民国"定位问题研究陷入僵局之时，"中华民国宪法"法理定位问题为我们提供了"中华民国"定位问题研究的一个全新视角。通过对"中华民国宪法"法理定位问题的研究，能够为"中华民国"定位问题的解决提供策略性支持。2. 尽管"中华民国宪法"是对"中华民国"政治事实的一种法理映射和确认，但基于台湾地区极为特殊的政治情势，"中华民国宪法"的政治地位甚至高于作为其存在基础的"中华民国"。正如台湾学者颜厥安所言，"中华民国已经消失……所剩的，仅是一个自我宣称继续依照那部已经没有中华民国的中华民国宪法来自我组织的'支配体系'……中华民国已死，只有中华民国宪法仍一息尚存"[①]。因此，较之于"中华民国"问题而言，对"中华民国宪法"法理定位问题的研究，在一定条件下更具现实意义。3. 相对于极具政治意味的"中华民国"问题而言，"中华民国宪法"法理定位问题体现出更多的法律意味。因此，在对"中华民国宪法"法理定位问题的研究过程中，我们可将更多更具技术性色彩和策略

[①] 颜厥安：《宪政体制与语言的困境》，载氏著：《宪邦异式——宪政法理学论文集》，元照出版公司2005年版。

价值的法学理论资源应用于这一问题的研究,同时,通过法学理论的推演得出的对"中华民国宪法"的法理定位方案,相较于通过政治话语推导出的对"中华民国"的定位方案而言,其敏感性更低,而可接受程度更高。

二是通过研究框架的转换,实现从单纯的政治思维到政治与法治思维相结合的调整。长期以来,台湾问题被认为是一个政治问题,因而学者往往会套用政治学的研究框架来分析和解决台湾问题,从而形成一套以政治学理论、思维和方法为核心的研究框架。考察既有成果对"中华民国"问题的研究,大多数研究成果都因循政治学理论展开,形成由证成既有政治立场为研究目标、两岸政治人物政策话语为研究依据、政治思维为核心的研究方法构成的研究框架。然而,当"中华民国"问题转换为"中华民国宪法"问题,实现问题域的转化之后,我们亦有必要在既有文献研究的基础上,重视台湾问题的法律属性,超越以政治学理论为核心的研究框架,形成政治与法治思维相结合的研究框架。具体说来,这套研究框架可展开为以下几点:1. 在研究目标上,在坚持一个中国框架这一两岸关系发展基本前提(低度前提)的基础上,将研究重点转为探索"中华民国宪法"法理定位的可行性方案。2. 在研究依据上,坚持政策与法律并重的态度,在研究过程中,既重视两岸各方政治人物和政治力量对"中华民国宪法"定位问题的政策言说,又注重两岸各自法律规范对这一问题的相关规定,将二者有机结合起来。3. 在研究方法上,改变既有的政治思维为核心的研究方法,转而使用以法治思维为核心的研究方法,通过运用制度思维、规范思维、程序思维和权利思维,对"中华民国宪法"法理定位问题做出精细化分析。

综上所述,通过问题域和研究框架的转换,"中华民国是什么"这一问题,可以转变为"中华民国宪法是什么",而研究这一问题的学科范式也相应地由政治学转为法学。由此,本书的研究对象——"中华民国宪法"法理定位问题，其问题意识由此开始变得精准与明确。

三、台湾地区宪制性规定法理定位：问题意识之展开

"中华民国宪法"是台湾地区现行"宪法"，它 1946 年制定于大陆，经由台湾当局于 20 世纪 90 年代至 21 世纪初在台湾进行七次"增修"而成。来自政治学和历史学的研究成果从其各自的学科视角出发，证成了这样一个事实，即"中华民国宪法"是一部伪宪法，是国民党反动政府伪法统的象征，因而它在 1949 年被废除了：从历史事实来看，自 1949 年新中国成立以来，国民党政权败退台湾，中华人民共和国政府取代其成为中国唯一合法的政府，因此其所制定的"中华民国宪法"已经无法适用于大陆地区，更无法成为整个中国"法统"的代表；从政治事实来看，中共中央于 1949 年初制定的《关于废除国民党的"六法全书"与确定解放区的司法原则的指示》明确废除了国民党的"六法全书"，因而作为国民党反动政府"法统"象征和"法制基础"的"中华民国宪法"亦在规范上被废止了。基于上述前提，在法制史学研究场域内，"中华民国宪法"被定位为一部存在于中国宪制史上的法典，它在现实之中已经不复存在，因而一切对这部"宪法"的研究，都着眼于其被废止之前的时间节点，而其他学科则延续了历史学界的观点，将 1949 年后继续存在于台湾的"中华民国宪法"继续视为一部伪宪法。然而，随着两岸关系的不断发展，对"中华民国"做出"已不存在"的定位，在实践中遇到很多现实困难，实际上已经不利于我们在当前形势下维护一个中国框架，巩固两岸政治互信。基于宪法学理论的一般特点，"中华民国宪法"法理定位研究的问题意识主要应体现在以下四个方面：

第一，"中华民国宪法"大部分条文及其"增修条文"在台湾地区仍然具有事实上的法律效力，它切实构成了台湾地区政治秩序的基础，那么如何在宪法学的理论框架内给予其所具有的实际效力以正确的理论定位？

回顾历史，1946年"制宪"后不久，国民党当局便以"动员戡乱"为名，将这部"宪法"的主要条款加以冻结，可以说，"中华民国宪法"在大陆的短短三年时间里，并未发挥其应有的作用。国民党政权败退台湾之后，在长达四十余年的"动员戡乱时期"，"中华民国宪法"也不过是确认和维护国民党在台湾地区威权统治的工具而已。然而，20世纪90年代至21世纪初，在台湾地区政治转型的浪潮中，"中华民国宪法"也随之开始走出被"破弃"状态，逐步开始成为规制岛内政治力量活动的有效规则。尽管在台湾地区斗争性政党政治的影响下，部分政党和政治人物曾对"中华民国宪法"持强烈的工具主义态度，在需要时将其奉为圭臬，在不需要时便将其弃之一边，但在长时间的政治博弈和妥协过程中，岛内主要政治力量已将这部"宪法"视为各方共同认可的政治共识和"最大公约数"。[①] 在这种情况下，如果我们仍然坚持传统观点，绝对地、片面地否定"中华民国宪法"，不仅容易产生大陆方面不顾这部"宪法"客观存在事实的表象，还有可能将岛内各政治力量均置于对立面，对两岸政治互信的累积产生负面影响。

第二，"中华民国宪法"及其"增修条文"在实践中切实发挥着维护台湾民众基本权利的作用，而绝大多数台湾民众也普遍认同"中华民国宪法"的规范效力，那么如何在宪法学的理论框架内诠释台湾民众的这种实际认同现象？保障人民基本权利是宪法的应有之义，也是宪法的核心功能之一。在台湾人民长期以来坚持不懈的抗争之下，台湾地区的权利保障状况有了很大程度的进步，而"中华民国宪法"作为台湾人民基本权利保障书的功能也随之日渐凸显，以"司法院大法官"为核心的台湾地区"宪法解释"体制，逐渐成为台湾人民维护其基本权利的重要管道。自20世纪90年代以来，"中华民国宪法"关于基本权利的绝大多数规

[①] 周叶中：《关于两岸法理关系定位的思考》，载周叶中、祝捷：《两岸关系的法学思考（增订版）》，九州出版社2014年版。

定,已有相关的"大法官解释"加以阐明和解释,仅从其客观效果看,在台湾地区的法治实践中,"司法院大法官"通过"释宪"机制逐渐建立起了台湾地区的权利保障谱系,为维护台湾人民的基本权利起到了积极作用。[①] 同时,由于两岸长期隔绝,大多数台湾同胞已经在历史发展的过程中逐渐形成了对"中华民国宪法"的认同感,他们大多认可和遵守"中华民国宪法"的规范效力。在这种情况下,如果我们仍然坚持传统观点,绝对地、片面地否定"中华民国宪法",有可能伤害台湾民众的感情,影响两岸同胞心灵契合的实现。

第三,"中华民国宪法"虽在台湾历经多次"增修",但这部"宪法"的"一个中国"因素却并未随之消失,那么如何在宪法学的理论框架内,为我们借助其所具有的"一个中国"要素,反对和遏制"台独"分裂活动提供支持?众所周知,部分"台独"分裂分子妄图通过否定或变革"中华民国宪法"实现其分裂祖国的目的,而考察"中华民国宪法"及其"增修条文",其中不乏"因应国家统一前之需要""自由地区与大陆地区"等肯定两岸同属一个国家的表述。这些表述能够成为我们运用法治思维和法治方式反对和遏制"台独"分裂活动,维护一个中国框架,推动祖国统一的重要工具。当前,在反"独"任务的急迫性仍远远大于促统目标的情况下,若我们依然坚持传统观点,绝对地、片面地否定"中华民国宪法",将在一定程度上有助于"台独"分裂分子否定"中华民国宪法"的"一中性",不利于两岸关系政治基础的巩固。

第四,台湾当局和台湾地区主要政治人物已越来越注重借助"中华民国宪法"的相关规定来处理两岸政治关系问题,或依据这部"宪法"提出其两岸关系的政策主张,那么应如何运用宪法学基本理论分析这些政策主张所蕴含的法理内涵,并在此基础上提出应对策略?从岛内主要政治

[①] 祝捷:《台湾地区权利保障司法案例选编》,九州出版社2013年版。

人物的两岸关系政策主张来看，不论是国民党还是民进党方面，均有政治人物围绕台湾地区现行"宪法"提出其两岸事务论述。如马英九长期以来即坚持"在中华民国宪法架构下，以'九二共识，一中各表'为基础"[①] 的两岸关系主张；蔡英文在参选台湾地区领导人过程中，提出"在中华民国现行宪政体制下，依循普遍民意，持续推动两岸关系的和平稳定发展"[②] 的两岸政策主张，并将之作为其执政后两岸政策的核心组成部分；民进党重要政治人物谢长廷则更是提出两岸"宪法各表"的观点作为其对"两岸现况最精确的描述"[③]。可以说，透过"宪法""宪政"等概念，论述各自两岸关系政策主张，已成为台湾政坛的一股新风潮。在这种背景下，大陆方面如何"见招拆招"，应对这些包裹着"宪法外衣"的政策主张，如何运用宪法思维和宪法方式，推动两岸政治关系发展实现新突破，成为一项极具价值的现实命题。在这种情况下，如果我们仍然坚持传统观点，绝对地、片面地否定"中华民国宪法"，对两岸发展政治关系的消极意义可能大于积极意义。

综上所述，从宪法学的视角来看，"中华民国宪法"法理定位问题的问题意识在于，我们应如何看待"中华民国宪法"这个在大陆方面看来"主观上已经被废止，但客观上仍然存在"的规范性文件。亦即是说，如何在主观与客观、规范与事实之间建立某种应有的、合乎法理的联系。为解决这一问题，我们有必要重新检视传统观点对"中华民国宪法"问题的认知，运用法治思维和法治方式，对"中华民国"是什么，"中华民国宪法"是什么，如何务实、理性地给予"中华民国宪法"一个合情合理

---

① 《马英九称蒋介石最大贡献是"定宪法涵盖全中国"》，资料来源：http://taiwan.huanqiu.com/news/2011-06/1763082.html，最后访问日期：2017年5月20日。
② 中时电子报：《蔡英文："中华民国宪政体制下"推动两岸关系》，资料来源：http://www.chinatimes.com/cn/realtimenews/20150604002766-260407，最后访问日期：2017年5月20日。
③ 《谢长廷："宪法各表"是对两岸现况最精确描述》，资料来源：http://taiwan.huanqiu.com/news/2014-02/4845936.html，最后访问日期：2017年5月20日。

合法的定位,如何从宪法层面分析和界定两岸政治关系定位等问题加以深入思考。

第二节 台湾地区宪制性规定法理定位理论面向的释出

考察本书问题意识的主要表现形式可知,形成与演变的过程中,"中华民国宪法"法理定位问题与两岸"主权-治权"争议、宪制史发展与变迁和两岸关系现状三个议题密切相关。因此,本书尝试对这三个议题与"中华民国宪法"法理定位的关系出发,探讨形成由主权、历史、现状三个面向构成的本书研究框架的可能性。

一、两岸主权争议与台湾地区宪制性规定法理定位问题

"主权-治权"框架是近年来两岸关系学界最具影响力的分析框架之一。正如台湾学者张亚中所言,主权问题乃是两岸关系发展中最大的一个"结"。[①]"中华民国宪法"法理定位问题,作为两岸主权争议问题在宪法层面的集中表现,同样无法绕开"主权之结"。宪法是主权者意志的体现,亦即是说,主权是宪法的来源,宪法则是主权的象征。因此,对两岸主权问题的不同态度,也就自然会推导对两岸政治关系定位的不同结论,进而就"中华民国宪法"法理定位问题提出不同的看法。在两岸主权争议之下,作为台湾方面部分政治人物和学者力主用于解决两岸政治关系定位的重要概念之一,"治权"争议无疑也构成了分析"中华民国宪法"法理定位问题时不可回避的一个重要问题。因此,两岸"主权-治权"争议乃是我们探讨"中华民国宪法"法理定位问题时无法绕开的关键问题之一。具体说来,两岸"主权-治权"争议研究解决本书问题意识的重要价

---

① 张亚中:《两岸主权论》,生智文化事业有限公司1998年版,第2页。

值主要体现在以下三个方面：

第一，作为两岸政治分歧的核心部分，两岸是否认可对方的"主权属性"构成了双方政治对立的主要表现形式之一，因而两岸关于主权争议构成了我们探讨"中华民国宪法"法理定位这一具有高度政治敏感性议题的必然前提，只有对这一问题做出明确界定，才能使全文具备坚实的研究基础。两岸关于主权争议的核心在于，大陆和台湾是否承认对方拥有"主权"和作为"国家"，而这一争议映射于宪法层面则转换为大陆和台湾是否承认对方根本法以及依据该根本法所建立的公权力机关。[①] 考察两岸各自政策主张的变迁，自1949年以来，两岸的主权争议主要体现在两个层面：1. 两岸双方在"两岸同属一个中国"前提下，对中国主权代表权归属之争，即谁代表"一个中国"的问题。2. 在新形势下两岸双方对一个中国原则主权效力问题之争，即在台湾方面不再追求对中国主权代表权时，两岸关于主权是否依然具有统一性的争议，这在政治上表现为"两个中国"或"一中一台"的争议。可以说，两岸在上述两个层面存在的争议均直接影响到我们对"中华民国宪法"法理定位问题的认识。1993年"汪辜会谈"以来，在两岸各层次交往日益密切的情况下，为维护两岸交往秩序，保障两岸民众在参与交往活动中的切身利益，两岸选择将"先经后政"作为双方在尚未解决主权争议的前提下解决相关问题的核心策略。在这一策略的指引下，两岸在"九二共识"这一以"求同存异"方式形成的"建设性模糊"之基础上，暂时搁置主权争议，开始就涉及双方交往的事务性议题展开商谈，并签署二十余项事务性协议，大大促进了两岸关系和平发展进程。然而，如果说两岸在处理事务性议题时，尚能够以搁置争议的方式，绕开主权争议，那么，当双方的商谈重点转向政治性议题时，主权问题则成为两岸双方无法绕开的根本性障碍。就宪法

[①] 大陆学者祝捷将这一争议称之为"承认争议"。祝捷：《两岸关系定位与国际空间：台湾地区参与国际活动问题研究》，九州出版社2014年版，第4页。

与主权的关系而言，宪法是国家的根本大法，它的存在体现着主权本身，而主权也构成宪法生成的权力背景。① "中华民国宪法"法理定位问题，从一定程度上看，即是两岸关于主权争议在宪法论域的一种映射，两岸关于主权之争构成解决"中华民国宪法"的法理定位问题的背景与前提。

第二，在台湾岛内对一个中国原则及其内含的"两岸主权统一"观念逐渐产生不同意见的背景下，通过宪法层面的理论推导，进一步巩固一个中国原则，维护"两岸主权统一"这一基本政治和法理事实，能够为我们在一个中国框架下，对"中华民国宪法"做出合情合理合法安排奠定基本前提。自李登辉主政开始，台湾当局通过对"中华民国""主权""治权"关系的重新解读，开始切割"中华民国"与大陆的关系，使"台湾主体性"的内涵发生变化，从而使"中华民国"或"台湾"的"主权独立"成为"台湾主体性"意识的重要组成部分之一。② 在"台湾主体性"意识的影响下，"两岸主权统一"这一原本已成两岸共识的观点，在岛内开始发生动摇，越来越多的台湾政治人物开始利用台湾民众对"台湾主体性"的认同感，发动"去中国化"运动，促使台湾与大陆、台湾与中国的关系产生疏离。与此相同步的是，岛内学界自20世纪80年代末开始，逐步产生了一股摒弃"大中国史观"，建构"以台湾为中心史观"的浪潮。③ "以台湾为中心史观"的建构，是对岛内"去中国化"事实的理论化发展，而这种发展则亦构成对台湾岛内民众"国家认同"意识的反作用。总之，在"台湾主体性"意识的影响和"去中国化"运动的作用下，台湾岛内对原本已成两岸共识的一个中国原则及其所内涵的"两岸主权统一"观念产生了诸多质疑和否定的论调，这些论调在岛内的泛

---

① 江国华：《主权价值论》，载《政治学研究》2004年第2期。
② 刘红：《"台湾主体性"的本质和影响分析》，载《北京联合大学学报（人文社会科学版）》2014年第3期。
③ 张萌、刘相平：《台湾"台湾史"研究谱系及其史观嬗变述论》，载《太平洋学报》2016年第9期。

滥无疑会对我们巩固一个中国框架,并在此基础上探讨"中华民国宪法"法理定位问题制造障碍。因此,在探讨"中华民国宪法"法理定位问题时,我们必须首先对两岸主权关系做出合乎法理的界定,完善两岸主权统一论的内在结构,巩固一个中国原则的法理内涵,破解"主权分裂论"和"主权重叠论"等理论的内在逻辑,消除这些论调带来的负面影响。

第三,在两岸对于"主权""治权"等概念的认知与应用存在较大分歧的背景下,从学理层面厘清这种分歧产生的内在原因,驳斥一些对两岸关系产生负面误导的谬论,提出认识和解决这种分歧的务实策略,能够为我们以更加客观的立场分析"中华民国宪法"定位问题提供重要立论基点。以"主权-治权"为核心概念构成的分析框架,是近年来学界研究两岸政治关系问题最为重要的经典分析框架。然而,由于两岸在主权、治权等概念上存在话语论争[1],双方无法就这一框架中的关键问题形成共识,甚至无法就缩小观点差异形成共识。就主权概念而言,大陆方面在国际场合,坚持强调中华人民共和国对包括台湾在内的全中国的主权代表性,在两岸场合,则选择弱化政权符号,强调两岸同属一个中国,强调中国主权对于台湾的效力;台湾方面则坚持"中华民国"的"主权"独立性,即不论在国际场合还是两岸场合,均通过"中华民国"这一政权符号强调台湾相对于大陆的"独立性",在政策表述上则体现为对所谓"对等尊严"的强调。当然,在台湾岛内,蓝绿两大阵营对"中华民国""主权"涵盖范围的解读有所不同,前者强调"中华民国""主权及于大陆和台湾",而后者则认为"中华民国主权范围仅及于台湾"。就治权概念而言,台湾方面首先提出"中华民国,其主权及于整个中国,但目前之治权,则仅及于台澎金马"[2],此后,马英九又提出所谓两岸"互不承认主权,互不否认治权"的政策主张,并认为"互不否认对方的治权,是务实的

---

[1] 毛启蒙:《从"主权"与"治权"的话语透视两岸关系》,载《台湾研究集刊》2014年第4期。
[2] 台湾地区"国家统一委员会":"关于一个中国的涵义"决议案,1992年8月1日。

承认现状"①。然而，基于"治权"概念本身的模糊性，大陆方面并未直接使用这一概念，且尚未对台湾方面提出的以治权为核心的两岸政治定位方案做出回应。这种存在于话语体系和政治观点两个层面的分歧，为我们解决"中华民国宪法"法理定位问题制造了严重的理论障碍。因此，在探讨"中华民国宪法"法理定位这一长期隶属于"主权-治权"研究框架之内的问题时，解决相关概念的认知分歧，构成我们继续研究的前提。

二、宪制史的发展变迁与台湾地区宪制性规定法理定位问题

众所周知，"中华民国宪法"制定于1946年，此后，这部"宪法"在宣布实施后仅一年多，便在大陆地区不再有效。然而，历史的因缘际会却使这部原本即将离开人们视野的"宪法"得以继续在台湾地区施行至今。从宪制史的角度出发，分析"中华民国宪法"的制定与废止，运用制宪权的一般理论论述这部"宪法"与作为新中国"临时宪法"的《共同纲领》的关系，对于我们确定"中华民国宪法"的法理定位有着重要意义。同时，在经历"宪政改革"之后，"中华民国宪法"的规范内涵和法理意义发生了蜕变，其"台湾化"程度逐渐加深，这一变动对我们"中华民国宪法"法理定位问题必将产生重要影响。因此，我们还应从宪制史角度出发，分析作为"中华民国宪法""台湾化"重要标志的台湾地区"宪政改革"对"中华民国宪法"法理定位的影响。总之，无论是"中华民国宪法"法理定位问题的产生和蜕变，均是发生和存在于中国宪制史上的历史事实，因此，从宪制史层面考察"中华民国宪法"法理定位问题，亦构成我们探讨"中华民国宪法"法理定位问题时无法绕开的关键问题之一。具体说来，宪制史研究对解决本书问题意识的重要价值主要体现在以下四个方面。

---

① 马英九："在世界国际法学会2011年亚太区域会议上的讲话"（2011年）。

第一，对"中华民国宪法"宪制史的研究，能够为我们厘清这部"宪法"的历史渊源、明确其在中国宪制史上的定位、强化"中华民国宪法"与"中国"国家符号的关联性、发掘"中华民国宪法"法理定位问题的产生源流提供支持。要完成"中华民国宪法"法理定位研究，首先即应当将其置于"中国"的宪制框架范围内加以分析。然而，当前台湾地区却已产生两种否定这一研究前提的论调：一是因循"以台湾为中心的宪法史观"，将"中华民国"界定为"外来政权"，将"中华民国宪法"界定为与台湾无关的"外来宪法"，从而在宪制层面否定台湾与中国的关系；二是因循自决权逻辑，将"中华民国宪法"与"中国"相割裂，认为"中华民国"和"中华民国宪法"都只是已经"独立"的台湾的生存策略。这些论调使我们不得不重视对"中华民国宪法"宪制史的研究，明确这部"宪法"与"中国"国家符号的关联性，并在这一前提下，厘清这部"宪法"法理定位问题产生的历史缘由，具体说来：1. 通过对"中华民国宪法"制宪历程，尤其是对其制宪代表来源的研究，能够明确"中华民国宪法"与"中国"国家宪制史的关联性，从宪制层面巩固和确认一个中国原则的主权效力，驳斥台湾方面部分人士将"中华民国宪法"界定为"外来宪法"的错误主张。2. 通过对1945—1949年中国宪制史的梳理，尤其是"制宪"前后国内政治局势的变化发展，厘清"中华民国宪法"定位问题产生的缘由，能够在一定程度上明确"中华民国宪法"在中共革命历史发展变化的历程中自身功能与地位的变化，研究这部"宪法"适用范围从"全中国"到"小台湾"之变化对其自身法理属性的影响，从而驳斥台湾方面部分人士将"中华民国宪法"界定为"台独"生存策略的错误观点。

第二，对"中华民国宪法"宪制史的研究，能够为我们运用制宪权理论，分析中国人民在中国历史发展进程中，因循"革命—制宪—建国"逻辑，做出以《共同纲领》为表现形式的政治决断的过程，从而明确

1949年前后中国"制宪时刻"带来的政治和法律影响，为"中华民国宪法"做出历史定位提供支持。"中华民国宪法"法理定位问题，在中国宪制发展层面体现为其与《共同纲领》（及此后实施的《中华人民共和国宪法》）之间的关系问题。这一问题既存在于作为现状的两岸政治关系之中，又存在于作为历史的中国宪制史之中，体现出历史与现实、政治与法律的高度复合性。具体说来：1. 就两岸关系现状而言，有学者基于当前"中华民国宪法"在台湾地区产生事实上的规范效力，而《中华人民共和国宪法》则在大陆地区产生法律效力的"事实"，提出以"宪法各表"为基础发展两岸关系的主张。[①] 然而，这种观点的本质在于，从宪法层面对大陆和台湾加以区隔，以两岸存在两部"宪法"为由，将台湾与中国相切割。要对两岸当前存在两部"宪法"的现象做出合乎历史事实的解释，就必须在正视现状的基础上回归宪制史研究，从而强化"中华民国宪法"对"中国"的归属性认知。2. 就中国宪制史而言，有学者基于对1949年中国历史发展的认知，提出由于制定并通过1946年"中华民国宪法"的"中华民国政府"并没有完全消失，而是退踞台湾地区并继续以这部"宪法"对台湾地区进行统治，因而这部"宪法"在台湾地区具有"法律上的合法性"的主张。[②] 然而，这种观点却未能就《中华人民共和国宪法》对作为"待解放区"的台湾地区之法律效力与适用方式问题做出回答，其所遵循的乃一种"基于事实效力反推法理效力"的理论逻辑。要对《中华人民共和国宪法》对台湾地区的法理效力与"中华民国宪法"的正当性问题做出回答，就必须在重视现实的基础上，重视宪制史研究，从而在国内法层面，论证革命过程中国国家的同一性和宪法更替的法理属性，解释1949年后"中华民国宪法"在台湾地区的历史定位。

---

① 童振源：《两岸政治关系的合情合理合宪安排》，收录于《首届两岸和平论坛会议论文集》（未出版，2013年10月）。
② 杜力夫《"一国两制"视角下"中华民国宪法"的定位》，载《"一国两制"研究》2013年第4期。

第三，对"中华民国宪法"宪制史的研究，尤其是对台湾地区"宪政改革"法理属性的研究，能够为我们依照制宪权理论，对"宪政改革"对"中华民国宪法"法理定位产生的影响加以理性分析。自20世纪80年代末开始，随着台湾地区政治转型的逐步完成，"中华民国"逐渐呈现出"台湾化"趋势。日本学者若林正丈认为，台湾当局于20世纪90年代末至21世纪初，陆续发动的七次"宪政改革"，标志着"中华民国""台湾化"的展开。① 在这七次"宪政改革"过程中，1946年"中华民国宪法"中的许多重要条款被修改，这些修改有些是岛内各派政治力量博弈的结果，有些则是结合台湾政治实际对1946年"宪法"规定做出的调整。然而，在"宪政改革"过程中，台湾当局通过推动实现"总统"和"中央民意代表"在"中华民国自由地区"直接选举、冻结"台湾省"建制、废止"国民大会"等方式，在实际上确认了"中华民国""治权"限缩，两岸分立的状态，强化了自身在台湾地区统治的内部正当性基础。② 可以说，台湾地区的"宪政改革"，以改变"中华民国宪法"正当性来源的方式，使得原本存在于"中华民国宪法"与"中华民国"之间"全中国"与"小台湾"之间的裂隙得以弥合。"宪政改革"带来的变化，为我们分析和解决"中华民国宪法"法理定位问题增加了极为复杂的"变量"，使这一问题的性质发生了蜕变。在"中华民国宪法""台湾化"的过程中，两岸对"中华民国宪法"法理定位问题的争议点随着台湾岛内政治局势的变化而发生了一定变化，双方争议的焦点已不再是"中华民国宪法"是否是一部效力及于全中国的"宪法"，而转为"中华民国宪法"是否是一部彰显和维护"台湾主体性"乃至"台湾主权"的"宪法"。易言之，经过"宪政改革"之后，"中华民国宪法"法理定位

---

① ［日］若林正丈：《战后台湾政治史：中华民国台湾化的过程》，洪郁如等译，台湾大学出版中心2014年版，第213页以下。

② 叶俊荣：《宪法的上升与沉沦：六度修宪后的定位与走向》，载《政大法学评论》第69期。

问题的主要方面由两岸"法统"之争转变为统"独"之争。要对两岸双方在这一问题上的争议做出正确地认知和分析,就必须从宪制史角度重视对台湾地区"宪政改革"的研究,从而在明确这一宪制事实对"中华民国宪法"法理定位问题产生的影响。

三、两岸关系现状与台湾地区宪制性规定法理定位问题

"中华民国宪法"的法理定位问题,在两岸关系和台湾问题论域内体现为其能否对"两岸同属一个中国"这一历史和政治事实起到维护作用。考察近年来两岸关系发展的实践,"中华民国宪法"之所以能在两岸之间的许多重要场合[①]和台湾地区内部屡屡成为人们重点关注的"关键词",就是因为其在巩固和确认一个中国框架、凝聚岛内民众认同、维护岛内政治力量聚合等方面发挥的实际作用。可以说,正是由于其在当前两岸关系,尤其是两岸政治关系的发展过程中所具有的重要价值,"中华民国宪法"法理定位问题才逐渐成为两岸关系之中亟待解决的重大问题。因此,从两岸关系视角考察"中华民国宪法"的法理定位问题,成为我们探讨这一问题的最大现实动力,也构成我们探讨这一问题时无法绕开的关键问题。具体说来,从两岸关系现状出发对解决本书问题意识的重要价值主要体现在以下三个方面:

第一,对"中华民国宪法"在两岸关系中的实际作用的研究,能够为我们在当前"反独"优先于"促统"的背景下,探讨以法治思维和法治方式反对和遏制"台独"分裂活动,巩固一个中国框架提供法理支持。众所周知,台湾问题是国共内战的延续,"中华民国宪法"法理定位问题亦缘起于国共内战和两岸政治关系的发展。因此,尽管中国的内战并没有结束,但自1979年以来,内战双方军事对抗的严重程度持续降低,这表

[①] 如在2015年11月7日举行的两岸领导人会面上,时任台湾地区领导人马英九即在会谈中提及"中华民国宪法"对两岸政治关系的界定问题。

明，内战双方的目标已经不再是通过运用武力方式直接消灭对方，实现对全中国的完全统治。然而，随着台湾地区政治局势的变化和"台独"分裂势力的发展，中国内战的性质已经由长期以来双方争夺中国的统治权向破坏与维护中国的统一，即分裂与反分裂转化。[①] 在这种转化的现实背景下，两岸关系矛盾的主要方面已由"促统"变为"反'独'"，因而我对台工作的重点和难点亦随之做出了相应调整。从法理上看，台湾不脱离"中华民国"的法理架构而存在，构成"反'独'"的一个重要目标。[②] 因此，原本作为国民党旧政权反动"法统"标志的"中华民国宪法"，现已成为我们反对"台独"分裂活动时，需要予以维护的一项重要的法理工具。从这个意义上讲，从两岸政治关系发展的现实出发，对"中华民国宪法"法理定位进行研究显得尤为必要。需要指出的是，我们在当前形势下强调"反独"优先于"促统"并不意味着我们会因"反独"而无原则地放弃"促统"，更不意味着我们不再将"中华民国宪法"与《中华人民共和国宪法》之间的竞争关系视为一个问题。本书所提出的在当前形势下研究"中华民国宪法"对反对和遏制"台独"分裂活动的功能，并不排斥我们在两岸结束敌对状态、开始和平谈判时，进一步研究这部"宪法"与《中华人民共和国宪法》冲突性与竞争性的缓和策略。彼时彼刻，时间和空间的发展将为我们的研究提供更多的可能。

第二，对"中华民国宪法"在两岸关系中的实际作用的研究，能够为我们在洞悉这部"宪法"政治功能的基础上，从"法理认同"层面研究台湾民众对这部"宪法"的认同倾向，消解两岸民众之间的认同矛盾，为实现两岸同胞的心灵契合提供理论支持。习近平同志指出，"我们所追求的国家统一不仅是形式上的统一，更重要的是两岸同胞的心灵契合……

[①] 郭震远：《中国内战及其延续中的两岸政治关系——关于两岸政治协商起点的探讨》，载《统一论坛》2010年第3期。

[②] 黄嘉树：《论反独与促统的区别与联系》，载《问题与思路》2004年第10期。

我们理解台湾同胞因特殊历史遭遇和不同社会环境而形成的心态，尊重台湾同胞自己选择的社会制度和生活方式"。在两岸长期隔绝的历史背景和社会环境下，台湾民众普遍认同"中华民国宪法"的效力，对这部"宪法"有其独有的政治感情，从一定意义上讲，他们对"中华民国""中华民国宪法"这一政权符号、"宪法"符号的认同，在某种意义上即是对"中国"国家符号的认同。然而，近年来在两岸屡屡发生的围绕"中华民国""中华民国国旗"等问题而发生诸如"张悬事件""周子瑜事件"等的政治事件[①]，却凸显出大陆民众对台湾民众因特殊的历史遭遇和社会环境形成的对"中华民国"认同的理解不够，凸显出两岸民众在政权符号层面产生的隔阂。因此，从法理认同角度，关注台湾民众对这部"宪法"的认同倾向，研究这部"宪法"在台湾岛内发挥的凝聚政治共识的政治功能，对于我们促进两岸民众的交往沟通，消解双方的认同隔阂，促进两岸同胞的心灵契合具有重要价值。

第三，对"中华民国宪法"在两岸关系中的实际作用的研究，能够为我们明确这部"宪法"带来的两岸争议对两岸交往，尤其是具有政治色彩的两岸公权力机关交往的影响，评估这部"宪法"在两岸未来展开高层次政治交往的过程中所能发挥的实际作用与功能，为促进两岸尽快展开政治对话提供规范支持。近年来，尽管两岸在处理以是否承认对方根本法为核心的"承认争议"上已经逐步转向较为务实的处理思路，但相对于逐渐热络的两岸民间交往而言，两岸公权力机关交往中关于"名义""身份"的争论更显突出，甚至可以被认为是制约两岸公权力机关交往中最大的"结"。[②] 众所周知，在作为两岸事务性协商政治前提和基础的"九二共识"中，两岸双方形成了以求同存异方式，暂时搁置对"一个中

[①] 张遂新：《打击"台独"，不应误伤台湾民心》，资料来源：http://hk.crntt.com/doc/1040/8/8/3/104088317.html? coluid=0&kindid=0&docid=104088317，最后访问日期：2017 年 5 月 20 日。
[②] 周叶中、段磊：《海峡两岸公权力机关交往的回顾、检视与展望》，载《法制与社会发展》2014 年第 3 期。

国"政治涵义争议的"建设性模糊"。可以说，这种极具政治智慧的"建设性模糊"在两岸关系和平发展中起到了重要作用，它为两岸展开事务性交往，甚至是低阶的政治性交往奠定了坚实的基础。然而，随着两岸关系的不断发展，双方展开高阶的政治交往已是历史发展的必然，曾为两岸搁置的议题终究需要得到合情合理解决，而作为两岸关系发展瓶颈的"中华民国""中华民国宪法"问题则首当其冲。同时，有学者认为，对大陆方面而言，认可"中华民国""中华民国宪法"虽然能够在当前"反独"斗争中发挥一定正面效应，但却有可能在未来促统工作中起到负面效应。[①] 因此，通过对"中华民国宪法"在两岸关系的现实与未来中实际作用的研究，对于我们对未来两岸开展高阶政治对话相关策略的制定做出评估和研判。

综上所述，两岸关于主权争议、宪制史发展和两岸关系现状这三个方面的问题构成了我们分析和研究"中华民国宪法"法理定位问题的重要突破口。在研究过程中，这些问题既构成了我们的研究动力，也构成了我们形成结论时不可或缺的研究过程。因此，本书拟将主权面向、历史面向和两岸面向列为"中华民国宪法"法理定位研究的三个具体的理论面向，形成以这三个面向为核心的论证结构。

第三节　台湾地区宪制性规定法理定位问题的论证结构

因循"主权—历史—两岸"三个面向构成的论证结构，本书将对"中华民国宪法"法理定位问题所涉及的主权背景、历史遗留问题和两岸关系现状中的若干重要问题加以论述。从论证结构中各部分的功能定位来说，主权面向构成"中华民国宪法"定位研究的背景与前提，历史面向

---

① 王英津：《论两岸政治关系定位中的"中华民国"问题（下）》，载《中国评论》（香港）2016年2月号。

构成"中华民国宪法"定位研究的纵向视角,两岸面向构成"中华民国宪法"定位研究的横向视角。各个研究面向都基于自身的研究视角,力求解决若干与"中华民国宪法"法理定位密切相关的关键性问题,从而为最终形成"中华民国宪法"法理定位策略做好相应的理论铺垫。

一、主权面向构成台湾地区宪制性规定定位研究的背景与前提

"中华民国宪法"法理定位问题,作为两岸主权争议问题在宪法层面的集中表现,无法绕开"主权之结"[①]。当前,两岸主权争议表现在两个方面,即两岸主权是否统一之争和两岸主权代表权之争,前者即"一中一台"或"两个中国"之争,后者即在"一个中国"前提下对其内涵不同理解之争。两岸主权统一,构成了作为两岸关系和平发展基础和前提的"九二共识"之核心意涵,因此,两岸主权统一是为两岸双方所确认的法理事实,是不容否认和挑战的,至于两岸主权代表权问题,则是可供两岸双方共同探讨的,同样也是可以在一定时期、一定阶段暂时搁置的。就"中华民国宪法"定位问题而言,两岸主权统一与其说是一个需要探讨的命题,毋宁说是一种已经证成,无须且不得变更的背景。因此,本书所提出的"中华民国宪法"法理定位研究的主权面向,其理论作用在于通过巩固两岸在主权统一层面形成的共识,维护一个中国框架,为下文在这一框架之下务实探讨"中华民国宪法"法理定位问题提供主权背景。易言之,本书对"中华民国宪法"法理定位主权面向的讨论,只局限于通过对部分"台独"分裂分子分裂主张的驳斥,对两岸主权统一法理事实实现巩固和再确认,为后文在这一背景之下探讨具体定位策略提供法理渊源,避免最终得出的策略性结论成为无本之木和无源之水。基于这一目

[①] 张亚中:《两岸主权论》,生智文化事业有限公司1998年版,第2页。

的，在本研究中，主权面向所需探讨和解决的主要有以下三个方面的问题。

第一，梳理两岸主权争议的基本脉络、主要表现形式，解决这一争议与"中华民国宪法"定位问题的内在关系问题。考察两岸关系发展的历史进程，两岸的主权争议主要体现在两个层面：1. 两岸双方在"两岸同属一个中国"前提下，对中国主权代表权归属之争，即谁代表"一个中国"的争议。在这一层次，两岸对"中华民国宪法"定位的争议主要表现为两种形态，一是"中华民国宪法"是否能够为台湾当局争夺中国代表权提供法理支持；二是在"两岸主权统一"前提下，两岸是否存在"治权"分立现象，若存在这一现象，那么"治权"是否能够成为"中华民国宪法"具备正当性的理论基础。2. 一个中国原则的主权效力问题，即两岸政治对立的现状是否影响主权统一，造成中国主权分裂的争议，即"两个中国"或"一中一台"之争。这种争议，在国内法层面上体现为"台湾人民"是否独立于"中国人民"之外聚合为一个独立的政治实体，从而造就出基于"台湾人民"的"台湾主权"，其"国号"为"中华民国"，其"国家根本法"为"中华民国宪法"；在国际法层面上体现为台湾是否"独立"于中国之外，成为一个与中华人民共和国相区隔的"独立国家"，其"国号"为"中华民国"。在这一层次上，两岸对"中华民国宪法"法理定位的争议主要体现为，这部"宪法"是否是一个名为"中华民国"的，"主权"范围仅及于台、澎、金、马地区的"国家"的"根本法"。基于上述分析，对两岸在不同层面的主权争议之表现形式的详细梳理，构成了我们探讨"中华民国宪法"法理定位的基本前提，若没有相应的主权论述支持，则任何对"中华民国宪法"法理定位所提出的行为策略都是缺乏根本依据和实施空间的。

第二，从主权层面完善一个中国框架的论证结构，驳斥主权分裂论等错误理论形态。当前，"台独"分裂势力已经逐渐建构起具有多种理论形态的"台独"理论体系,从而使作为一种政治主张的"台独"变得具有较为完善的理论支撑,这为我们贯彻反对和遏制"台独"分裂势力的政策方针制造了极大的理论障碍。考察"台独"分裂理论体系的理论构成,尽管其具体理论形态有所差异,但其核心均在于否认一个中国框架对台湾的约束力。尽管"一个中国"不仅是以历史和现实的既存事实为基础的原则,也是为两岸各自规定所坚持的法理事实,但"台独"分裂理论体系却企图从多个层面出发挑战这一原则,从而达到其分裂目的。当前,台湾方面出现了以下两种区别于传统主权统一论的两岸主权理论形态:1. 主权分裂论,即认为当前两岸关系的现状是一种"主权"层面的分裂,因而大陆和台湾分属两个互不隶属的"国家",台湾是一个"主权独立的国家",其"主权"及于且仅及于台、澎、金、马地区。至于对造成这一现状的原因,则既有以两岸六十年来的政治对立事实为依据者,也有以所谓"以台湾为主体的历史观"为依据,将台湾界定为"一个独立的历史舞台"[①]者。2. 主权重叠(迭)论,即将当前两岸关系的现状界定为"主权宣示重叠,宪政治权分立"[②]的状态,两岸应当在承认这一现状的基础上,通过建构"第三主体""第三宪"等方式,最终实现"两岸统合"[③]。尽管从字面意涵来看,这一学说似乎只是从另一角度对两岸关于主权统一事实的理论复述,但我们亦不能轻易否认其内在意涵中的其他理论可能性。从主权层面看,一个中国框架的核心意涵在于强调两岸在主权层面的统一性,否定任何可能造成国家主权分裂局面的主张和活动。这一核心意涵也构成了作为两岸关系和平发展基础和前提的"九二共识"之中两岸

[①] 曹永和:《台湾史研究的另一个途径——"台湾岛史"概念》,载《台湾早期历史研究续集》,联经出版事业公司2000年版,第445—449页。

[②] 《张亚中:两岸主权问题不可以模糊》,资料来源:http://www.crntt.com/doc/1032/2/6/2/103226249.html?coluid=0&kindid=0&docid=103226249&mdate=0617010356,最后访问日期:2017年5月20日。

[③] 张亚中:《两岸统合论》,台湾生智文化事业有限公司2002年版。

真正的"共识"部分,可以说,没有主权层面的共识,就没有大陆方面的"在海峡两岸事务性商谈中,不涉及'一个中国'的政治涵义"和台湾方面的"对'一个中国'的涵义,认知各有不同"。因此,在"台独"分裂势力可能再次沉渣泛起的情况下,从主权层面进一步完善一个中国框架的论证结构是巩固"九二共识"、维护和深化两岸关系和平发展政治基础的必然要求,也是我们给予"中华民国宪法"以合情合理合法定位的必然前提。

第三,明晰两岸各自"主权-治权"话语体系的法理意涵及其内在逻辑与应用实践差异。长期以来,两岸双方出于不同的政治目的,双方分别以不同的政策、法理话语描述各自对两岸"主权、治权"关系的基本立场,从而形成了各自不同的"主权、治权"话语体系。正是这种两岸各自形成的话语体系,为双方在政治对立的情况下,形成尖锐的话语对立提供了条件,使双方在进行涉及"主权、治权"等问题的探讨时,往往陷入自说自话的窘境。这种窘境的存在,使双方无法在一个具有相对共识的环境下展开对话。要创设一个兼及两岸立场的相对共识环境,应从以下三个方面加以分析:1. 对两岸各自政策话语对主权争议的表述做出比较分析,即以近年来两岸涉对方事务的政策主张为研究对象,通过对这些政策话语的解读、分析和比较,明晰两岸双方在政策体系中对两岸主权争议的基本立场;2. 对两岸各自法律规范对主权争议的表述做出比较分析,即以两岸各自现行根本法、法律规范中体现双方各自主权立场的条文为研究对象,通过对这些法律规范的解读、分析和比较,明晰两岸双方在法律规范体系中对两岸主权争议的主要规定,挖掘台湾地区有关规定中有助于维护一个中国框架的要素;3. 对"治权"概念在两岸的生成和使用做出比较分析,通过对"治权"的概念史研究,形成对台湾方面当前试图建构的两岸"治权"关系的解构,进而比较两岸对"治权"及其相关概念的使用加以比较,最终对"治权"与"中华民国宪法"的关系做出界定。

通过上述三个方面的分析，才能从话语体系层面对两岸主权争议做出更为明确的认知。

二、历史面向构成台湾地区宪制性规定定位研究的纵向视角

无论是"中华民国宪法"法理定位问题的产生和蜕变，均是发生和存在于中国宪制史上的历史事实。这种历史事实表现在两个方面：1."中华民国宪法"定位问题的产生，乃是源于存在于中国革命历史事实上的一个"偶然"，即当时特定历史条件的影响导致外国武力干涉解放台湾所致，因而对自"中华民国宪法"酝酿制定，直至其因特殊的历史原因而未能因中国革命的胜利而消亡的历史之分析与梳理，自然应当成为我们研究和分析"中华民国宪法"法理定位问题的重要构成部分。2."中华民国宪法"定位问题的蜕变，乃是源于20世纪90年代开始的台湾地区"宪政改革"对"中华民国宪法"内容的修改，即因"宪政改革"的影响，使"中华民国"与"中华民国宪法"在台湾地区政治转型的过程中逐渐走向"台湾化"，从而使"中华民国宪法"定位问题由一个存在于中国革命史上的中国之内的两个竞争性政权之间的对立问题，演化为一个维护中国国家统一与推动"台湾独立"之间的对立问题。因此，就本书对"中华民国宪法"定位问题的探讨而言，对以"中华民国宪法"为核心的宪制史的研究，理应成为整个研究体系不可或缺的一个组成部分。因此，本书所提出的"中华民国宪法"法理定位研究的历史面向，其理论作用在于通过对"中华民国宪法"宪制史的研究，尤其是对这部"宪法"产生和变化的重要历史节点的研究，探析这部"宪法"在历史长河之中产生和演变过程对于我们赋予其法理定位的影响，同时通过对这部"宪法""正当性"基础的变化研究，分析其内在法理属性的变迁对当前给予这部"宪法"合情合理安排的影响。基于这一目的，在本研究中，历史面向所需探讨和解决的主要有以下三个方面的问题。

第一章　问题意识与理论面向

第一，1949年以来，中国制定的宪法对作为"待解放区"的台湾地区之法律效力的问题。众所周知，判断一部宪法是否有效适用于某一地区的标准有二：一是基于这一宪法建立的公权力机关是否在这一地区建立起有效统治；二是该地区人民是否认同这部宪法的合法性和实际效力。[1] 自1949年以来，在中国范围内存在两部以全中国为其自身所主张的效力范围的宪制性规定，即新中国制定的，实际适用于大陆地区的《中华人民共和国宪法》和1946年制定的，实际适用于台湾地区的"中华民国宪法"。结合上述两项标准和两岸政治实践可知，作为国共内战的遗留问题，中央政府长期未能实际统治台湾地区，而新中国制定的宪法也并未在台湾地区实际适用。基于这一现状，我们在探讨"中华民国宪法"法理定位问题时，除应考虑"中华民国宪法"自身的实际效力等因素外，还应考虑在给予这部"宪法"定位后，将会对《中华人民共和国宪法》效力问题所产生的影响。因此，新中国制定的宪法在台湾地区的适用效力及其适用方式问题成为我们解决"中华民国宪法"必须加以解决的问题。具体说来，这一问题可以拆解为以下三个问题：1. 在制定《共同纲领》和新中国宪法时并无台湾地区代表参与的历史背景之下，研究新中国宪法对作为"待解放区"的台湾地区[2]的法律效力问题；2. 在肯定新中国宪法对台湾地区法律效力的基础上，研究新中国宪法适用于台湾地区具体方式的问题；3. 在上述两个问题的基础上，研究新中国宪法与"中华民国宪法"的效力关系问题。上述三个问题，均源于1949年新中国的制宪事实和"中华民国宪法"在台湾地区持续存在的历史事实，因而对这些问题的研究，必须置于宪制史的研究框架之下，运用制宪权等相关宪法学理论加以分析和研究。

第二，当前"中华民国宪法"的"正当性"缺失与"有效性"存在

---

[1] 周叶中：《台湾地区的宪法学思考》，载《法学》2007年第6期。
[2] 陈端洪：《制宪权与根本法》，中国法制出版社2010年版，第243页。

之间的矛盾问题。众所周知,在中国新民主主义革命的历程中,随着《关于废除国民党的六法全书与确定解放区的司法原则的指示》和《共同纲领》的颁布,原本尚在形式上具有正当性的"中华民国宪法",正式为中国人民所废除。由此,作为已被中华人民共和国所取代的"中华民国"的合法性图腾,"中华民国宪法"失去了其存在的正当性基础,因而长期被视为一部伪宪法。然而,历史的巧合却导致"中华民国宪法"这部缺乏正当性基础的"宪法"在台湾地区仍继续施行,并在台湾当局实际控制区域之内发挥着所谓"根本法"的实际作用。考察台湾地区数十年来,尤其是台湾地区"宪政改革"以来的政治实践和法治实践,"中华民国宪法"在台湾地区发挥的实际作用表现在以下三个方面:一是作为"中华民国法统"的象征,使"中华民国"这一政权符号在法理层面得以延续和存在;二是作为保障人民基本权利的法理依据,使台湾地区民众的基本权利在法治实践中得到有效保障;三是作为台湾地区公权力机关的组织、运行的根本依据,使台湾地区各级公权力机关在政治实践中得以顺畅运行。除此之外,从台湾地区"司法院大法官"对"中华民国宪法"及其"增修条文"频繁地"释宪"实践之中,亦可看出这部"宪法"在台湾地区所发挥的实际作用。截至2015年12月,台湾地区"司法院"共作成734件"大法官解释",其中将相关"法律"及公权力机关行为做出"违宪"界定的超过三成之多,而揭开台湾地区政治转型序幕的,也正是"司法院大法官""释字第261号解释"。由此可见,数十年来,台湾当局对台湾地区的统治正是建立在"中华民国宪法"及其"增修条文"的基础上,其政治基础和政治实践也遵循该"宪法"的规定,台湾地区人民也大多认同该"宪法"的"正当性"。[①] 因此,如何运用宪法学理论解释"中华民国宪法"的"正当性"缺失与其"有效性"存在之间的矛盾,

---

① 周叶中:《台湾问题的宪法学思考》,载《法学》2007年第6期。

成为我们探讨"中华民国宪法"法理定位必须加以重视的问题。

第三，台湾地区"宪政改革"对"中华民国宪法""正当性"和有效性基础的影响及其对两岸关系的影响问题。自 1990 年开始，台湾地区连续发动七次"宪政改革"，通过废止"动员戡乱时期临时条款"和对 1946 年"中华民国宪法"数十个条文的冻结和修改等方式，完成了对"中华民国宪法"的根本性变革。在 1990 年之前，1946 年"中华民国宪法"和"动员戡乱时期临时条款"共同构成台湾地区政治实践中的"根本法"，在这一"根本法"体系之中，"中华民国"和"中华民国宪法"的"正当性基础"在于 1946 年在南京举行的"制宪国大"。众所周知，此次"制宪国大"由来自全中国各地方的"国大代表"组成，因而由这一"制宪国大"制定的"中华民国宪法"的"正当性基础"当然来源于整个中国。然而，台湾地区"宪政改革"对"国大代表"的人员构成做出重大调整，将"中华民国宪法"规定的"国大代表"选举区域，由全中国修改为"自由地区"，并由"自由地区"选举产生的"国大代表"对"中华民国宪法"做出修改。由此，经过"增修"之后的"中华民国宪法"，其"正当性基础"已经由整个中国变为名为"自由地区"的台、澎、金、马地区。台湾地区"宪政改革"为"中华民国宪法"带来的变化，为我们研究"中华民国宪法"法理定位问题制造了一些新的障碍和问题，具体说来：1. 台湾地区"宪政改革"的发生，是否意味着"中华民国宪法"因台湾地区政治转型的实现而开始拥有基于"台湾人民"的"合法性基础"，从而弥合了其"正当性"和"有效性"之间的矛盾？2. 台湾地区"宪政改革"的发生，是否意味着"中华民国"的"台湾化"，从而使台湾在"法理"上已经与大陆"彻底发生隔离"，从而已经实现"主权独立"？这两个问题对于我们在近年来"中华民国"和"中华民国宪法""台湾化"的背景下，对"中华民国宪法"做出策略定位产生了新的重要挑战。因此，如何运用宪法学理论解释台湾地区"宪政改革"

对"中华民国宪法""正当性"基础的影响及其对两岸关系的影响，成为我们探讨"中华民国宪法"法理定位必须加以重视的问题。

三、两岸面向构成台湾地区宪制性规定定位研究的横向视角

在当前形势下，"中华民国宪法"法理定位问题重要程度的迅速提升，与其在两岸关系，尤其是两岸政治关系发展过程中具有的重要价值密不可分。一方面，随着台湾地区第三次"政党轮替"的发生，两岸关系和平发展的前景再次变得不可预期，不少学者对两岸关系的发展方向做出了"冷和平"[①]"冷内战"[②]的判断，而岛内"台独"分裂势力亦大有东山再起之势。在当前"反独"任务显得十分突出的背景下，在"法理"上起到连接台湾和大陆作用的"中华民国宪法"的定位问题的紧迫性也日渐提升。另一方面，随着两岸政治交往的逐渐展开，台湾方面越来越强调"中华民国""中华民国宪法"对两岸关系发展的重要价值，其政治人物不断以各种方式呼吁大陆方面"正视'中华民国''中华民国宪法'"，这使得大陆方面必须积极结合两岸关系发展现状，考量对"中华民国""中华民国宪法"的合情合理安排问题，从而把握在相关议题上的主动权。因此，在当前条件下，就本书对"中华民国宪法"定位问题的探讨而言，从两岸关系发展现状视角出发，对这部"宪法"展开研究，理应成为整个研究体系中不可或缺的一个组成部分。因此，本书所提出的"中华民国宪法"法理定位研究的现实面向，其理论作用在于，通过对与这一问题密切相关的两岸关系发展现状的分析，探析这部"宪法"在当

[①] 《倪永杰答中评：两岸将走向冷和平！》，资料来源：http://www.crntt.com/doc/1040/9/1/7/104091780.html?coluid=136&kindid=4711&docid=104091780&mdate=0119095236，最后访问日期：2017年5月20日。

[②] 《张亚中：蔡英文赢，两岸进入冷内战？》，资料来源：http://www.crntt.com/doc/1040/8/9/4/104089429.html?coluid=136&kindid=4711&docid=104089429&mdate=0117003600，最后访问日期：2017年5月20日。

前两岸关系之中和台湾岛内起到的实际作用及其对我们赋予它适当定位的影响。基于这一目的,在本研究中,两岸面向所需探讨和解决的主要有以下三个方面的问题。

第一,"中华民国宪法"之"一中性"要素与一个中国框架的关系问题。如上所述,"中华民国宪法"内含的"一中性"要素及其在法理层面的反"台独"功能,构成我们在现阶段重视这部"宪法"定位问题的重要原因。然而,在当前环境下,学界对"中华民国宪法""一中性"的政治意涵及其对维护一个中国框架的实际功能的认知却存在一定分歧:一方面,有学者认为,来自"中华民国宪法"文本之中的"一中性"因素具有体系性、权威性、规范性的特点,在台湾地区已经确立法治原则的今天,体现在台湾地区现行"宪法"之中的"一个中国"的约束力显然要强于岛内部分政党的政治承诺。另一方面,尽管"中华民国宪法"文本之中体现出较为明显的"一中性"因素,但亦有学者通过对"宪法一中"的研究,提出随着"中华民国"政治含义的演变,"中华民国宪法"的"一中性"亦在变化,这种"一中性"可能仅仅是规范意义上的,并不必然导致"事实"上的"一中"。[①] 这种来自理论与事实上的差异认知,使大陆方面在处理"中华民国宪法"定位问题时,面临极大的决策风险。基于上述两个方面的认知,这一问题体现为:如何认知"中华民国宪法"与一个中国框架的关系问题,亦即如何通过对大陆方面认可这部"宪法"后对一个中国框架的影响之评估,实现对"中华民国宪法""一中性"的精细化分析。

第二,"中华民国宪法"在台湾地区政治生活中的实际功能及台湾民众对这部"宪法"的认同倾向问题。"中华民国宪法"在台湾地区的"事实有效性"及台湾民众对这部"宪法"的事实认同倾向,构成我们重新

[①] 周叶中、祝捷:《"一中宪法"与"宪法一中"——两岸根本法之"一中性"的比较研究》,载黄卫平等主编:《当代中国政治研究报告》(第十辑),社会科学文献出版社2013年版。

给予这部"宪法"定位的重要理由,然而既有研究成果对这种"事实有效性"的主要表现形式,以及台湾民众对这部"宪法"认同倾向的形成、变化的分析却并不充分。通过对这一问题的研究,除将得出若干具有指标性意义的直接结论外,还能从侧面评估大陆方面认可"中华民国宪法",是否会造成强化台湾岛内"台湾主体性意识"、加深岛内民众对"台湾"的"国家认同"观念等不利影响等问题,从而进一步强化我们对给予这部"宪法"合情合理定位的界限认知。因此,对"中华民国宪法"在台湾地区的政治功能做出评估,是我们在界定"中华民国宪法"法理定位问题时必须加以解决的问题。具体说来,这一问题可以拆解为以下三个问题:1. 作为一部具有宪法形式的规范性文件,"中华民国宪法"在台湾地区政治体系运行过程中发挥怎样的实际作用,岛内各主要政治力量如何看待这部"宪法"的实际地位?2. 作为一部在"司法审查"中经常被适用的规范性文件,"中华民国宪法"对台湾民众基本权利起到怎样的保障作用,这种保障作用对岛内民众对这部"宪法"的认同有何影响?3. 作为一部具有"国家""法理象征"作用的规范性文件,"中华民国宪法"在台湾民众"国家认同"观念的形成与变化之中起到怎样的凝聚作用,这种作用在历史发展过程中是否产生过一定的变化?这三个问题系从不同角度出发,对"中华民国宪法"在台湾地区的"事实"效力做出评估的具体面向,因而对这些问题的研究,均应置于"中华民国宪法""实施现状"的框架之下,运用宪法教义学等宪法学理论加以分析和研究。

第三,"中华民国宪法"定位与两岸政治互信和两岸政治交往的关系问题。除在当前形势下巩固一个中国框架,弥合两岸民众认同差异外,如何对"中华民国宪法"做出合情合理安排,也是两岸在进一步拓展交往空间,尤其是政治交往空间过程中必须面对的问题,这一问题构成分析"中华民国宪法"定位对两岸政治关系发展的影响效果评估的核心。因此,如何在两岸尚存政治分歧的情况下,通过对兼具"法理"与"事实"

属性的"中华民国宪法"做出合情合理安排,使之有助于两岸寻找到能够为双方共同接受的高阶政治交往的法理基础,成为本研究的必要组成部分。具体说来,这一问题可以拆解为以下三个问题:1."中华民国宪法"定位问题对当前两岸政治互信与政治交往产生了怎样的阻碍作用,在这一问题不得到有效解决的情况下,两岸交往是否能够继续取得阶段性进展?2."中华民国宪法"定位问题的合情合理解决,能否起到有效提升两岸政治互信,助益两岸政治交往的实际作用?3."中华民国宪法"定位问题的合情合理解决,是否会产生有碍于两岸政治互信或阻碍两岸政治交往的新问题?这三个问题从"中华民国宪法"定位可能对两岸政治关系发展产生的影响出发,对"中华民国宪法"法理定位问题与两岸政治互信、两岸政治交往问题之间的关系做出来自不同逻辑起点的考察,从而构成做出相应评估结论的构成部分,因而对这些问题的研究,均应置于"'中华民国宪法'定位的两岸政治影响"框架之下,运用理论和实践素材加以分析和研究。

综上所述,基于对问题意识的分析,本书拟从主权、历史、两岸三个研究面向出发,在对两岸主权关系做出背景性界定的基础上,通过对宪制史视角下的"中华民国宪法"的历史定位和对两岸关系发展现状下"中华民国宪法"的现实定位分析,最终形成现阶段对"中华民国宪法"的策略定位。在本书的论证结构中,主权、历史、两岸三个研究面向共同构成递进式的研究逻辑,层层推进式地解决"中华民国宪法"法理定位及其相关问题。

第二章　台湾地区宪制性规定法理定位的主权面向

主权面向构成"中华民国宪法"法理定位研究的研究背景。两岸对"中华民国宪法"法理定位问题的争议，实际上是两岸关于主权争议在宪法场域内的一种映射。当前两岸关系面临的最大挑战在于，"台独"分裂势力正通过各种方式对"中国"与"台湾"主权关系加以解构，意欲使"中华民国""中华民国宪法"之定位脱离于"中国"这一主权国家符号之外，从而使"中华民国宪法"成为"台湾"作为"一个主权独立国家"的法理标志。因此，台湾地区宪制性规定法理定位研究的首要步骤，即是要将对这部"宪法"定位问题的探讨范围重新置于"中国"这一国家符号范围之内。要在实现这一目标，必须进一步巩固和维护一个中国框架的主权意涵，实现对一个中国框架内"两岸主权统一"意涵的再确认。基于这一目的，本章从实践和理论两个层面出发，对两岸关于主权、治权争议进行分析，为厘清台湾地区宪制性规定法理定位研究之主权背景奠定基础。

第一节　两岸关于主权争议：实践面的解析

对两岸关于主权争议进行实践面的描述，是通过政策解读和分析对两岸关于主权争议进行研究的方法，通过这种方法，不仅能够有助于理清两岸政治关系发展的基本脉络,也能够为两岸关于主权争议的理论解释提供相应的实践素材。对两岸各自政策表述进行梳理,有助于认知两岸就主权争议核心主张,达到基于这一认知实现衡量台湾地区宪制性规定法理定位方案对两岸的可接受性的目的。

一、大陆方面对两岸关于主权关系的政策叙述的历程演变

大陆方面对两岸关于主权关系的论述集中体现为其对一个中国原则的坚持。自1949年以来,大陆方面一直坚持"大陆和台湾同属一个中国"的基本立场,视台湾为中国的一个组成部分,这一立场置于主权层面,即坚持两岸主权统一这一立场置于主权层面,即坚持两岸主权的统一性。当然,六十余年来,国际国内形势不断变化,大陆方面在坚持一个中国原则的前提下,在具体的政策表述上做出了相应的调整。

1949年至1979年间,在革命话语体系之下,"解放台湾"构成大陆方面对台政策的主轴,而一个中国原则构成了这一政策主轴中的核心部分。在这一时期,尽管大陆方面因时势的变化,在解决台湾问题的具体方式上(即是武力解放台湾,还是和平解放台湾)做出过调整,但却一贯坚持一个中国原则,将这一原则作为大陆解决台湾问题的基本前提。这种对一个中国原则的坚持,集中体现在当时大陆方面提出的许多重要政策主张上,如1958年10月6日,由毛泽东起草的,以中华人民共和国国防部部长彭德怀名义发布的《告台湾同胞书》明确指出,"台、澎、金、马是中国领土……台、澎、金、马是中国的一部分,不是另一个国家……世界上只有一个中国,没有两个中国"[①]。1960年5月,周恩泽来在接见张治中等民主人士时,将毛泽东关于解决台湾问题的原则概括为"一纲四目",其中"一纲"即"台湾必须统一于中国","四目"即为台湾统一

---

① 《国防部部长彭德怀告台湾同胞书》,载《中华人民共和国国务院公报》1958年第30期。

于祖国后的四项具体政策。① 从上述政策主张可以看出，一个中国原则构成大陆方面第一代领导集体对台政策的核心部分，而解放台湾构成贯彻这一政策主张的具体方式。

20世纪70年代末，国际国内形势发生了一系列重大变化，1979年中美建交和全国人大常委会发表《告台湾同胞书》的发布被认为是大陆对台政策转变的"最重要的一次分水岭"②。1979年元旦，全国人大常委会发表《告台湾同胞书》，宣布停止对金门的炮击，倡议两岸商谈结束军事对峙状态，并提出两岸应当为恢复双方正常的交往做出考量，开启了大陆方面以"和平统一"为主轴的对台政策。在《告台湾同胞书》发表后的数年间，邓小平为正式提出了"和平统一、一国两制"的科学构想，这一构想成为新时期大陆对台政策的总方针。1983年6月26日，邓小平在会见美国客人杨力宇时，首次详细阐明了两岸实现统一的六条构想（即"邓六条"）。邓小平指出，台湾问题"核心是祖国统一。祖国统一已成为国共两党的共同语言"，"祖国统一后，台湾特别行政区可以实行同大陆不同的制度"③ 的观点作为实现统一谈判的主要方式。"邓六条"以"一国两制"的基本理论为和平解决台湾问题设定了基本框架，也为未来大陆方面的对台政策提供了基本思路。"一国两制"构想清晰地勾画出了和平统一祖国的最佳蓝图，开辟了积极稳妥地解决台、港、澳问题，实现祖国和平统一的可行途径。④ 从上述论述可以看出，以邓小平为核心的党的第二代领导集体在对台政策上做出了较大幅度的调整，开创了"和平统一、一国两制"的科学构想，为日后大陆方面处理台湾问题确定了基本原则。然而，大陆方面的这种政策调整并未影响到其对一个中国原则的坚

---

① 李松林、祝志男：《中共和平解决台湾问题的历史考察》，九州出版社2012年版，第107页。
② 邵宗海：《两岸关系》，台湾五南图书出版股份有限公司2006年版，第175页。
③ 《邓小平文选》（第三卷），人民出版社1993年版，第31页。
④ 李松林、祝志男：《中共和平解决台湾问题的历史考察》，九州出版社2012年版，第139页。

第二章 台湾地区宪制性规定法理定位的主权面向

持,而是始终以一个中国原则为前提,始终强调台湾对中国的主权从属性。

1995年1月31日,江泽民同志发表题为《为促进祖国统一大业的完成而继续奋斗》的重要讲话,提出关于推进祖国和平统一的八项主张(即"江八点")①。在讲话中,江泽民重申了中共十四大报告中提出的"在一个中国前提下,什么问题都可以谈"的基本立场,在强调一个中国原则的同时,驳斥台湾地区当时出现的"分裂分治""阶段性两个中国"等分裂观点。需要指出的是,"江八点"首次使用"台湾是中国的一部分"的提法,不再强调"一个中国就是中华人民共和国",淡化了一个中国原则中的政权符号色彩,从而使一个中国原则更具弹性。此后,中共十六大报告再次对一个中国原则的内涵做出调整,提出"大陆和台湾同属一个中国"的提法,在继续贯彻弱化政权符号色彩的基础上,在"中国"这以国家符号之下,给予大陆和台湾以平等地位,使一个中国原则的政策包容性进一步得到提升。

2008年后,两岸关系进入和平发展的新阶段,大陆方面亦根据两岸关系发展的新动向对一个中国原则的内涵做出了更为精准地界定和解读。2008年12月31日,胡锦涛同志在纪念《告台湾同胞书》发表三十周年纪念大会上发表重要讲话,就进一步发展两岸关系提出六点意见(即"胡六点"),其中第一点即重申"恪守一个中国原则",在坚持"世界上只有一个中国,中国主权和领土完整不容分割"的基础上,首次提出"台湾和大陆""尚未统一"的原因是"中国内战遗留并延续的政治对立"②,更加清晰的界定了一个中国的内涵。

2014年,两岸关系和平发展遭遇一定挫折,台湾岛内发生了反对

---

① 江泽民:《为促进祖国统一大业的完成而继续奋斗》,新华社北京1月30日电。
② 胡锦涛:《携手推动两岸关系和平发展 同心实现中华民族伟大复兴——在纪念〈告台湾同胞书〉发表三十周年座谈会上的讲话》,新华社2008年12月31日电。

《海峡两岸服务贸易协议》的"太阳花运动",支持和肯定"九二共识"的国民党在台湾地区地方选举中遭遇重大失败,岛内政治格局发生翻转。在这一时代背景下,2015年11月7日,习近平在会见时任台湾方面领导人马英九时指出:"大陆和台湾同属一个中国,两岸关系不是国与国的关系,也不是一中一台……两岸同属一个国家,两岸同胞同属一个民族,这一历史和法理基础从未改变也不可能改变。"[①] 在两岸领导人的首次会晤中,强调一个中国原则,具有重要的指标性意义。此后,习近平同志在不同场合多次强调"九二共识"和一个中国框架的重要意义,并在2016年3月参加十二届人大四次会议上海代表团审议时,重申并进一步丰富了作为一个中国框架重要体现形式的"九二共识"的内涵,他首次提出"'九二共识'明确界定了两岸关系的性质","承认'九二共识'的历史事实,认同其核心意涵,两岸双方就有了共同政治基础"[②],从而为新形势下两岸主权关系定位确立了基准。

二、台湾方面对两岸主权关系的政策叙述的历程演变

与大陆方面对待两岸主权关系一以贯之的政策立场相比,数十年来,台湾当局对两岸主权关系的政策发生了较大变化。尽管在过去数十年间的绝大部分时间里,台湾当局能够坚持"两岸主权统一"的态度,但由于其执政党和领导人对待统"独"议题的立场变化,台湾方面在特定时期内亦表露出一些违背"两岸主权统一"的政策主张。

在两蒋统治台湾时期,台湾当局尚能在两岸主权关系问题上与大陆方面保持一致,即认为"两岸同属一个中国",中国的领土主权并未因其退据台湾而分裂。为贯彻这一基本方针,台湾当局在对内政策上,一方面,

---

① 《习近平提"坚持两岸共同政治基础不动摇"等四点意见》,资料来源:http://www.china-news.com/tw/2015/11-07/7611419.shtml,最后访问日期:2017年5月20日。
② 《习近平参加上海代表团审议》,资料来源:http://news.xinhuanet.com/politics/2016lh/2016-03/05/c_1118244365.htm,最后访问日期:2017年5月20日。

选择保留"中国法统",通过实施所谓"动员戡乱"体制,停止改选象征着"中国法统"的"国大代表""立委""监委"等"中央民意代表"等方式,在形式上维持着其作为"全中国合法代表"的形象;另一方面,通过各种方式严惩"台独"分子,遏制"台独"倾向,策反及分化瓦解"台独"组织,打击海外"台独"势力。① 在对外政策上,台湾当局坚持大陆和台湾均属"中华民国"领土,坚决抵制美国等外部势力鼓吹的"台湾地位未定论""两个中国""台湾独立""双重承认"等可能导致中国主权分裂的主张。20 世纪 70 年代后,尤其是 1972 年台湾当局被逐出联合国之后,其对外政策逐渐转为"总体外交"政策,在坚持一个中国原则的基础上,选择与美国、日本等已经和中华人民共和国建立外交关系的西方大国发展所谓"实质关系",同时将其发展"正式邦交"的重点转向小国,以保证其"主权者"的地位能够获得足够的国际承认。但从主权的一般理论来看,所谓"总体外交"政策并未在国际上造成"两个中国"或"一中一台"等分裂影响,台湾当局也并未改变其坚持的一个中国原则。

李登辉担任台湾地区领导人后,随着台湾岛内本土政治势力的崛起,台湾当局逐渐改变了其对"大中国法统"的态度,日渐背离两蒋时期坚持的一个中国原则,对这一立场逐渐产生动摇。具体而言,这种立场的变化表现在以下三个方面:1. 发动七次"宪政改革",通过推动"中央民意代表""总统"在"自由地区"直选,冻结台湾与福建"省长""省议员"选举,虚化"省级建制"等方式,实现对"中国法统"的解构,从而开启"中华民国台湾化"进程。② 2. 在"外交"政策上提出所谓"务实外交"的思路。在具体做法上"务实外交"思路表现为三个方面:一

---

① 张春英主编:《台湾问题与两岸关系史》(下),福建人民出版社 2014 年版,第 545—552 页。
② [日]若林正丈:《战后台湾政治史——中华民国台湾化的历程》,洪郁如等译,台湾大学出版中心 2014 年版,第 214 页。

是不惜变通名义，企图重返国际组织，如接受以"台澎金马关税区"名义加入关贸总协定等；二是承认"中国分裂"的事实，将"重返联合国"列为其"外交"政策的重要目标；三是通过各种方式与一些国家发展非官方关系，妄图寻求国际社会对大陆和台湾的"交叉承认"。① 总之，台湾当局在这一时期已在内外两个层面开始全面背离一个中国的原则，提出所谓"以一个中国为指向的阶段性两个中国"② 等试图使主权走向分裂的政策口号，这些口号最终即演化为李登辉于1999年提出的"特殊的两国论"，从而在政策层面彻底完成了对一个中国原则的颠覆。

陈水扁担任台湾地区领导人期间，台湾当局延续了李登辉时期的两岸政策，开始在更大范围内推行"台独"政策。尽管陈水扁在当选台湾地区领导人之时，提出所谓"四不一没有"的主张，意在向大陆体现善意，但在此后不久，其即明确抛出"一边一国论"，再次将两岸关系推至冰点。2002年8月3日，陈水扁在向东京世台会年会发表视频谈话时表示，"台湾与对岸中国是一边一国，要分清楚……如果有需要，台湾现状的改变要公民投票"③，从而正式抛出"一边一国论"。陈氏的"一边一国论"是对李登辉"特殊两国论"的一种延续，这一表述从政策层面将两岸视为"主权"区隔的两个"国家"，进一步促进了台湾当局两岸政治关系定位主张的转向。除此之外，陈水扁当局还在岛内开展所谓"去中国化"运动，力促"文化台独"，从而使"台湾主体性意识"逐渐取代"中国意识"，逐渐影响到台湾青年世代的"国家认同观"，从而为日后两岸关系的发展埋下了极大的隐患。

---

① 林冈：《台湾政治转型与两岸关系的演变》，九州出版社2010年版，第109—110页。
② 此系时任台湾当局"经济部长"江丙坤在1993年参加在西雅图举办的APEC会议时提出的言论。
③ "陈水扁在东京'世界台湾同乡联合会'上的谈话"（2002年）。本书中关于台湾地区领导人的谈话、讲话、文稿等，均引自台湾地区领导人官邸网站，资料来源：http：//www.president.gov.tw，最后访问日期：2017年5月20日，以下引注不再一一注明。

马英九担任台湾地区领导人后，台湾当局重新调整其政策主张，在两岸范围内，重新强调台湾地区现行"宪法"关于"中华民国领土主权"的约束力，多次提出"大陆依然是中华民国领土"①，两岸应当"主权互不承认，治权互不否认"，在台湾地区参与国际空间问题上提出两岸"外交休兵"主张，倡导两岸应当"各尽其能，齐头并进……而非恶性竞争，虚耗资源"②。具体来说，马英九对两岸主权关系的政策主张体现为，在"宪法一中"和"九二共识"的基础上，维持"不统、不独、不武"的台海现状，以两岸经贸往来于文化交流全面正常化为起点，以双方"和解休兵"为第二阶段目标，而将两岸问题的最终解决留待未来。③ 在其执政的八年间，马英九多次援用台湾地区现行"宪法"的规定来说明"两岸同属一个中国"的基本立场。2008年8月26日，马英九在接受媒体专访时提出："因为我们的宪法无法容许在我们的领土上还有另外一个国家；同样地，他们的宪法也不允许在他们宪法所定的领土上还有另外一个国家，所以我们双方是一种特别的关系，但不是国与国的关系"④。可以说，在马英九执政期间，其对两岸主权关系的界定，重新回到"一国两区"的定位上，以"中华民国宪法"为依据，认可两岸在主权层面的统一性，在两岸交往过程中，承认"九二共识"，反对"台独"分裂活动。

三、两岸各自政策叙述中"一个中国"因素之比较

考察两岸各自政策叙述中的"一个中国"因素可知，尽管两岸双方在较长一段时间内均认可"一个中国"，但基于外在环境和历史条件的差

---

① 《大陆是我领土　马：两岸是一种特殊航线》，资料来源：http://www.appledaily.com.tw/realtimenews/article/new/20131017/276397/，最后访问日期：2017年5月20日。
② "马英九就职演说"（2008年）。
③ 林冈：《台湾政治转型与两岸关系的演变》，九州出版社2010年版，第208页。
④ 《马英九"总统"接受墨西哥〈太阳报〉的专访》，资料来源：www.prisident.gov.tw，最后访问日期：2015年12月21日。

异，双方的政策变化呈现出不同趋势，双方在对一个中国内涵的认知上亦存在一定差别，同时，双方对借鉴国际经验认识和解释一个中国的内在意涵亦表现出不同立场。

(一) 两岸各自政策中"一个中国"因素的历时性比较

从政策的历时性变化来看，在大陆方面对台政策之中，"一个中国"是一项一以贯之的核心和原则，从未改变，而台湾方面的大陆政策之中，"一个中国"却时隐时现，在一定时期曾发生过严重的扭曲。

考察大陆方面对台政策的历史变化，自1949年以来，随着国际形势和两岸关系的发展变化，大陆方面不断调整一个中国的政治内涵，使之愈发具有包容性。这种变化主要体现在两个方面：1. 在政策表述上，"一个中国"经历了从"原则"到"前提"，再到"框架"的变化，从而使"一个中国"在两岸关系之中更具抽象性和包容性；[①] 2. 在政策意涵上，"一个中国"经历了从强调政权代表性到强调国家统一性的变化，从而使两岸对一个中国政治内涵的争议不再成为两岸争议的焦点。然而，从主权关系层面视之，大陆方面一个中国政策的内涵却从未发生过变化，即两岸尽管尚未统一，但不是中国领土和主权的分裂，两岸政治对立并改变大陆和台湾同属一个中国的事实。亦即是说，两岸在主权层面始终统一于中国之内，既不存在两个名为"中国"的主权国家，也不存在一个名为"台湾"的独立于中国之外的主权国家。

较之于大陆方面的一以贯之而言，台湾方面大陆政策的"一中性"因素却因其岛内政治力量的此消彼长而不断变化。在两蒋统治时期，由于一个中国政策构成了国民党当局在台湾地区实行威权统治的"合法性"基础，故尽管其所鼓吹的"一个中国"是由"中华民国"代表的中国，但其对中国在主权层面统一性的认知却与大陆方面基本一致。然而，随着

[①] 祝捷：《海峡两岸和平协议研究》，香港社会科学出版社有限公司2010年版，第64页。

台湾地区政治转型的展开,岛内本土力量日渐崛起,在"台独"分裂势力的鼓噪下,台湾当局逐渐改变了原本坚定的"一个中国"立场,转而以强调"两岸分治"为重点的"一个中国"。在这一时期,"一个中国"逐渐成为一个被修饰的词汇,台湾当局口中的"一个中国"逐渐与"主权"脱钩,即将"一中"去政治化与去宪法化,从而成为一个"历史上、地理上、文化上、血缘上"的概念[①],并在李登辉的推动下最终演变为"特殊的两国论"。此后,在民进党执政的八年,"一个中国"在台湾地区继续遭到执政者的弃置,造成两岸"一边一国"的态势。可以说,自李登辉执政中后期开始,直至2008年国民党重新获得执政权之前,"一个中国"在台湾方面的大陆政策中的地位逐渐降低,直至完全消失,而其对两岸主权关系的立场亦调整至"台湾是一个主权独立的国家","中华民国就是台湾"的层面,从而与大陆方面的政策立场完全对立起来。此后,在马英九担任台湾地区领导人期间,台湾当局对两岸主权关系的立场才重新回到一个中国框架的范围之内,将两岸关系定位为"一国两区",即"依据宪法,中华民国领土主权涵盖台湾与大陆,目前政府的统治权仅及于台、澎、金、马"[②]。总之,在岛内政治力量已呈现出规律性更替与变化,"台湾主体性"意识影响力日渐增强的背景下,台湾方面大陆政策中"一中性"因素,尤其是其对两岸主权关系的认知,已无法永久地与大陆方面保持一致。

(二)两岸各自政策中"一个中国"因素的共时性比较

从政策的共时性比较来看,在两岸共同认可和坚持"一个中国"时,双方对作为一个中国内涵之一的"谁是中国"的表述存在排他性认知,双方均强调各自政权符号对中国主权的代表性,尤其是国际代表性;在两

[①] 张亚中:《一中三宪:重读邓小平的"和平统一、一国两制"》,载《中国评论》(香港)2009年8月号。

[②] 马英九:"在2012年就职典礼上的讲话"。

岸对"一个中国"产生差异主张时,双方的争议重点转为"一中一台"或"两个中国"的争议,即对中国主权是否因两岸尚未统一的事实而走向分裂的矛盾。

从两岸各自政策的演变发展来看,当大陆和台湾均坚持"一个中国",否认中国在主权层面已经分裂之时,双方在"谁是中国"这一问题的认知上,均呈现出排他性认知,即大陆方面强调中华人民共和国政府是中国唯一合法政府,台湾方面强调"中华民国"对中国的唯一代表性。从主权层面视之,即使是在两岸已就一个中国政治意涵达成以搁置争议为核心的"九二共识"之后,马英九亦曾做出过"中国大陆还是我们宪法上的国土,所以我们不可能承认在我们国土上还有另一个国家"[①] 的表述。然而,在当前台湾岛内"台独"分裂势力日渐猖獗的背景下,两岸双方对"谁是中国"这一一个中国政治含义的争议已经不再构成两岸"一中"矛盾的主要方面。

在两岸对一个中国的政策主张产生差异表述时,尤其是在台湾方面背弃"一个中国",着力强调"台湾主体性"的情况下,两岸双方政策的争议焦点即在于两岸长期隔绝对峙的政治事实是否已经造成大陆和台湾在主权层面的分裂上。亦即是说,在这种背景下,两岸"一中"矛盾的主要方面转变为是否承认"一个中国",尤其是承认两岸主权统一性。从当前岛内政治局势的发展变化来看,民进党再次获得岛内执政权后,台湾地区领导人蔡英文对以"一个中国"为核心的"九二共识"持极为模糊的"台独"态度,台湾当局对"一个中国"的立场可能再次发生变化。因此,可以预见的是,在相当长的一段时间里,大陆和台湾之间对主权是否分裂为核心的"一中一台"或"两个中国"的争议将依然是双方争议的重点。

---

① 《马英九:中国大陆还是我们"宪法上的国土"》,资料来源:http://news.163.com/13/0612/11/915RJLT800014JB6.html,最后访问日期:2017年5月20日。

（三）两岸各自政策中"一个中国"因素的国际性比较

从政策的国际性比较来看，大陆方面基于对国家统一目标的追求，否认以其他在主权方面具有一定特殊性的国家和国际组织之关系类比两岸关系，而台湾方面则基于对"台湾主体性"意识的追求，常选择以作为"分裂国家"代表的"两德"模式来类比两岸关系的现状与发展方向。

自大陆方面在20世纪80年代提出"和平统一、一国两制"的科学构想之后，台湾方面为扭转其在两岸关系上的被动局面，十分重视在处理两岸关系问题上对国际经验的借鉴。在诸多的国际经验之中，实现了"先分后统"的两德模式，成为台湾当局和台湾岛内部分学者青睐的对象。所谓"两德模式"，其核心意涵在于，在两德关系定位上采用"一个德国、两个国家"的基本定位，在对外关系上，两德均可成为联合国会员国，双方均可与世界各国建立正式外交关系，但双方均不放弃国家统一之目标。① 李登辉在接受"德国之声"电台访谈时提出所谓"特殊的两国论"，在一定程度上即是以"两德模式"为其实践参照物的。马英九执政后，虽坚持否认两岸是"国与国关系"，但其亦曾提出"两岸关系可从两德统一的历史经验中学习"②的观点。与台湾政界对"两德模式"极为青睐相对应的是，台湾学界亦有不少学者提出其对两岸关系定位的理论模型，诸如"屋顶理论""多体系国家理论""一中两宪模式"均或多或少地带有"两德模式"的影子。

尽管台湾方面屡屡鼓吹"两德模式""德国经验"对两岸关系的借鉴意义，但大陆方面基于对一个中国框架的认知，尤其是对两岸在主权层面统一性的坚持，坚决反对以"两德关系"类比两岸关系的主张。2012年5月，国台办发言人在回答记者关于如何评论马英九有关"德国统一的模

---

① 朱卫东：《"德国模式"不适用两岸关系》，载《台声》1999年第9期。
② 《马英九：两岸关系可从两德统一的历史经验中学习》，资料来源：http://taiwan.huanqiu.com/article/2014-09/5149662.html，最后访问日期：2017年5月20日。

式或许可以作为两岸关系发展的借鉴"时即强调,"'两德'的情况和两岸的情况不同……两岸双方应当继续共同努力,走出一条适合两岸情况、符合中华民族整体利益的两岸和平发展、和平统一之路"①。可以说,台湾方面之所以对"两德模式"孜孜以求,乃是源于其对这一模式在两岸关系之中可推导出的,有利于强化"台湾主体性"和"两岸对等",甚至有利于证成"台湾主权"内涵之追求。然而,从主权关系上看,战后德国的分裂,其本质是"冷战"背景下德国主权的分裂,民主德国与联邦德国同时诞生,双方均是主权独立的国家;两岸的对立,其本质是中国内战的延续,是中华人民共和国政府对"中华民国政府"之政府继承尚未完全完成的体现,并不涉及中国主权的分裂,因而台湾并非主权独立的国家。因此,以主权统一为标准,即可判断出"两德模式"对处理两岸政治关系定位和两岸实现和平统一问题的不适用性。

第二节 两岸关于主权争议:理论面的困境与挑战

如上所述,大陆方面始终强调,两岸复归统一是结束政治对立,不是领土和主权再造。亦即是说,两岸当前所处的因政治对立而尚未统一的境况,并不意味着中国领土和主权的分裂。两岸关系作为国共内战的遗留问题,本质上是国家内部一个政权对另一个政权的权力架构及其合法性褫夺尚未结束。②从这个意义上讲,两岸在主权层面同属一个中国,构成大陆方面定位两岸政治关系和论述两岸主权关系的出发点和落脚点。自1949年以来,虽然国共内战遗留的两个政权长期对峙的问题迄今未解决,两岸进行了长时间的中国代表权之争,台湾内部也发生过多次政党轮替,但是

---

① 《国台办新闻发布会辑录(2012-05-30)》,资料来源:http://www.gwytb.gov.cn/xwfbh/201205/t20120530_2703546.htm,最后访问日期:2017年5月20日。
② 毛启蒙:《授权体制与分权形态:"一国两制"台湾模式的基本矛盾与若干问题再探讨》,载《台湾研究》2015年第4期。

第二章 台湾地区宪制性规定法理定位的主权面向

这些变化无涉两岸之间领土主权关系的一体性。① 这事实在很长一段时间内，既为两岸各自领导人的政策主张所肯定，也为两岸各自的相关规定所肯定。然而，近年来，随着台湾地区内部政治局势的变化和"台独"分裂势力的鼓噪，台湾方面一些政党和政治人物开始改弦更张，妄图通过一系列理论论述，提出两岸间的主权已经分裂，甚至从未统一的政治主张，破坏两岸长期以来在主权问题上形成的共识。从台湾民众"国家认同"观念的演变趋势来看，部分台湾民众已经受到两岸"主权分裂论"的影响，对两岸间的主权关系，尤其是在国家层面的主权关系上产生了疑虑。除此之外，台湾地区一些学者和政治人物还提出所谓"主权重叠论"②，在一定程度上为我们完善和应用一个中国框架的主权意涵制造了"理论迷雾"。为应对一个中国框架在当前所遭遇到的诸种挑战，本节即拟从分析一个中国框架主权意涵的逻辑构成及其内在偏差出发，对主权分裂论的理论形态与实践方向、主权重叠论的形成路径与实质意涵加以分析。

一、一个中国框架的主权意涵：逻辑构成与内在偏差

针对"两岸在主权层面同属一个中国"这一命题，两岸既有研究成果多从历史和现实两条逻辑线索出发，通过对历史素材的梳理和两岸关系现状的分析达到证成这一结论的目的。然而，在当前"台独"分裂势力业已提出一整套妄图重述两岸间的主权历史，扭曲两岸间的主权关系，实现台湾"主权再造"的"台独"理论，这些理论形态已经切实构成了对两岸间的主权统一论简单的论证逻辑的挑战。

（一）一个中国框架的主权意涵及其论证构造

胡锦涛同志在纪念《告台湾同胞书》发表三十周年座谈会上提出

---

① 刘国深：《两岸关系和平发展新课题浅析》，载《台湾研究集刊》2008 年第 4 期。
② 张亚中：《"一中同表"是两岸和平发展的战略基石》，载张亚中：《论统合》，中国评论学术出版社 2014 年版。《洪秀柱提"一中同表"：整个中国内部宪政治权分立》，资料来源：http://news.ifeng.com/a/20150515/43766830_0.shtml，最后访问日期：2017 年 5 月 20 日。

"两岸在事关维护一个中国框架这一原则问题上形成共同认知和一致立场",首次使用了一个中国框架的概念,此后,这一概念便与之前大陆方面常用的一个中国原则一道,构成了对两岸政治关系基础和前提的表述方式。从"原则"到"框架"的转变,扩大了"一个中国"的外延,使之从一项具有排除性意味的"原则"转变为一项极具包容性的背景性"框架",亦即表明"一个中国"构成两岸关系的一种背景,只要不突破一个中国框架,两岸可以依据具体情况开展务实合作和交往。[①] 随着一个中国框架表述的提出和广泛应用,两岸学界从不同学科、不同角度对于这一"框架"的理论内涵进行了极为详尽的解读,这凸显出一个中国框架极为丰富的理论容量。但是,在我们从各个角度认知一个中国框架的理论内涵时必须明确,这一"框架"的核心意涵应当是其"主权意涵",其他任何对这一"框架"的解读都应当围绕这一意涵,不违反这一意涵确立的基本准则。一个中国框架的主权意涵体现为:两岸在主权层面上同属一个中国,中国的主权没有因为两岸政治对立而分裂,世界上既不存在两个名为"中国"的主权国家,也不存在一个名为"台湾"的独立于中国的主权国家。

胡锦涛同志指出:"大陆和台湾尽管尚未统一,但不是中国领土和主权的分裂,而是上世纪四十年代中后期中国内战遗留并延续的政治对立,这没有改变大陆和台湾同属一个中国的事实。两岸复归统一,不是主权和领土再造,而是结束政治对立。"[②] 根据这一论述,对大陆和台湾的政治关系可以做出如下概括,两岸之间当前的政治关系首先是一个国家内部的政治对立关系,中国内战及其遗留并延续的政治对立,并未对两岸主权的统一性造成影响,两岸复归统一的实质并非对中国主权和领土的再造,而

---

① 祝捷:《十六大以来中央对台工作的理论创新:回顾、成就与展望》,载《"一国两制"研究》(澳门)2013年第4期。
② 胡锦涛:《携手推动两岸关系和平发展 同心实现中华民族伟大复兴——在纪念〈告台湾同胞书〉发表三十周年座谈会上的讲话》,新华社2008年12月31日电。

是结束因双方政治分歧造成的对立关系。考察大陆和台湾对两岸主权关系的政策与法制界定，在相当长的一段时间内，双方长期争夺的是对中国主权的代表权（亦即"正统"之争），而对于两岸在主权层面的统一性并未产生异议，因而本书所称的一个中国框架的主权意涵与其说是一项结论，毋宁说是一种为双方所共同认可的前提和背景。可以说，两岸在主权层面上同属一个中国，既是一种为历史和现实所共同印证的客观事实，也是两岸关系和平发展和两岸最终实现和平统一的认识论基础。因此，对这一命题的证成，也构成了我们探讨两岸政治关系发展的基本前提。当前，学界对一个中国框架主权意涵的论证主要从两条逻辑路径出发。

一是因循历史逻辑，通过历史学、人类学、社会学、地理学等多学科的研究，对两岸历史联系的素材加以整合，论证台湾与大陆的历史渊源，以两岸在历史地理学上的一体性和中原王朝（元、明、清）在历史上对台湾地区（包括澎湖列岛等）的有效管治事实为依据，达到证成"大陆与台湾同属一个中国"之目的。[1] 通过历史逻辑的分析，能够对一个中国框架的历史渊源进行有效梳理，从而形成对两岸同属一个中国历史事实的有效论证。

二是因循政治现实逻辑，通过国际法学和国际关系学的研究，通过强调各主要主权国家对一个中国原则的体认态度和包括联合国在内的必须由主权国家参与的国际组织对台湾"国际地位"的态度，达到由国际法上的"一个中国"推演至国内法上的"一个中国"之目的。[2] 通过政治现实逻辑的分析，能够从外部证成一个中国框架的有效性和合法理性，驳斥

---

[1] 相关文献如李松林、祝志男：《中共和平解决台湾问题的历史考察》，九州出版社2012年版，176—180；林震：《试析"一个中国"原则的来源和内涵》，载《中央社会主义学院学报》2002年第2期；刘佳雁：《两岸政治关系中"一个中国"问题之省思》，载《台湾研究》1998年第4期等。

[2] 相关文献如范宏云：《从国际法的承认理论与实践看台湾是中国的一部分》，载《江汉论坛》2003年第6期；姚礼明：《从主权概念、国际法看中国对台湾拥有绝对的主权》，载《台湾研究》2001年第1期等。

包括"台湾地位未定论""住民自决论"在内的"台独"分裂学说，从而形成对两岸同属一个中国法理事实的有效论证。

上述两条论证线索，前者我们称之为历史论述逻辑，后者则称之为现实论述逻辑。尽管这两条论证线索的侧重点有所不同，但其论证的逻辑起点是相同的，即将"两岸同属一个主权国家"视为一个客观存在的事实（无论是历史事实，还是政治事实、法理事实），从而使用各类历史素材和现实论据来论证这一事实的成立。这两条线索的逻辑起点、论证思路和论证依据自然是正确的，也在实践中构成对"两岸主权统一"这一命题最为有力的支撑，但这种支撑在当前台湾地区内部政治局势变动的背景下，却面临着来自"台独"分裂理论体系的一些挑战。下文即对这两条线索的逻辑构成及其内在偏差详述之。

（二）历史论述逻辑面临的挑战及其内在偏差

就历史论证逻辑而言，学者多从两岸关系发展的历史出发，论证"台湾自古以来是中国的一部分"这一命题，进而达到证成一个中国框架主权意涵这一结论的目的。[①] 具体而言，现有文献主要从下列两条路径出发完成相关论证：1. 从历史地理学角度出发，证明海峡两岸在地理上的同源性，强调两岸在地理层面的主权一体性，如通过对台湾自然地理的研究，提出"台湾长期与大陆连在一起，为中原文化进入台湾创造了地理条件，使远古台湾文化就成为早期中华文化的组成部分"[②] 的观点；2. 从政治史角度出发，梳理中国历代中原王朝和台湾地区的交往，尤其是中原王朝对台湾地区的有效管辖过程，通过对元代以来，尤其是清代中央政府对台湾地区管理史实的梳理，强调两岸在政治层面的主权一体性。

[①] 相关研究成果张凤山：《台湾自古就是中国领土》，载《台湾研究》2000年第1期；伍俐斌：《〈马关条约〉是否"割让"台湾给日本之考辨》，载《台湾研究》2013年第3期；徐晓望：《元代求及台湾、彭湖相关史实考》，载《福建师范大学学报（哲学社会科学版）》2011年第4期等。

[②] 崔之清主编：《台湾是中国领土不可分割的一部分：历史与现实的实录》，人民出版社2001年版，第7页。

这种建基于历史事实的论证，其逻辑起点和论证材料无疑是正确的，以此论证逻辑为基础的研究成果为我们从历史角度维护一个中国框架提供了重要的理论支持。然而，这一逻辑当前却正面临着一些不可忽视的挑战。就历史研究的学科特点而言，对于历史材料和现实证据的解读，存在着多视角性，同一材料既可以从"一个中国"的角度解读，也可以从其他角度进行解读，特别是"以台湾为中心"的历史观，已经形成了一整套按"政治反抗文化"理论解读台湾历史的说辞，客观事实论证的有效性受到冲击。

20世纪80年代以来，曾作为台湾岛内主导史观的"大中国史观"逐渐遭到摒弃，以曹永和等为代表的台湾中生代本土历史学者逐渐开始掌握台湾史领域的话语权，从而开始建构起一套取代"大中国史观"的"台湾中心史观"。这套"台湾中心史观"的构建者们，通过来自历史学、考古学等学科的素材支持，将台湾从历史上与中国相割裂，从而使台湾首先在历史学上走向了"独立"。在这套史观之中，其代表人物曹永和认为，"台湾是一个独立的历史舞台，从史前时代起，便有许多不同种族、语言、文化的人群在其中活动，他们所创造的历史，都是这个岛的历史"；曾任台湾当局"教育部长"的杜正胜则将台湾、中国、亚洲、世界描述为几个由内而外的同心圆，从而将"台湾史"从中国史之中完全区隔开来，使"台湾史"成为一个独立的存在[①]；倡导"以台湾为中心的法制史观"的王泰升认为，"台湾可以有自己的历史，不必因为它是中国的一部分，或日本或另一个主体的一部分而有历史"[②]。由此，台湾便从自古以来中国的一部分，变为"自在的一部分"，由中国中原王朝的边疆地域，变为一个"长期独立的主体"。这套"以台湾为主体"的历史观正逐渐成为"台独"分裂分子完善其"台独"理论体系的重要工具，并对大陆既

---

① 杜正胜：《台湾心、台湾魂》，河畔出版社1998年版，第161页。
② 王泰升：《台湾法律史概论》，元照出版公司2001年版，第4页。

有的历史论证逻辑造成了一定冲击。

（三）现实论述逻辑面临的挑战及其内在偏差

就现实论述逻辑而言，学者多从国际法上的主权理论、承认理论出发，通过运用国际法上的政府继承、国家承认和政府承认等理论元素，以现实中世界各主要国家对待一个中国原则的立场为佐证，证成中国的主权并未分裂、台湾并不享有主权等结论。具体而言，现有文献主要从下列两条路径出发完成相关论证：1. 从国际法上的政府继承理论出发，提出1949年中国共产党领导人民推翻了国民党的南京国民政府，建立了中华人民共和国，即完成了由中华人民共和国政府对"中华民国政府"的政府继承，而1972年中华人民共和国取代"中华民国"恢复在联合国的合法席位并得到世界各国的普遍承认，从而在国际关系层面巩固了这种政府继承的事实。2. 从国际法上承认与主权的关系理论出发，基于"一个国家如果不是在一个主权国家体系之中，如果它的主权不被他国承认，它就成为不了主权国家"[1]的认知，提出当前国际社会普遍承认中华人民共和国政府是中国唯一合法代表，台湾是中国的一个部分，从而证成了台湾对中国主权的从属性。当然，亦有部分学者从台湾方面所拥有的"邦交国"角度出发，指出这二十多个国家并不是与"中华民国在台湾"或所谓的"台湾国"建交，而是与建立在"两岸一中""宪政"基础上的"中华民国"建交，并承认在台湾的"中华民国"是"中国的唯一合法政府"，因而这种来自"邦交国"的承认，也并不能构成台湾已成为一个有别于中国的"国家"，因而同样证成了台湾对中国主权的从属性。[2]

现实论证思路的内在逻辑在于，以无可争辩的国际法理论与事实为依据，从国际法上的"两岸同属一个中国"的主权事实，推导出国内法上"两岸同属一个中国"的主权事实。不可否认，这种论证方式对于我们从

---

[1] ［英］安东尼·吉登斯：《民族-国家与暴力》，胡宗泽、赵力涛译，生活·读书·新知三联书店1998年版，第331页。

[2] 范宏云：《国际法视野下的国家统一研究》，广东人民出版社2008年版，第159页。

国际法层面维护一个中国框架具有重要意义，但这一论证逻辑同样存在着内在偏差。这种偏差体现在两个方面。

一方面，上述现实论证逻辑的逻辑起点是两岸在国家主权层面的同一性，极易陷入循环论证的逻辑僵局之中。如上所述，政府继承理论是大陆学者用于解释两岸主权关系最为常用的国际法理论依据之一，然而，政府继承理论自身的理论前提正是国家自身的主权同一性。在国际法基本理论中，政府继承是"由于革命或政变而引起的政权更迭，旧政权的权利和义务为新政权所取代的法律关系"[1]，而发生政府继承的前提是，新旧政权所属的国家具有完全同一性。

另一方面，上述论证逻辑忽视了对大陆和台湾在国内法意义上同属一个主权国家的理论建构，为台湾方面从国内法层面提出影响两岸主权统一要素的理论学说提供了可能性。众所周知，主权的两个基本属性，最高性和独立性是分别在国内和国家两个意义上提出的，二者相辅相成、缺一不可：前者是对外独立性的基石，没有对内最高性，就不可能有对外独立性；后者是对内最高性的补充和延展，没有对外独立性，对内最高性就不会成立。[2] 因此，在大陆方面相对忽视对一个中国框架主权意涵在国内法层面证成的情况下，部分台湾学者选择反其道而行之，通过对台湾当局内部"合法性"的论述，推导出台湾地区正在（或已经）实现"主权再造"，从而证成台湾相对于大陆"具有独立性和主体性"的结论。在完成这一论证的过程中，台湾学界相继产生了"台湾国家进化论"[3]"两岸关系法律定位论"[4]"外来政权论"[5] 等理论学说。[6] 这些学说的形成和发展

---

[1] 梁西主编：《国际法》，武汉大学出版社2003年版，第86页。
[2] 喻锋：《主权的缘起：历史理性、合法性与认同基础》，载《世界经济与政治》2008年第4期。
[3] 陈隆志：《台湾国家进行曲》，载《新世纪智库论坛》第39期。
[4] 许宗力：《两岸关系法律定位百年来的演变与最新发展——台湾的角度出发》，载《月旦法学杂志》1996年第12期。
[5] 王泰升：《台湾法律史概论》，元照出版公司2001年版。
[6] 关于这些学说的具体内容及其对"中华民国宪法"法理定位研究的影响，本书将在下一部分详述。

都对国际法意义上的一个中国框架形成了挑战,下文将对这些学说加以归纳分析,此处不做赘述。

二、"主权分裂论"的挑战:发端背景与理论形态

自1949年以来,尤其是20世纪80年代台湾地区政治转型逐渐启动开始,一些持"台独"主张的学者开始借助多种理论资源,从主权角度出发,意欲裂解中国(尤其是中华人民共和国)对台湾享有主权的法理事实,从而达到论证"中华民国"或"台湾"是一个"主权独立的国家"之目的。从两岸关系和台湾地区内部政治现状来看,持这一立场的不少学说在岛内依然颇有市场。同时,这些学说的理论构造,在一定程度上对一个中国框架的主权意涵造成了现实挑战。本书将这些主张两岸"主权分裂"的诸种学说统称为"主权分裂论",下文将对这一系列理论学说的发端背景与理论形态做出阐释。

(一)"主权分裂论"发端背景

"台独"运动的兴起构成两岸"主权分裂论"的发端土壤。作为"台湾主体性确立的一种历史过程"[①],"台独"思潮及"台独"运动经历了长期的历史演变和发展。自1945年日本无条件投降开始,在台日军即和台湾岛内部分亲日士绅相勾结,在台北草山召开会议,商讨"台湾独立事宜",此次会议被认为是"台独"分裂活动的缘起。[②] 此后,随着国民党政权败退台湾,尽管仍有部分"台独"分子坚持"台独"理念,宣扬"台独"思潮,但在国民党当局的打压之下,"台独"运动一度在岛内陷入低谷,大多数活动只能在海外进行。直至1977年"美丽岛事件",在"军法大审"之中,"台独"再次引起海内外广泛关注从而使这一思潮的

---

① 陈佳宏:《台湾独立运动史》,玉山社2006年版,第520页。
② 张凤山:《"台独"的历史演变》,九州出版社2008年版,第8页。

影响力再度得以提升。

在国民党威权统治台湾时期，为彰显其对台湾统治的"合法性"，国民党当局在政治上坚持其对"大中国法统"的代表性，以维护"法统"为名，冻结"中央民意机构"改选，使台湾民众的民主权利受到极大限制。在这一时期，尽管台湾当局在名义上依然秉持"中华民国宪法"所确立的政治体制，但实际上这套体制遭到了极大的扭曲，"中央民意机构"因"维护法统"而无限期延任，形同虚设，地方自治制度残缺不全，"总统"权力因所谓"动员戡乱体制"的实施而极度膨胀。[1] 这种政治体制的扭曲，使原本即在台湾政治生活中处于"二等公民"地位的本省精英受到外省群体的压制，台湾民众内心深处的"抗拒威权心理"[2] 被激发出来。随着20世纪70年代以来，以推进政治民主化和台湾化为目标的"党外"势力在台湾岛内政治生活中逐渐崛起，为推动台湾地区政治转型不断做出抗争和努力。与国民党当局将"大中国法统"作为其在台湾实行威权统治的依据相对应的是，在威权统治背景下，"台独"运动与岛内"民主化"运动实现融合，从而使实现"台湾民主"与破除"大中国法统"的结合，使"台独"成为实现台湾"民主"转型的一种途径，即所谓"民主独立"。大陆学者祝捷将这套台湾"民主独立"的逻辑链总结为：1. 台湾之所以无法实现民主，进行民意机构选举，原因就是国民党当局坚持"中国法统"；2. 因此，只有祛除"中国法统"，才能实现台湾的民主；3. 实现"台独"是祛除"中国法统"所需，"台独"因而就是台湾争取民主的重要环节，即"台湾民主独立"。[3] 在这种背景下，"党外"势力这股原本以追求台湾"民主"为主要目标的政治力量逐渐体现出"台独"倾向，使作为追求"民主"手段的"台独"，成为台湾地区

---

[1] 林冈：《台湾政治转型与两岸关系的演变》，九州出版社2011年版，第19—20页。
[2] 刘国深等著：《台湾政治概论》，九州出版社2006年版，第14页。
[3] 祝捷：《"民主独立"的台湾故事与香港前路》，载《港澳研究》2015年第2期。

政治转型的一个构成要素。

随着台湾政治转型时期的到来，国民党当局不得不改变其对岛内政治生态的高压控制，原本被列为政治禁区的"台独"思潮也随之实现复苏，诸如"住民自决论""中国主权过时论"等"台独"论调逐渐兴起，并开始越来越多地影响岛内政治的发展。大陆和台湾在主权层面同属一个中国，这一原本是台湾岛内无可争辩的结论，在"台独"分裂势力的兴起过程中逐渐遭到诸多主张两岸"主权分裂"理论的挑战。

（二）"主权分裂论"的主要理论形态

考察台湾方面现有的诸种主张"两岸主权分裂"的理论学说，其中以台湾"主权"形成的时间节点认知之不同，这些学说大体可分为自始分裂论和嗣后分裂论两种类型。

所谓自始分裂论，即认为"台湾自古以来即是一个与中国大陆相区隔的主体"，其"主权"自始"独立"，无论是日本、"中华民国"还是中华人民共和国都"不曾享有对台湾的主权"，上述国家和政权对台湾而言都属于"外来政权"的理论形态。"以台湾为主体的史观"是"自始分裂论"的典型理论形态之一。长期以来，台湾史被认为是中国史的一个构成部分而为人们所认知和理解，"大中国史观"在较长的一段时间内在台湾地区独树一帜，彼时人们也未对台湾对中国的历史归属性产生质疑。然而，自20世纪80年代末开始，随着台湾地区政治转型的展开，台湾本土历史学者逐步掌握对台湾史研究的话语权，并逐渐改变了对台湾史地位的认知，摒弃了"大中国史观"台湾历史地位的认知，形成了将台湾视为"一个独立的历史舞台"[①]的"以台湾为主体的史观"。在"台湾主体性意识"的引导下，"以台湾为主体的史观"逐渐取代"大中国史观"成

[①] 曹永和：《台湾史研究的另一个途径——"台湾岛史"概念》，载《台湾早期历史研究续集》，联经出版事业公司2000年版，第449页。

第二章　台湾地区宪制性规定法理定位的主权面向

为台湾地区史学研究的主流。这套史观将台湾视为"非指某特定的政权或国家，而是指由居住其上的人民组成的一个共同体"，它"可以有自己的历史，不必因为它是中国的一部分，或日本或另一主题的一部分而有历史"①。依照"以台湾为主体的史观"的建构，台湾自始便是一个"与中国相区隔的主体"，二者之所以产生连接，只是因为中国曾作为"外来政权"统治过台湾，而并非因为二者共属一个共同体。总之，这套史观彻底改变台湾在历史渊源上对中国的归属性，从而为两岸主权自始分裂提供了所谓史料依据。

所谓嗣后分裂论，即认为台湾虽在历史上曾属于中国之一部分，但1949年两岸"分裂分治"之后，尤其是20世纪90年代台湾地区"宪政改革"之后，"台湾开始脱离中国之主权范围"，成为一个"主权独立国家"的理论形态。诸如"台湾国家进化论""事实主权论"等学说，都构成"嗣后分裂论"的典型理论形态。"台湾国家进化论"是"台独""理论大师"陈隆志提出的一套"台独"分裂理论，陈隆志认为，自1895年以来"台湾即不再是中国的一部分"，在此后的百年间，台湾经历了作为日本"领土"、为"中华民国军队占领"、为"中华民国政府实施军事威权统治"等时期，最终，台湾因"宪政改革"而进化为一个"主权独立的国家"。②"事实主权论"是陈水扁于1990年在民进党"一零零七决议文"（"台湾主权决议案"）中提出的一个概念，该"决议文"认为，台湾"主权事实上不及于中国大陆与外蒙古"，未来"宪政体制及内政、外交政策，应建立在事实领土范围之上"③。此后，即有人围绕"事实主权"概念提出"法理主权"与"事实主权"的区分，认为台湾的"事实主

---

① 王泰升：《台湾法律史概论》，元照出版公司2001年版，第4页。
② 陈隆志：《台湾国家进行曲》，载《新世纪智库论坛》第39期。
③ 民进党："台湾主权决议文"（1990年）。

权"和"有效治权"均不及于大陆，而是仅限于台、澎、金、马地区。①

上述各种以论述"两岸主权分裂"为目标指引的学说，在两岸范围内，尤其是在台湾地区产生了一定影响，部分学说甚至成为持"台独"分裂主张的政党和政治人物制造台湾"法理独立"和攫取台湾民意的理论工具。这些学说在一定程度上对一个中国框架的主权意涵造成了极大的负面影响，若不及时驳斥这些论调，消除其在两岸范围内产生的不良影响，将严重影响一个中国框架的权威性和稳定性。

三、"主权重叠论"的迷雾：内在意涵与实践路径

除两岸"主权分裂论"外，近年来尚有部分台湾学者和政界人士提出所谓"主权重叠论"，即两岸关系的法理现状为，两岸现行规定所宣示的领土主权范围彼此涵盖对方，即中华人民共和国宣示其领土主权涵盖大陆和台湾，"中华民国"宣示其领土主权涵盖台湾和大陆，故双方的领土主权范围呈现重叠状态。② 基于"主权重叠论"在两岸范围内的影响力，本书将对这一系列理论学说的理论意涵与实践路径做出阐释。

（一）"主权重叠论"的理论意涵

从理论体系上看，"主权重叠论"是台湾学者张亚中、谢大宁、黄光国等人提出的"一中三宪、两岸统合"体系的一个组成部分，这一论述构成对这一体系之中两岸主权关系的界定。在一段时间内，曾代表国民党参选2016年台湾地区领导人的洪秀柱亦曾认同这一主张，并以这一论断为核心形成的"一中同表"作为其宣示的两岸政策的主轴。③ 仅从其表面

---

① 朱松岭、许崇德、易赛键：《"法理台独"理论根源之批判》，载《福建师范大学学报（哲学社会科学版）》2010年第3期。
② 王英津：《论两岸关系研究中的"主权-治权"分析框架及其替代方案》，载《广西师范大学学报（哲学社会科学版）》2014年第5期。
③ 《洪秀柱提"一中同表"：整个中国内部宪政治权分立》，资料来源：http://news.ifeng.com/a/20150515/43766830_0.shtml，最后访问日期：2017年5月20日。

意涵上看,"主权重叠论"似乎符合一个中国框架主权意涵的基本要求,因而可以成为两岸共同探讨的一种解决双方主权争议的方案。考察"主权重叠论"的理论叙述可知,这一理论体系通过对"中华民国"的"宪政地位"的界定,借助两岸各自根本法对主权范围的界定和对两岸各自实际控制区域的认知,得出两岸"主权重叠、治权分立"的结论,并依据这一结论形成两岸统合的结论。具体说来,"主权重叠论"的理论逻辑和实践思路如下。

第一,"主权重叠论"将"中华民国"和中华人民共和国视为两个已经为"两岸分治"事实所肯定的具有正当性的存在,因而双方各自根本法也自然具有基于事实的正当性。作为一项基本的论证前提,"主权重叠论"者认为,"中华民国宪法"是由"'代表全中国的国民政府'所颁布,而且这部'宪法'迄今仍在运作,并由它赋予'中华民国政府'行使其权力的合法性,不管其实质统治范围是否已然缩小",因而将"中华民国"界定为一个"宪政秩序主体"。[①]

第二,"主权重叠论"以两岸各自根本法对主权范围的界定为依据,提出双方是"主权宣示重叠"关系。为避免两岸在主权议题上局限于"零和博弈","重叠论"者从两岸各自根本法的领土主权规定出发,认为无论是《中华人民共和国宪法》还是"中华民国宪法"均将大陆和台湾视为其法理领土范围,因而双方之间的法理关系并非"国与国关系",而是一种基于"宪法"的特殊关系,即"主权宣示重叠关系"[②]。

第三,"主权重叠论"以双方宪制性规定的主权重叠宣示和各自实际控制事实为依据,提出双方的法理关系即是所谓"主权重叠、治权分立"关系,而双方关系的未来发展方向应当是通过"整个中国"这一"屋

---

① 谢大宁:《两岸政治上是可能双赢的:对张茜红先生文章的回应》,载《中国评论》(香港)2009年4月号。
② 张亚中:《"两岸统合":和平发展时期政治安排的可行之路》,载《北京大学学报(哲学和社会科学版)》2014年第1期。

顶",正视现实,最终实现"两岸统合"。作为"两岸统合"理论的构成部分,"主权重叠论"对两岸法理关系做出界定的目的在于,解决两岸关于主权争议,形成一套促进两岸关系和平发展的理论体系。在两岸双方正视"主权重叠、治权分立"的基础上,双方同属"整个中国",在承诺不分裂"整个中国"的前提下签署和平协议,成立共同体,在国际组织中以"一中三席"的方式共同出现,从而实现"两岸统合"。[①]

(三)"主权重叠论"的实践路径

作为"两岸统合"理论的构成部分,"主权重叠论"的倡导者将这一理论视为两岸在正视现实的基础上,透过统合体(共同体)的建构以及共同政策的实施,实现两岸的全方位共同治理。[②] 尽管这一思路并未获得两岸官方的正面响应,因而并未真正付诸实践,但在其理论体系形成和发展的过程中,立基于"主权重叠论"的"两岸统合"理论已形成一套较为完备的实践路径设想。

第一,"重叠论"者基于两岸"主权重叠、治权分立"的判断,对两岸政治关系做出"整个中国内部的两个宪政秩序主体"的界定。立基于"两岸主权宣示重叠,治权分立"的判断,基于"国家核心理论"与"部分秩序理论",统合论者构建出一个他们称之为"整个中国"的主体,而两岸则是这一主体之下的两个宪政秩序主体,两岸均为"整个中国"的部分,因此,两岸关系合理的定位是"整个中国的内部关系"。从这个意义上讲,"主权重叠,治权分立"正是统合论者对两岸关系定位的主权话语叙述,基于两岸之间的特殊主权关系,二者必然具有一个以"中国"为名的共同主体归属。

第二,"重叠论"者提出,两岸应签署以"不分裂整个中国、共同维

[①] 张亚中:《两岸和平发展基础协定刍议》,载《中国评论》(香港)2008年10月号。
[②] 张亚中:《两岸统合的实践》,载《中国评论》(香港)2010年6月号。

护整个中国之领土主权完整"[1] 为基础,以两岸统合为目标导向的两岸和平协议,实现从法理上结束两岸内战状态之目的。基于两岸"主权重叠、治权分立"的认知,张亚中于 2008 年草拟了"两岸和平发展基础协定",并以之作为对两岸政治人物提出"签署和平协议"主张的学理回应。在这份"两岸和平发展基础协定"中,张氏提出,两岸同属"整个中国",但"正视政治(治权)分治现实"之现实,并在此基础上承诺"不分裂整个中国",[2] 从而将其所主张的"主权重叠论"投射在这份规范性文件之中,赋予这一理论以预想中的法理意义。我们必须承认,张亚中版两岸和平协议,对巩固两岸同属一个中国的法理事实具有正面意义,但在这份协议中,他还提出以"两岸三席"方式,实现两岸在国际组织中共同出现的主张,却在实际上体现出其对台湾具有参与国际组织的"主权属性"的认知。

第三,"重叠论"者提出在签署和平协议后,两岸以"统合理论"为指引,以构建"两岸共同体"的方式,推进两岸的"共同体认同",并将之视为大陆方面实现和平统一和台湾方面强化自身影响力的必由之路。张亚中认为,基于两岸长期分隔、内战延续对峙和台湾方面政治力量操弄下"去中国化"运动的影响,两岸在"国家认同"上没有交集,在民族认同上的交集很大,但当民族认同与国家认同合流为国族认同时,又会出现较大分歧。[3] 然而,两岸既有的解决分裂问题的方案,并不足以弥合这种认同差异,而欧洲一体化的经验却可以为两岸提供一种借助于统合和共同体建设而实现的共同认同,进而基于这种认同的弥散,使两岸在各个领域逐渐融为一体,从而使两岸问题得到自然解决。

---

[1] 张亚中:《两岸和平发展基础协定刍议》,载《中国评论》(香港)2008 年 10 月号。
[2] 张亚中:《两岸和平发展基础协定刍议》,载《中国评论》(香港)2008 年 10 月号。
[3] 张亚中:《共同体:两岸统合与第三宪的梁柱》,载《中国评论》(香港)2009 年 10 月号。

第三节　台湾地区宪制性规定法理定位主权背景的再确认

作为两岸关系的实质和核心问题，两岸争执的问题均是围绕主权而展开的。① 尽管两岸学者均立基于自身学术背景，尝试通过对主权概念的创新和解构，消解两岸"主权争议"，但到目前为止，尚未有学者提出一套真正能为两岸当局共同接受并尝试付诸实践的主权理论框架。由此可见，在当前两岸尚处于政治对立的背景下，意欲单纯透过构建一套理论体系彻底解决两岸"主权争议"，是缺乏现实可行性的。尽管两岸"主权争议"构成本书探讨"中华民国宪法"法理定位问题的背景面向，但本书无意于通过简短的理论叙述彻底解决这一长期存在于两岸关系之中的核心问题。在当前条件下，与其尝试通过理论上的大踏步前进，以不惜重构传统主权理论的方式构建一套符合两岸关系现状与未来发展方向的主权理论体系，不如立足于两岸关系实际，将坚持若干基本原则与务实采取相应策略相结合，形成一套以缓和两岸"主权争议"为目的的策略路径，并以这套策略路径为基础，形成对"中华民国宪法"法理定位研究主权背景的证成与再确认。

一、两岸主权争议的风险应对：实践与理论面的分析

考察上文对两岸主权争议实践与理论面的分析可知，当前两岸在主权问题上虽存在着以"九二共识"为代表的低度共识，但在台湾地区"政党轮替"常态化的背景下，我们还应立基于对台湾岛内主要政治力量对两岸主权关系立场的分析，形成对两岸主权争议风险应对的剖析。

---

① 黄嘉树、王英津：《主权构成：对主权理论的再认识》，载《太平洋学报》2002 年第 4 期。

第二章　台湾地区宪制性规定法理定位的主权面向

(一) 实践面：对岛内两大政党政策主张的分析

台湾岛内各政党之间的斗争性而非竞争性互动模式，是台湾地区政党政治的主要特点之一。① 基于这一特点，岛内两大主要政党两岸政策的基本立场存在着较大差异，尽管这种差异正受到"选票极大化策略"的影响而日渐缩小，但可以预见的是，国民党、民进党两大政党在两岸主权问题上的立场在一定时期内仍将保持相对稳定。

中国国民党是"中华民国"的"缔造者"，尽管在较短的一段时间内，其对两岸主权关系的认知呈现出与民进党合流的趋势②，但当前"两岸同属一个中国"仍代表着其党内主流意见。《中国国民党党章》将"反对分裂国土……为中华民族之整体利益而奋斗"③ 定为其政党的主要奋斗目标。从这一表述中可以看出，尽管国民党在"谁是中国"的问题上，尚无法与大陆方面形成共识，但是在两岸主权问题上，其仍能坚持中国主权统一的基本立场。除党章外，当前国民党主要政治人物洪秀柱、朱立伦等对于两岸关系的言论，能够在一定程度上代表其党内对两岸主权问题的基本立场。2015年5月，作为国民党内"本土派"的代表人物朱立伦在结束大陆访问行程后接受采访时曾表示："'中华民国'存在是事实，就像根据'中华民国宪法'，同属一中，根据'中华民国宪法'，就是'中华民国'，各表就是双方有不同的定义跟内涵。"2016年3月，作为国民党内"深蓝"势力的代表人物，洪秀柱当选国民党党主席当日，在回复中共中央总书记习近平的贺电时，即明确提出："两岸同胞同属中华民族，期盼贵我两党能继续秉持'九二共识'，进一步强化互信，深化合作

---

① 陈星：《论台湾政党体制的制度化问题》，载《台湾研究集刊》2013年第4期。
② 常泓、胡俊峰、于文善：《国民党大陆政策的嬗变探析》，载《华中师范大学研究生学报》2007年第1期。
③ 《中国国民党党章》第二条。本书关于中国国民党的相关文件，均来自于中国国民党网站，资料来源：http://www.kmt.org.tw，最后访问日期：2017年5月20日，以下不再一一注明来源。

……协力维持两岸和平稳定。"① 由此可见,坚持"九二共识"和"两岸同属一中",仍是国民党内主流政治人物的政治主张,在可预见的一段时间内,这一认识仍将构成其党内两岸政策的主轴。

民进党"基本纲领"宣称,"台湾主权独立,不属于中华人民共和国且台湾主权不及于中国大陆","台湾前途应由台湾全体住民决定……任何政府或政府的联合,都没有决定台湾政治归属的权利",② 从而以"民族自决"原则为依据提出了该党的"台独"奋斗目标。在这一"纲领"中,民进党对"一个中国"持否定态度的,他们并不认为台湾是属于中华人民共和国的领土,而是一块等待"住民自决"的土地。除"基本纲领"外,民进党就两岸关系问题还陆续通过了"四一七"和"一零零七"和"台湾前途决议文"三份政策性文件。在这些文件中,民进党明确否认了"两岸同属一个中国"的事实,这也奠定了民进党对两岸主权关系的政策基调。其中民进党于1999年通过的"台湾前途决议文"将台湾和"中华民国"的关系定位为"台湾,固然依目前宪法称为中华民国,但与中华人民共和国互不隶属"③,即"中华民国就是台湾"的定位。在这一定位之下,尽管民进党反对"九二共识"对"一个中国"的表述,但却认同在现有状况下只有"一个中华民国"(即"台湾")的说法。在民进党"基本纲领"和相关"决议文"基本精神之下,其党内主要政治人物亦提出了部分反映两岸主权关系的政策主张。其中,民进党主席、台湾地区领导人蔡英文的相关主张最具代表性。蔡英文将模糊的"维持现状"作为其两岸政策的重点,蔡表示,"维持现状有两个成分,第一,维持台湾自由民主的生活方式和既有的'宪政'体制;第二,两岸之间要维持

---

① 《中共中央总书记习近平电贺洪秀柱当选中国国民党主席洪秀柱复电习近平表示感谢》,资料来源: http://fj.people.com.cn/n2/2016/0327/c350394-28020023.html,最后访问日期:2017年5月20日。
② "民主进步党党纲"。
③ "台湾前途决议文"。

和平稳定的发展关系"①，然而她却在一直未能就"九二共识"和一个中国框架提出明确的主张，从而使"模糊"成为其两岸政策主张的最主要特点。

考察当前岛内两党对围绕两岸主权关系等问题提出的政策主张，两党各自的政策表述体现出较大的差异性。但是，不得不承认，当前两党对这一问题的立场正在做出趋近式的调整。一方面，在台湾岛内民众"国家认同"观念已经随着"台湾主体性"的影响而发生异化的背景下，为争取选票，国民党对"中华民国""中华民国宪法"、两岸主权关系等问题的政策表述也日渐走向"空洞化""台湾化"的方向；另一方面，在大陆方面的坚决斗争和台湾民众的抵制下，尽管民进党并未从根本上改变其"台独"立场，但其原本坚持的"激进台独"主张也逐渐软化，并逐步改变了对"中华民国""中华民国宪法"等的否定态度，转而选择接受"中华民国""国号"，遵循"中华民国宪政体制"②。由此可见，当前台湾岛内蓝、绿两大阵营对两岸主权关系界定的政策本质之间的差距正呈缩小趋势。这种趋势，既为大陆方面的对台政策提出了极大挑战，也为大陆方面通过因时而变地调整对台政策，实现对一个中国框架的进一步巩固提供了机遇。

（二）理论面之一：对"主权分裂论"的分析

针对上文对"主权分裂论"和"主权重叠论"的叙述，我们应在合乎法理的基础上，对其做出相应的分析和应对。就"主权分裂论"而言，其理论特点有三。

第一，从其论证前提上看，"主权分裂论"往往将两岸"分裂分治"

---

① 《蔡英文：对维持现状已做了完整的论述》，资料来源：http://www.crntt.com/doc/1039/6/9/2/103969270.html?coluid=0&kindid=0&docid=103969270，最后访问日期：2017年5月20日。
② 《蔡英文：中华民国宪政体制下推动两岸关系》，资料来源：http://www.chinatimes.com/realtimenews/20150604002766-260407，最后访问日期：2017年5月20日。

或台湾"独立地位"作为其完成论证的"事实前提",将两岸在事实上的尚未统一等同于主权上的分裂,或将这种尚未统一的事实作为其论证两岸主权分裂的"事实"或"法理"依据,将所有有利于证成"两岸分裂"的所谓"历史事实"或"法理依据"拼接起来,形成一套论证体系。以许宗力的"两岸关系法律定位论"为例,许氏即以"台湾长期的'事实上'独立状态"为依据,认为正是由于"台湾自己的成文宪法一直不肯正式接纳这一事实……而导致……宪法……长期无法成为人民政治共识基础所在"①,由此他将台湾地区"宪政改革"视为"成文宪法与人民对台湾主权独立状态的法确信首次取得交集的一次"。许氏的这一论证逻辑即体现出一种将两岸事实上的"尚未统一状态"与法理上的"主权分裂"相混同的,继而以所谓的"事实主权分裂"为依据推导出两岸法理"主权分裂"的结论。

第二,从其论证逻辑上看,"主权分裂论"将两岸之间的尚未统一描述为主权上的分裂或从历史角度将两岸视为两个自始相区隔的政治共同体。1."嗣后分裂论"一般将 1949 年视为两岸"分裂"的起点,将事实上的内战对峙状态与法理意义上的主权分裂相等同,并借助台湾地区"宪政改革"对台湾当局内部代表性的巩固作用,提出所谓"台湾主权"的概念,从而将台湾视为与"中国"相区隔的"主权独立的国家"。2."自始分裂论"则借助"历史观"的调整,将原本从属于中国国家共同体的台湾,强行解释为一个具有自主性区域,从而将大陆与台湾视为自始相区别的政治共同体。然而,若将这种地域史观套用于中国的其他区域(如浙江、河南、海南等),其论证即变得荒谬不堪——这恰恰是因为,台湾地区当前与大陆在政治上互不统属,而中国的其他区域却不存在这一事实状态。因此,所谓"以台湾为中心的历史观"本身只是一种通过调

---

① 许宗力:《两岸关系法律定位百年来的演变与最新发展——台湾的角度出发》,载《月旦法学杂志》1996 年第 12 期。

整历史视角臆造出的产物,其论证的起点其实也在于两岸当前的政治对立现状,因而这种论证只是一种缺乏逻辑的循环论证罢了。

第三,从其论证结论上看,"主权分裂论"所欲论证的,即是两岸在主权层面的分裂结果,各种具体理论形态的差异只是对两岸主权分裂时间、程度的认知不同。如上所述,本书将诸种"主权分裂论"依照其论述形态的差异分为"自始分裂论"和"嗣后分裂论",此二者的差异即体现在各种理论形态对大陆和台湾"主权分裂"时间节点的差异上。与此相适应的是,部分持两岸主权分裂的观点,在两岸主权分裂程度层面的认知存在差异,既有学说认为,两岸主权或从未统一过,或已彻底分裂,而部分学说则认为,两岸主权尚未完全分裂,而是一种事实分裂但法理仍存"特殊关系"的认知。然而,无论是上述哪一种观点,都与一个中国框架的主权意涵相违背,因而均无助于两岸政治关系定位问题的解决。

总之,从"主权分裂论"各种理论形态的论述来看,其中部分论断看似能够自洽,但实际上这些理论学说均是一种"构建"的产物,因而其理论前提往往存在根本性偏差。正如大陆学者陈孔立所言,"史观问题归根结蒂是认同问题"[①],因此,我们应从认同层面对"以台湾为中心的史观"造成的不良影响加以应对。鉴于诸种"主权分裂论"对两岸关系产生的负面影响,我们应高度警惕这些理论学说的发展变化情况,并积极从以下两个方面予以应对:一方面,在应对"自始分裂论"时,应当重视对"以台湾为中心史观"的应对性研究,另一方面,在应对"嗣后分裂论"时,应当重视从国内法,尤其是宪法层面出发,对一个中国框架的研究,弥补国际法意义上依据的不足。

(三)理论面之二:对"主权重叠论"的分析

基于上文对"主权重叠论"理论意涵和实践形态的分析可知,这一

---

① 陈孔立:《台湾史事解读》,九州出版社 2013 年版,第 9 页。

论述相对于"主权分裂论"的诸种表现形态而言，更具迷惑性，因而在巩固一个中国框架主权意涵的过程中，应当重视对"重叠论"的应对，破除任何意图通过改变主权概念内涵的方式，损害一个中国框架主权意涵的理论。

第一，从其论证思维上看，"主权重叠论"意图通过从"一个中国"到"整个中国"的话语转换，实现消解"一个中国"和"一中各表"表述可能造成的实践困境之目的。"重叠论"者认为，两岸当前处于"分裂中"而非"已分裂"，因而双方都不等于中国，而均为"整个中国"的一部分，双方之间并非国际法关系，也非各方的内政关系，而是"整个中国"的内部关系。[1] 考察"整个中国"概念的理论意涵，尽管我们无法将其界定为与"一个中国"相等同的概念，但至少这一概念并不认同两岸在主权层面已经分裂，从这个意义上看，这一概念是具有一定积极意义的。

第二，从其论证前提上看，"主权重叠论"将两岸"对等"关系视为其立论的基本前提，即台湾方面拥有与大陆等同的对全中国宣示"主权"的正当性。"主权重叠论"者认为，大陆将"中华民国"视为一个已经灭亡的政权是不符合台湾地区实际情况，甚至有利于助长"台独"气焰的，因此只有"给中华民国地位与空间才能将其拉回中国"[2]，故其将"中华民国宪法"对全中国的主权宣示视为一种具有正当性的行为。尽管"重叠论"者将作为"宪政秩序主体"的两岸称为"台北中国"和"北京中国"，试图以此保证双方作为"中国"一部分的界定，但亦有学者将这种基于"宪政秩序主体"的认识，称之为"实质上的'一中两国'"[3]。

---

[1] 张亚中：《论两岸与中国的关系》，载张亚中：《论统合》，中国评论学术出版社2013年版。
[2] 谢大宁：《两岸政治上是可能双赢的：对张茜红先生文章的回应》，载《中国评论》（香港）2009年4月号。
[3] 张茜红：《评张亚中教授的〈两岸和平发展基础协定刍议〉》，载《中国评论》（香港）2009年3月号。

第三，从其论证表述上看，与一个中国框架的表述不同，"主权重叠论"隐含着两岸拥有两个主权的可能性。根据"重叠论"者的论述，两岸呈现出"主权重叠"的原因在于，双方各自根本法对于领土主权的宣示范围一致，即大陆和台湾以各自根本法为依据，对"全中国"这一领土范围宣示其主权权力。我们必须注意的是，正如"重叠"一词词意所指的"同样的东西层层堆积"① 一样，"主权重叠论"至少隐含着两岸有两个以各自根本法为依据的主权者的意涵。正如大陆学者王英津所称，尽管"主权重叠"表面上带有双方对于主权范围并无争议，领土主权尚未分裂、世界上只有一个中国的意味，但实质上暗含着承认目前中国（两岸）存有两个"主权"，只是这两个主权重叠在一起而已。② 因此，我们并不能因"主权重叠论"对中国主权尚未分裂的论述，而简单地将其划入维护一个中国框架主权意涵的阵营之中，而是应当根据其具体表述做出具体判断。

从本书对"主权重叠论"理论内涵的分析来看，至少在表述上，我们无法从"主权重叠"推导出绝对意义上其对一个中国框架的认可态度，反而可能从这一理论逻辑中推演出两个具有"事实主权"的"中国人国家"的意涵。从这个意义上讲，尽管"主权重叠论"创造了用于取代"一个中国"的"整个中国"概念，仅从字面意义上看，似乎能够成为解决两岸"一中争议"，消解双方政治对立的"解套之道"，但实质上，这一方案却并未完全落入一个中国框架主权意涵的范畴之内，因而这一论调在一定意义上隐含着"分裂迷雾"。基于这一认识，尽管当前"主权重叠论"尚未成为对两岸各自政策发生重要影响的理论形态，但我们在应对这一理论及其应用形态时，不应因其名义上含有"一中"因素就放松警

---

① 《现代汉语大词典》，上海辞书出版社2009年版，第3057页。
② 王英津：《论两岸关系研究中的"主权-治权"分析框架及其替代方案》，载《广西师范大学学报（哲学社会科学版）》2014年第5期。

惕，也不应因其突出"中华民国"而将其简单视为"台独"言论，而是应当以一个中国框架的主权意涵为依据，对这一言论做辩证思考。

二、作为两岸主权争议"临时平衡点"的"九二共识"：历史回顾与发展趋向

在解决两岸主权争议的过程中，"九二共识"是一项具有指标性意义的关键性共识，这一共识不仅是两岸各自政策从"独白"走向"独白兼共识"的转折点，更是两岸迄今为止形成的唯一一项涉及两岸主权关系的明确政治共识。考察台湾岛内各政治力量对两岸主权关系的认知，大陆方面和国民党的主要争议在于"谁是中国"之争，与民进党的主要争议则在于"一中一台"或"两个中国"之争。[①]"九二共识"的达成有效缓和了两岸的"谁是中国"之争，并在两岸关系不断发展的背景下，逐渐演变为反对和遏制以"一中一台"或"两个中国"为主要论述形态的"台独"分裂活动的重要支柱。因此，对"九二共识"的理论分析，构成我们界定作为"中华民国宪法"法理定位主权背景的重要分析对象。

（一）"九二共识"的演变趋向：从认识论、方法论到本体论的存在

从"九二共识"达成时的历史背景和上述具体表述来看，尽管双方的表述存在不同，但在双方表述中，体现出两点一致：一是两岸均坚持一个中国原则，亦即均认同两岸对"中国"国家符号的归属意义，从主权层面来看，即强调两岸的主权统一性；二是两岸均努力谋求国家统一，亦即两岸均致力于结束国家尚未统一的特殊状态，以重新实现统一为目标。从"九二共识"的意涵和表述方式来看，其基本内容体现为三点：1. 目的论上以形成对一个中国原则"低度共识"的基础上搁置双方政治争议，

---

① 祝捷：《两岸关系定位与国际空间：台湾地区参与国际活动问题研究》，九州出版社2013年版，第14页以下。

以避免这些争议对两岸解决事务性问题造成的障碍；2. 方法论上两岸求同存异的协商精神和务实的处事策略；3. 本体论上"两岸均坚持一个中国原则"和"两岸均谋求国家统一"的政治共识。然而，这三项构成"九二共识"的基本内涵并非全都来源于这一共识的"原初含义"，而是经过了一个随着两岸关系发展而不断丰富和升华的过程。

目的论层面的"九二共识"表征着两岸达成这一共识的原初目的。从"九二共识"达成的历史背景看，两岸达成"九二共识"的本意在于在形成对一个中国原则"低度共识"的基础上，搁置双方的政治争议，避免这些争议对两岸解决事务性议题造成障碍。从两岸对"九二共识"的表述方式看，双方均致力于形成一套能够处于政治对立状态下的两岸共同接受的表述模式，而双方之所以能够接受这种体现出"建设性模糊"特点的"共识"，其目的即在于避免极为复杂的两岸政治争议对当时亟待解决的两岸事务性议题的负面影响。

方法论层面的"九二共识"代表着两岸在1992年形成这一共识时的原初意涵之一。从方法论上看，"九二共识"体现出两岸求同存异的协商精神和务实的处事策略，在这种精神的引导下，两岸得以在长期隔绝对立的情况下，重建部分政治互信，在1992年后的短短数年间展开包括"汪辜会谈"在内的十余次事务性协商，并首次签署《汪辜会谈共同协议》等四项协议。如上所述，在两岸展开事务性协商前，"九二共识"最为重要的政治价值即在于透过一种求同存异的表述方式，使两岸在当时存在的政治分歧得到暂时搁置，从而为两岸打破长期隔绝带来的对立局面奠定基础。

本体论上的"九二共识"则经历了一个随着两岸关系发展过程而不断变化发展的过程。从两岸各自对"九二共识"的表述来看，"九二共识"的核心意涵在于"两岸均坚持一个中国原则"和"两岸均谋求国家统一"。尽管两岸对"九二共识"的表述不尽一致，大陆方面的表述体现为"各表一中",台湾方面的表述体现为"一中各表",但双方的表述中均体现出对一个中国原则的坚持和对"国家统一"目标的谋求,失去了这两项核心意涵,任何对"九二共识"的"各自表述"都是没有意义的。① 结合1992年两岸形成"九二共识"时双方的两岸政策主张来看,在当时的时代背景下,两岸通过这一共识所求之同在于"两岸同属一个中国",而双方所存之异在于中华人民共和国和"中华民国"谁是代表中国的唯一合法当局的问题,亦即"中国代表权之争"。时过境迁,在两岸关系不断变化发展的过程中,台湾方面的两岸政策主张重点发生重大变化,两岸对"一个中国"的争议重点从"谁是中国"之争逐渐转为"两个中国"或"一中一台"之争,亦即台湾是否是中国的一部分的问题。由此,"九二共识"在这一过程中,自然被赋予更为重要的政治使命,即透过这一共识,表达两岸对反对"台独"分裂活动的共同主张,从强调"求同存异"的"九二共识"升华为体现出"两岸同属一个中国"的"九二共识"核心意涵。习近平同志在参加十二届全国人大四次会议上海代表团审议时提出,"承认'九二共识'的历史事实,认同其核心意涵,两岸双方就有了共同政治基础,就可以保持良性互动。"② 这一重要对台论述首次将"九二共识"上升为一种"历史事实",而非简单的"认识论共识",从而实现"九二共识"从认识论到本体论的升华。

(二)作为"临时平衡点"的"九二共识":困境与挑战

尽管"九二共识"是迄今为止两岸就主权争议形成的唯一政治共识,且在两岸关系和平发展的过程中,这一共识已成为和平发展的政治基础,其核心意涵不容任何政治力量的否认,但是我们不得不承认,基于这项政

---

① 《张亚中:蔡英文赢,两岸进入冷内战?》,资料来源:http://www.crntt.com/crn-webapp/mag/docDetail.jsp?coluid=0&docid=104089703,最后访问日期:2017年5月20日。

② 《习近平参加上海代表团审议》,资料来源:http://news.xinhuanet.com/politics/2016lh/2016-03/05/c_1118244365.htm,最后访问日期:2017年5月20日。

治共识的基本属性,其实际效力却面临着缺乏保障的风险。

第一,作为一项以"搁置争议"为指向的政治共识,"九二共识"所能解决的,仅仅是在两岸尚存政治争议的情况下,在两岸关系处于低阶层次(即事务性交往层次)时,暂时搁置两岸对一个中国政治涵义的争议,因而这种存在于两岸之间的平衡,只是一种"临时平衡"。一旦两岸欲就政治问题展开协商,则"九二共识"将无法胜任在新阶段为两岸交往提供政治基础的重任,届时两岸必须在"九二共识"之上,寻找更具稳定性的新共识。

第二,作为一项两岸政治共识,"九二共识"的实际效力严重依赖于大陆和台湾双方的两岸政策主张,尤其是有赖于台湾方面执政当局的政策主张,甚至是台湾地区领导人的个人统"独"立场,这就使得这一共识在台湾地区内部政治局势可能发生变化的情况下面临解构的风险。因此,两岸急需构建一种不因台湾地区政治局势的改变而改变,不因台湾地区领导人政治立场的改变而改变的规范化、制度化两岸关系发展模式,即"法治型"两岸关系。[①] 在这种两岸关系发展新模式的框架内,仅具有政治共识属性的"九二共识"有待通过法理论述,实现其效力的升华。

第三,当前台湾地区"政党轮替"已呈现出常态化趋向,作为台湾岛内重要政治力量的民进党,长期以来未能明确认可"九二共识",并将这一共识称为国共两党之间形成的共识,试图在处理两岸关系时绕过这一共识。从台湾地区内部的政治规律来看,没有一个政党能够在岛内长期执政,这就使"九二共识"这个严重依赖于两岸各自当局认可的政治共识的有效性面临极大挑战,这一共识可能体现出规律性"生效—失效"的风险。因此,大陆方面必须重视台湾地区内部政治格局变化对"九二共识"效力的负面影响,重视对这一共识生效基础的巩固与强化。

[①] 周叶中、段磊:《论"法治型"两岸关系的构建》,载《福建师范大学学报(哲学社会科学版)》2015年第6期。

据此，尽管"九二共识"在两岸关系发展的过程中扮演着极其重要的角色，但基于这一共识的自身特点和台湾方面政治格局的易变性特点，我们必须充分考虑如何立基于"九二共识"这一两岸主权争议"临时平衡点"，在两岸关系继续发展的过程中，提升这一共识的效力层次，以更具权威性、有效性和稳定性的方法，缓和两岸主权争议。

三、缓和两岸"主权争议"的策略路径：从争议焦点到"去主权化"

如上所述，主权面向构成"中华民国宪法"法理定位研究的研究背景。因此，若这一研究背景本身存在极大争议，则在这种背景之下形成的策略研究必将随之因带有强烈的政治立场而存在极大争议。因此，如何透过理论推演，缓和在实践和理论面均有体现的两岸"主权之争"，成为本研究必须考虑的问题。正是出于这一考虑，本章的逻辑脉络即体现为通过对两岸主权争议的实践与理论面的分析，借助一定的理论工具，实现缓和两岸"主权争议"，从而巩固"中华民国宪法"法理定位研究背景，实现对这一背景再确认的目的。

(一) 主权争议的理论来源：国际法与国内法主权概念的混同

近代意义上的主权概念起源于法国思想家博丹。他在《主权论》中正式提出近代意义上的主权概念，将主权界定为一种"共同体所有的绝对且永久的权力"，这种权力"是永久的……在力度、作用和存续时间上都不是有限的"。[①] 博丹的主权理论首次将主权与国家相勾连，为近代意义上"民族国家"的建立做好了相应的理论准备。在博丹之后，格劳秀斯、霍布斯、洛克、卢梭等思想家进一步发展和完善了主权概念。从主权

[①] [法] 让·博丹：《主权论》，[美] 朱利安·H. 富兰克林编，李卫海、钱俊文译，北京大学出版社2008年版，第25页、第29页。

理论的发展脉络来看，自洛克、卢梭之后，关于主权归属问题的理论形态，即国内法意义上的主权论述大致定型，集中体现为宪法学上的"人民主权原则"。但国际法意义上的主权理论却处于不断地发展过程之中，理论界在论证国家主权对外独立基本原则的基础上，为因应国际关系的不断发展变化，提出了许多新的值得思考的观点。如在国际组织影响力不断拓展和区域一体化不断推进的时代，既有学者提出坚持绝对独立性的主权概念，是不利于国际法和国际组织的正常运行和发展的，也是不适当的。[1]

从主权概念的两条发展脉络来看，国际法上的主权概念与国内法上的主权概念已存在较大差别，前者的主体是国家，而后者的主体是人民，前者的正当性更多地源于"其他有权者的承认"[2]，而后者的正当性源于共同体成员（人民）的授予。[3] 由此观察两岸"主权争议"可知，主权概念之所以会成为两岸关系中最大的一个"结"，其原因恰恰在于，大陆和台湾并非在同一语境之中使用"主权"这一概念，基于此，双方对各自主权概念使用方式的证成逻辑也存在极大差别。大陆方面多从国际法意义上使用"主权"概念，将主权视为国家的构成要件之一，并从"有权者承认"的视角出发，强调国际法意义上的一个中国原则（即本书所称的一个中国框架的主权意涵），坚决否认台湾当局所拥有的"主权"；台湾方面则多从国内法意义上使用"主权"概念，认为台湾当局在"宪政改革"之后，已经具有基于"台湾人民"的代表性，因而其具备"主权独立国家"的"合法性基础"，故其有理由谋求国际法意义上的"主权"。

我们必须承认，主权概念在国际法和国内法意义上的落差，为台湾方面"论证"其"主权"提供了理论空间，为台湾当局论证"台湾主权"

---

[1] [英] 詹宁斯、瓦茨修订：《奥本海国际法》，王铁崖等译，中国大百科全书出版社1995年版，第94页。
[2] 张亚中：《两岸主权论》，生智文化事业有限公司1998年版，第23页。
[3] 吴庚：《宪法的解释与适用》，三民书局2003年版，第41页。

提供了逻辑机遇，而这种落差却使大陆方面陷入一定意义的被动，成为封锁两岸关系的枷锁。① 面对两岸存在的"主权争议"，两岸只能以搁置争议的方式，形成具有各自表述空间的"九二共识"，以之作为缓和争议的"临时平衡点"。然而，如上所述，在当前台湾地区内部愈发复杂的政治格局下，长期以来为国共两党认可的"九二共识"可能面临来自多方面的挑战。因此，在厘清主权的国内法与国际法意涵及其差异之后，应当更加重视如何辨析二者在两岸关系中的不同作用，更好地维护一个中国框架的主权意涵，为两岸政治关系的拓展提供机会。

（二）有条件地"去主权化"："中华民国宪法"法理定位主权背景的再确认方式

如上所述，国际法意义上的主权，是所谓国家主权，而国内法意义上的主权，则体现为人民主权。基于本书提出的一个中国框架主权意涵的界定，两岸之间的"主权争议"，本质上应当属于国内法意义上的争议，而不牵涉国际法上的主权争端。② 因此，就两岸关系而言，应尽可能排除国际法意义上的主权概念，将国际法上的"一个中国"视为一种无需探讨的背景。而就国内法意义上的主权而言，包括两岸在内的中国的主权应当归属包括两岸人民在内的"中国人民"，因而只有"中国人民的主权"，而不存在所谓"大陆的主权"或"台湾的主权"。从这个意义上看，"中华民国宪法"法理定位问题的主权背景，逐渐由两岸的"一中一台"或"两个中国"的主权争议，回归到一个中国框架主权意涵之内的争议，而在这一范围之内的争议是能够为两岸所包容的。

基于此，在探讨"中华民国宪法"法理定位问题时，应当立基于对

---

① 祝捷：《两岸关系定位与国际空间：台湾地区参与国际活动问题研究》，九州出版社2013年版，第158—159页。
② 祝捷：《两岸关系定位与国际空间：台湾地区参与国际活动问题研究》，九州出版社2013年版，第159页。

第二章　台湾地区宪制性规定法理定位的主权面向

两种意义上主权概念的认知，将"主权"从一个两岸的争议焦点问题转变为一个可以剥离出去的概念，从而实现在"去主权化"的背景下，探讨对这部"宪法"定位问题的解决策略。具体说来，在探讨"中华民国宪法"法理定位问题时，"去主权化"的策略路径应体现在以下三个方面。

第一，通过运用法治思维，尤其是宪法思维，加强对台湾地区现行"宪法"与法律规定中"一中性"要素的研究，以法律文本的稳定性和确定性，排除"台独"理论对"两岸同属一个中国"事实的攻讦，实现对一个中国框架主权意涵的双向巩固。如上所述，两岸之间的"主权之争"是国内法意义上主权概念论域之内的争论，因而在展开"中华民国宪法"法理定位问题的探讨时，应将讨论范围集中于国内法范围之内，即"主权统一的中国"的范围之内，排除以"一中一台""两个中国"等为表现形式的"两岸主权分裂论"的误导，避免可能隐含"两个主权"的"主权重叠论"的影响，实现对两岸"主权争议"的论域框限。

第二，在国际范围内，继续坚持国际法意义上的一个中国原则，坚持中华人民共和国政府是中国唯一合法代表的立场不动摇，反对台湾以任何名义加入只有主权国家才可以加入的国际组织，反对任何国家对两岸施行所谓"双重承认"。由于国际法意义上的主权概念，其主体只能是作为国际社会成员的国家，而两岸关系本质上是中国内部两个政治实体之间的对立，并不涉及国家间的政治关系，因此，缓和两岸"主权争议"并不意味着弱化对中国国家主权的论述。在这一前提下，两岸可在一个中国框架内，就台湾地区参与"国际空间"问题展开协商，并以符合国际组织规则的方式就台湾地区参与国际组织问题做出合情合理安排。

第三，在两岸范围内，在坚持"两岸同属一个中国，中国的主权属于包括台湾人民在内的中国人民"立场的基础上，以"去主权化"思路取代既有的"主权化"思路，以缓和两岸争议，促进两岸共识累积，通过加强对台基层工作，建构两岸民意整合机制，避免两岸因所谓"主权"

争议陷入民粹主义思潮影响下的恶性循环。易言之，应当通过弱化主权概念在两岸争议中的地位，以厘清主权概念的方法，实现"去主权化"，从而避免因话语落差导致两岸在解决"中华民国宪法"法理定位问题时产生不必要的纷争，从而使主权问题成为探讨"中华民国宪法"问题的背景和前提。

综上所述，本书从解决"中华民国宪法"法理定位问题的背景出发，通过对两岸主权争议的实践与理论面的回顾与探讨，提出以"去主权化"思路为指引，以两岸各自规定为依据的"主权争议"论域限定主张，其目的即在于通过这些论证，强调任何对"中华民国宪法"法理定位问题解决方案的探讨，都应立基于"两岸主权统一"的研究背景之下，从而实现对本研究之理论背景的"再确认"。

第四节 "治权"与台湾地区宪制性规定法理定位问题

在两岸主权分析框架下，除集中对"主权"概念加以论述外，部分学者尝试使用"治权"概念，并将之与"主权"相结合，形成"主权-治权"研究框架来解释当前两岸存在的政治对立现象。大陆学者王英津认为，在"治权"概念范畴之下，两岸学界对两岸政治关系的定位模式大致有两种，即"主权统一、治权分裂论"和"主权分裂、治权分裂论"，前者的近义表述包括"一国两府""一国两区"或"一国两治"等，后者近义表述即"两个中国"或"一中一台"。[①] 然而，这些"治权"概念描述两岸政治关系定位的理论模式实际上存在着一定的模糊性和危险性，而两岸双方在两岸关系论域内对"治权"概念本身的理解亦

---

① 王英津：《论两岸关系研究中的"主权-治权"分析框架及其替代方案》，载《广西师范大学学报（哲学社会科学版）》2014年第5期。

存在一定的差别。基于"治权"概念在两岸范围内的理论热度及其对"中华民国宪法"法理定位研究的影响，本书拟在运用概念史研究方法对治权概念加以梳理的基础上，对两岸对"治权"概念的使用方法加以分析，辨别其中偏离"治权"概念自身范畴的使用方法，对"治权"概念应用于解决"中华民国宪法"定位问题的可行性加以探讨。

一、"治权"概念史研究

概念史的研究方法，是20世纪70年代英国学者昆廷·斯金纳（Quentin Skinner）和德国学者考泽莱克（R. Koselleck）开创的一种研究方法。由于"概念"具有历史性、易变性、歧义性、政治性等诸多特点，[①] 因而一个特定概念在不同的历史条件和外在环境中，其内涵可能因为各种内外因素而发生变化，概念史的研究方法的研究对象，正是具有这些特点的概念。通过概念史这种新兴的研究方法，学者能够对某一特定概念追根溯源，考察其内涵的演变过程，并通过对这一过程的研究，实现对其所研究的概念所处时空环境——社会现实和社会现象的研究。近年来，"治权"逐渐成为两岸关系研究领域中的一个关键概念，越来越多的两岸政界、学界人士开始使用这一概念论述其政策与学术主张。然而，两岸各方对"治权"概念的使用场景和使用方法却存在极大差别，这种差别无疑源于各方对这一概念意涵认知的差异。借助概念史方法，系统梳理"治权"概念自形成以来的发展变化情况，能够为我们厘清这一概念的实际意涵，解决实践中对这一概念的适用方式等问题，奠定重要的语义学基础。

（一）"治权"概念的由来：孙中山宪政思想与民国宪政实践中的"治权"

从传统的法学和政治学等学科的基础理论来看，"治权"并非一个严

[①] 周保巍：《概念史研究对象的辨析》，《史学理论研究》2012年第1期。

格意义上的学术概念。[1] 在宪法学中，人民主权派生出"国家权力"的概念，而"国家权力"依纵向划分为最高国家权力、中央国家权力和地方国家权力，依横向划分为立法权、行政权、司法权等，并不存在"治权"的概念。在国际法学中，国家主权派生出"管辖权"的概念，以代指国家主权的具体行使方式，亦不存在"治权"的概念。在政治学中，学界往往使用治理、统治等概念，同样也不使用"治权"的概念。可以说，"治权"这一概念并不存在于传统的相关学科领域之中，其意义也并不能与一些传统的学术概念实现完全意义上的对接。

在中国近现代史上，最早使用"治权"概念的是孙中山先生。孙中山认为，西方各国所实行的三权分立的宪政体制，无法做到让"人民有权"和"政府有效率"之间的平衡最大化，更无法解决当时中国所面临的问题。因此，他基于对人类天赋差异的划分，将人分为"先知先觉""后知后觉"和"不知不觉"三类[2]，提出那些不知不觉的多数人只有将"管理众人之事"交给"先知先觉"和"后知后觉"的少数人，实现"权能分离"，才能实现"人民有权"和"政府高效"之间的最佳平衡。为实现这种最佳平衡的政体设计，中山先生在提出作为其宪政思想核心组成部分的"权能分立"理论时提出：

> 政是众人之事，集合众人之事的大力量，便叫做政权；政权就可以说是民权，治是管理众人之事，集合管理众人之事的大力量，便叫做治权；治权就可以说是政府权。所以政治之中，包含有两个力量：一个是政权，一个是治权。这两个力量，一个是管理政府的力量，一个是政府自身的力量。[3]

在"政权"与"治权"的二元划分之中，前者完全属于人民，后者

---

[1] 杜力夫：《也谈两岸关系中的主权与治权》，《中评月刊》（香港）2014年11月号。
[2] 《孙中山选集》，人民出版社1956年版，第767页。
[3] 《孙中山选集》，人民出版社1956年版，第791页。

完全属于政府，前者先决于后者，后者服务于前者的实现，"用人民的四个政权，来管理政府的五个治权，人民和政府的力量才可以彼此平衡"①。在权能分立的理论基础之上，孙先生提出"五权宪法"思想，将政权划分为选举、罢免、创制、复决四权，将治权划分为行政、立法、司法、监察和考试五权，由国民大会和政府分别行使之。据此，孙中山"权能分立"和"五权宪法"思想之中的"治权"概念，是一种建立于权力的"政权-治权"二元划分基础之上，与人民所享有的"政权"相对应的，由政府所享有的权力。在孙中山的话语体系之中，"治权"是一个国家政府所享有的包括内政外交等一切公权力在内的权力形态的总称，是一种总括性的权力。从既有文献来看，"治权"概念并非一个存在于法学、政治学等学科体系之中的学术概念，亦即是说，这一概念在诞生之日并不隶属于既有的政治学或法学话语体系之中，而是一个孙中山宪政思想体系中的独有概念。

受到当时历史条件的限制，以"权能分立"为基础的"五权宪法"思想在孙中山先生生前并未付诸实践，但这一思想体系却对日后国民党推动的民国制宪活动产生了重要影响。国民党结束北伐战争后，在其主导的历次制宪活动中，作为"五权宪法"理论基石之一的"治权"概念均贯穿于政权组织形式的设计之中。

1931年《中华民国训政时期约法》中首次确立"国民政府总揽中华民国之治权"（第65条），将治权划分为行政权、立法权、司法权、监察权、考试权，分别划归五院所有，这在某种程度上使得孙中山先生的五权宪法思想得到落实。当然，由于国民党这部《约法》颁布后，坚持实行一党专制，舍弃了孙中山训政构想中的民主、革命性因素，所谓的五院制

---

① 《孙中山全集》（第5卷），中华书局1986年版，第559页。

也失去了它应有的意义。① 1936年5月5日公布的《中华民国宪法草案》（"五五宪草"）首次在宪法文本中明确了政权与治权分立的制度设计，形成由国民大会行使政权，五院行使治权的政权组织形式。仅从宪法文本对政权组织形式的制度安排来看，"五五宪草"较好地贯彻落实了孙中山先生的五权宪法思想的制度设计。"五五宪草"公布后，由于日本发动全面侵华战争，国内国际形势发生重大变化，国民大会被迫延期召开，这部宪法草案最终未能获得真正实施。抗战胜利后，1946年12月颁布的《中华民国宪法》仍坚持以"孙中山先生创立中华民国之遗教"为立宪依据，通过对国民大会和五院的设置，在一定程度上体现了孙中山宪政思想的基本内涵。从1946年宪法对政权组织形式的设置上看，尽管这部宪法在五权关系上，尤其是在行政院与立法院关系上，存在背离了孙中山先生设想的五权关系理论之处，以至于梁漱溟先生称之为"保留五权宪法之名，运入英美宪政之实"②，但从政权机构（国民大会）与治权机构（五院）的关系来看，这部宪法仍体现出"权能分立"的基本理念。然而，随着国共内战的爆发，1946年宪法在尚未真正实施的情况下，便很快被内战双方以不同方式废止，此后再未真正实行过。③ 随着国民党政权败退台湾，"五权宪法"思想在大陆日渐式微，"治权"概念也在很长一段时间内成为一个仅存于法制史学研究范畴中的概念，而不再引起人们更多的关注。

（二）"治权"的意涵变化及其与"主权"之结合：中英香港谈判中的"治权"

有学者认为，中国概念史研究的最大特点在于，具有一定的"跨文

---

① 王贵松、邱远猷：《善之途多歧路：五权宪法的理想与现实》，《首都师范大学学报（哲学社会科学版）》2004年第6期。
② 梁漱溟：《我参加国共和谈的经过》，《忆往谈旧录》，文史出版社1987年版，第177页。
③ 周叶中、江国华主编：《从工具选择到价值认同——民国立宪评论》，武汉大学出版社2010年版，第435页。

第二章 台湾地区宪制性规定法理定位的主权面向

化特质",许多重要概念都存在着因"翻译文化"而产生的"概念旅行"[1],然而,对于"治权"这一中国本土概念而言,在其意涵转变的过程中,翻译竟也扮演了极为重要的角色。在中英香港谈判过程中,在中国大陆已然销声匿迹数十载的"治权"概念再次映入人们的眼帘,并因译者的缘故,而产生了一系列因应用环境变更而产生的意涵变化。

20世纪80年代,在中英两国就香港问题进行谈判时,英国政府为最大可能保全其在香港地区的实际利益,曾提出"主权换治权"的谈判方案,即"在承认中国对香港的主权的原则下,由英国继续管治香港"。1982年9月24日,时任英国首相撒切尔夫人访问中国,与中国领导人邓小平就香港问题举行会谈,在会谈中,由于邓小平明确指出,"关于主权问题,中国在这个问题上没有回旋的余地,主权问题不是一个可以讨论的问题"[2],从而使英方有关香港主权问题的谈判方案失去讨论空间。在这种情况下,撒切尔夫人抛出"以主权换治权"的说法,她提出,"英方希望在1997年后继续统治香港,保持同样的法律体系,同样的政治体制,同样的独立货币……这样的话,我就可以向议会提出这一方案,在主权问题上做出让中方满意的安排"[3]。撒切尔夫人的这一表态,就是所谓"主权换治权"方案的始源体现。邓小平在会谈中当即坚决反对英方所提出的将香港主权和治权分离的方案,表明了中国收回香港的决心。此后的两年间,中英两国就香港问题陆续举行二十余轮谈判,在此期间,英方在相当长的一段时间里始终坚持"香港主权归属中国,治权归属英国"的方案,从而使谈判一度无法进行下去。1983年9月10日,邓小平在会见来访的英国前首相希思时,就英方提出的"主权换治权"方案指出,"英国想用主权来换治权是行不通的。希望不要再在治权问题上纠缠,不要搞成

---

[1] 孙江:《概念、概念史与中国语境》,《史学月刊》2012年第9期。
[2] 《邓小平文选》(第三卷),人民出版社1993年版,第12页。
[3] 宗道一等编著:《周南口述:遥想当年羽扇纶巾》,齐鲁书社2007年版,第254页。

中国单方面发表声明收回香港，而是要中英联合发表声明"①。由于邓小平对香港"治权"问题的强硬立场，英方在后来的谈判中不得不放弃对"主权换治权"方案的坚持，至此中英两国在香港问题上的主要谈判障碍得以扫清。

在中英谈判中，英国所谓"主权换治权"方案，仅仅是其中一个插曲，但这个插曲，却使得"治权"概念重新进入人们的视野，并使之与"主权"相结合，形成一种"治权"与"主权"相对应的印象。然而，考察当时双方谈判时的有关史料，我们却会发现，出现在中英香港谈判中的"治权"一词并非前述孙中山宪政思想中的"治权"概念，亦即是说，与此前的"治权"概念相比，中英谈判中的"治权"概念，只是借"治权"一词来表达新的含义而已。从英方有关人员对"主权换治权"方案的叙述来看，其所使用"治权"的英文表述是 administration，如时任英国首相撒切尔夫人在其回忆录中明确提出，"我们的谈判目标曾是以香港岛的主权来交换英国未来继续获得对整个殖民地的管理权（continued British administration of the entire Colony）"②。根据权威的《柯林斯英汉双解大词典》的解释，"administration"一词表达的核心意涵体现为管理（部门）、行政事务（部门），直译为中文应为"管理权"或"管辖权"。1997年中国大陆出版的《撒切尔夫人回忆录》简体中文版将此段文字中的"British administration"译为"英国的治权"③，无独有偶，在此前的1994年，台湾地区出版的同一回忆录中，台湾译者也选择以"治权"一词翻译撒切

---

① 中共中央文献研究室编：《邓小平年谱（1975—1997）》（下），中央文献出版社2004年版，第932页。
② Margaret Thatcher. *The Downing Street Years* [M]. London: HarperCollins Publishers, 1993: 259.
③ ［英］玛格丽特·撒切尔：《撒切尔夫人回忆录——唐宁街岁月》，撒切尔夫人回忆录翻译组译，远方出版社1997年版，第177页。

尔夫人口中的 administration。① 从由此可见，英国方面在提出"主权换治权"方案时所使用的"治权"一词所欲表达的并非孙中山思想中的"治权"意涵，而是以之代指英国对香港享有的对香港地区行政事务的管理权，二者的内涵存在根本差别，相较而言，英方所谓"主权换治权"方案似乎直译为"主权换管辖权"更为恰当。至于为何译者在当时将 administration 一词翻译为中文的"治权"，现已无从考究，但可以证实的是，从某种意义上讲，"治权"一词因中英香港谈判而再次进入国人的视野，乃是译者翻译讹误所致。

从 administration 一词的含义来看，中英香港谈判中使用的"治权"一词，并非是一个和国民享有的"政权"相对的，一个国家政府所享有总括性权力，而是指代一种与国家"主权"相对的，对特定区域的管辖权。由此，"治权"概念在译者的助力下，实现其意涵的重大变化。同时，"治权"概念的应用环境，也因与"主权"概念的结合，实现从"政权-治权"话语体系转入"主权-治权"话语体系。

（三）"治权"概念在两岸关系论域中的发酵：台湾方面的"主权-治权"论述

20世纪八九十年代间，随着大陆方面提出"一国两制"的伟大设想，并将"和平统一、一国两制"列为解决台湾问题的基本方针，台湾方面政学两界亦相继提出一些用于回应"一国两制"的理论模式。其中，时任台湾清华大学理学院院长的沈君山先生，在1982年至1987年间，相继发表《一个中国两种制度的和平竞赛》《一屋两室，各执门钥》和《一国两"治"对抗一国两"制"》等文章②，提出以"治权"为核心的"一国

---

① ［英］玛格丽特·柴契尔（撒切尔）：《柴契尔夫人回忆录（上）——唐宁街岁月》，月旦编译小组译，月旦出版社股份有限公司1994年版，第246页。
② 沈君山：《一个中国两种制度的和平竞赛》，载《中国时报》1984年1月23日；沈君山：《一屋两室，各执门钥》，载《九十年代》1985年5月号；沈君山：《中国时报》1987年9月1日。

两治"理论模式。沈君山认为,"一国两治"的基础在于"主权史传,治权民予",其中"主权为抽象的国家象征,治权为具体的政治权力,主权的统一共享,应以治权的独立分拥为前提",基于此,两岸应当"共享主权,分拥治权,即在一个象征性的国家主权下,实行不同制度的两个地区,各拥有独立的治权"。① 沈君山的"一国两治"论,将"主权"与"治权"相连接,开启了在两岸关系论域内使用"治权"概念的先河。在"一国两治"的论述体系之中,主权被定义为一种文化层面的存在,"代表历史的传承,象征未来的发展",与传统国际法学所界定的作为"一个国家独立自主地处理对内对外事务的最高权力"② 的主权迥然不同;而治权则被定义为"完全的,包括自卫权、外交权,和在国际上具有国际人格的政治实体的权利"③,这一定义既不同于孙中山宪政思想的"治权"概念,又不同于中英香港谈判中使用的 power of administration 概念,而是一种名为"治权",实际包含大量原属于国际法之"主权"概念要素的新概念。可以说,沈君山所谓的"一国两治",实际是要在一个虚化的"主权"之上,将"两岸分治"作为一种法理形态确立下来,从而使两岸彼此承认对方对自身区域的合法控制权。当然,沈君山亦承认"一国两治"的状态并非常态,而是两岸实现统一之前的一种过渡状态,因而这一论述的重点是对两岸政治关系定位的现状做出安排。

20世纪90年代,台湾当局在提出两岸政治关系定位模式时,也开始使用"治权"概念,从而使这一概念从学术领域进入政治领域,成为两岸关系论域内不可忽视的政治术语。1992年8月1日,台湾当局"国统会"通过的《"一个中国"意涵定位结论》提出,"'一个中国'应指1911年成立迄今之'中华民国',其主权及于整个中国,但目前之治权,

---

① 关于沈君山的相关观点转引自杨锦麟:《"一国两治"析论》,载《台湾研究集刊》1988年第3期。
② 梁西主编:《国际法》,武汉大学出版社2003年版,第65页。
③ 沈君山:《一国两"治"对抗一国两"制"》,《中国时报》1987年9月1日

则仅及于台澎金马"①。这一论述延续了沈君山的"主权-治权"二元划分标准，但却并未如沈氏一般完全将主权视为一种"虚化"概念，而是坚持"中华民国"对包括大陆和台湾在内的整个中国享有之主权，同时以"中华民国"对台澎金马地区的"治权"来描述台湾当局对这些地区的实际控制事实，并以"主权"与"治权"地域范围的差异性来解释"两岸分治"现象。自此之后，台湾当局对两岸关系的定位开始实现从"同一式"向"一二式"定位的转变，以"主权一国""治权分立"来界定两岸关系。② 这种转变彰显出台湾当局在海峡两岸势力完全翻转的背景下，选择彻底放弃对"一个中国"主权代表权的争夺，转而谋求与大陆方面在承认"分治"前提下的"对等地位"③。

在李登辉执政后期和陈水扁执政时期，台湾当局开始背弃一个中国原则，大肆推行以"法理台独"为导向的两岸政策④，因而在这一阶段，"治权"概念在岛内遭到冷遇。直至2008年5月国民党重新执政后，台湾当局两岸关系政治定位的政策主张又重新回到以"主权-治权"框架为核心的轨道上。时任台湾地区领导人马英九在沿用"治权"概念既有表述的基础上，提出两岸"主权互不承认，治权互不否认"的政策主张（"互不论"），他提出，"（两岸）互不承认、互不否认的涵义就是两岸互不承认对方的主权，但是互不否认对方的治权……互不否认对方的治权，是务实的承认现状"⑤。从马英九的这一表述来看，其意图在于，通过以搁置在两岸关系中具有高度敏感性的"主权"，换取大陆对台湾方面"治权"的默认（即不否认），从而为解决两岸关系政治定位问题提供一条具有较高可行性的路径。随着马英九"互不论"的出炉，两岸学界开始重

---

① 海峡两岸关系协会编：《"九二共识"历史存证》，九州出版社2006年版，第49页。
② 倪永杰：《两岸政治定位与一中框架刍议》，《台海研究》2013年第2期。
③ 邵宗海：《两岸关系》，五南图书出版股份有限公司2006年版，第106页。
④ 张春英：《"法理台独"的历史溯源及当代表现》，《学习与实践》2008年第1期。
⑤ 马英九："世界国际法学会2011年亚太区域会议上的讲话"（2011年）。

视对"治权"概念的研究和使用①，有部分大陆学者甚至提出了大陆"应当承认台湾当局对台湾地区的治权"②的观点，以期通过"治权"概念化解两岸关系政治定位难题。

值得注意的是，在台湾，"治权"一词也仅仅是一个出现在学术文献和政治人物政策主张中的概念，而并非一个规范的法律术语。根据台湾地区权威法律检索数据库之检索结果显示，不仅"中华民国宪法"及其"增修条文"之中从未出现过"治权"这一概念，而且台湾地区现行各项规定之中，都未出现过"治权"一词，"司法院大法官解释"中亦从未使用过"治权"一词。③ 实际上，在台湾地区涉及两岸关系的规范和"大法官解释"之中，往往使用"统治权"一词来表述台湾当局在台、澎、金、马地区享有的实际控制权，如"两岸人民关系条例""入出国及移民法""海岸巡防法"等规范，在定义"台湾地区"时，均明确规定，台湾地区是"指台湾、澎湖、金门、马祖及政府统治权所及之其他地区"④。在台湾地区"司法院大法官"就"大陆地区人民出境"问题作成的"释字第710号解释"中，"大法官"黄茂荣作成"部分协同部分不同意见书"，首次在涉及两岸关系的"大法官解释"中使用了"统治权"一词，他指出："强制出境之规范的论理基础源自一个主权者有权利拒绝非其国民入境、居留……当对于大陆地区人民，拒绝其入境、居留，该权利以两岸分治之统治权的行使现实为依据"⑤。在"司法院大法官"就"台湾人民欲

---

① 杨立宪：《试论"两岸一家亲"》，《中评月刊》2014年12月号；李家泉：《达成两岸和平协议的可行性研究》，载《中央社会主义学院学报》2008年第4期；李毓峰：《论两岸关系"主权重叠、治权分立"——"宪法主权观"的视角》，《中评月刊》2015年3月号等。
② 杜力夫：《也谈两岸关系中的主权与治权》，《中评月刊》（香港）2014年11月号。
③ 根据台湾地区"法源法律网"数据库之检索，台湾地区"宪法"和"法律"中出现"治权"字样的有54处，但其中绝大部分是关键词"政治权利"和"自治权"的一部分，其余则是关键词"统治权"的一部分。
④ 台湾地区"两岸人民关系条例"第二条。
⑤ 台湾地区"司法院大法官""释字第710号解释"黄茂荣"大法官"之"部分协同部分不同意见书"。

收养大陆地区子女"问题作成的"释字第712号解释"中,"大法官"苏永钦作成"协同意见书",再次使用了"统治权"一词,他指出:"两岸人民间的关系,并不因为双方统治权不及于对方而成为赤裸裸的权力关系,中华民国政府在台湾地区实施的法律制度在其统治权所及范围完全可以适用于两岸人民关系,当然包括宪法的基本权规定及相关的保障原则……"[①] 据此可知,"治权"概念因其内涵的严谨性不足,而未能在台湾地区成为正式的法律用语,因此"治权"概念在台湾地区的话语谱系之中仍属一种存在于学术研究领域和政治人物政策话语之中的语汇,而不具有法律上的规范约束力。

从沈君山和台湾当局开始在两岸关系场域内使用"治权"概念的历史背景来看,当时台湾当局的对外环境随着20世纪70年代至80年代间美、日等主要西方国家与之"断交"而陷入极被动的境地,随之而来的是台湾当局统治台湾地区"外在合法性"的撕裂。与此同时,两岸双方的综合力量对比发生逆转,台湾对大陆原有的经济优势也随之逐渐丧失。在这种"内外交困"的情况下,台湾当局选择使用"治权"这一概念来描述两岸政治关系,无疑是想通过这一概念缓解其所面对的困境,以"治权"的"主权化"来弥合其自身"主权"正当性的缺失。从这个意义上讲,台湾当局以"治权"概念描述两岸政治关系,或者说以"治权"概念来说明其自身对台湾地区实际控制的正当性,无疑是将这一概念视为一种"生存策略"而已。正是在这种"生存策略"需求的驱使之下,台湾当局将存在于孙中山"政权-治权"概念体系之中的"治权",纳入现代国际法的"主权"概念体系当中,从而形成"主权-治权"这一新型概念体系。从这个意义上说,进入两岸关系话语体系之中的"治权",实乃一个被认为创造出的概念,这也就解释了这一概念本身具有模糊性和非规

---

① 台湾地区"司法院大法官""释字第712号解释"苏永钦"大法官"之"协同意见书"。

范性等特点的原因。

二、两岸对"治权"及相关概念的应用之比较

在越来越多的学者开始在两岸关系论域使用"治权"概念时[1]，却往往没有考虑到这一概念内涵的模糊性和两岸双方在使用这一概念时的差异。我们必须承认的是，恰恰是这种差异，切实构成了两岸使用这一概念时难以形成共识的重要原因。基于这一认识，下文即拟对两岸对"治权"及相关概念的应用加以比较，以期为我们在两岸关系研究中，尤其是"中华民国宪法"定位问题研究中更加精准地理解"治权"概念奠定基础。

（一）大陆方面对"治权"及相关概念的基本立场

大陆方面在两岸关系场域内，从未主动使用过"治权"这一概念，并在实践中刻意回避了对台湾方面有关"治权"的表述做出表态。如国台办发言人范丽青在回答记者提出的，如何评价台湾方面提出的张志军与王郁琦首次会面并互称官衔是两岸"治权互不否认"的具体实践的问题时指出："张志军主任……同台湾方面大陆事务主管部门负责人见面寒暄，就发展两岸关系的一些问题交换看法，这是为了增进双方了解，更及时有效处理两岸事务，更有利于推动两岸关系全面发展。对此不必作其他方面解读。"[2] 大陆方面对台湾方面"治权"诉求的顾虑主要体现在以下两个方面：1. 承认台湾当局"治权"是否会导致承认两岸分裂分治，并使这种分裂分治的情况在法理上固定下来；2. 承认台湾当局"治权"是否会在国际上造成一个中国原则的虚化，[3] 并最终导致以实际的"两府"

---

[1] 李义虎：《作为进程的两岸政治对话》，载《首届两岸和平论坛学术论文集》2013 年 10 月。
[2] 《国台办新闻发布会辑录（2013-10-16）》，资料来源：http://www.gwytb.gov.cn/xwfbh/201310/t20131016_5042316.htm，最后访问日期：2017 年 5 月 20 日。
[3] 李秘：《以"互为主体"的默契巩固"两岸一中"的共同认知》，载《北京联合大学学报（人文社会科学版）》2013 年第 4 期。

搁置名义上的"一国"。但是，大陆方面的这种回避态度并不意味着在其话语体系之中并不存在使用"治权"或其他类似概念的空间。

尽管大陆方面并未在两岸关系领域内正式使用过"治权"这一概念，但在处理"一国两制"框架下的香港问题时，中央政府使用了"高度自治权""全面管治权"等概念来诠释中央与特别行政区之间的权力关系。尽管台湾问题和香港问题存在本质不同，但是在我们分析大陆方面对待"治权"概念态度时，这种与"治权"概念内涵存在相似性和交叉性的"全面管治权"与"高度自治权"的权力区分，却值得我们进一步关注和分析。2014年6月10日，国务院新闻办公室发布了《"一国两制"在香港特别行政区的实践》白皮书，在香港特别行政区内部就"一国两制"基本方针与特别行政区政制体制改革等问题产生较大疑虑与争议的背景下，全面阐释了中央与特别行政区的法理关系，澄清了香港社会对"一国两制"方针的一些错误理解。《白皮书》在阐释"一国两制"的含义时，首次提出"中央政府对包括香港特别行政区在内的所有地方行政区域拥有全面管治权"，并指出"香港特别行政区的高度自治权不是固有的，其唯一来源是中央授权"[1]。由此明确了中央对香港的全面管治权与香港特别行政区高度自治权之间的关系。联系大陆方面在阐释"一国两制"在台湾地区具体实现形式的政策主张[2]，在未来两岸政治关系定位和两岸实现和平统一的过程中，是否会运用"管治权"与"自治权"这对概念，取代当前"治权"概念在两岸政治关系分析框架中所发挥的作用，值得进一步观察。

较之于官方的回避立场，大陆学界不少学者在论述中却常使用"治权"概念，而学者在使用"治权"概念时，往往受到中英香港谈判中曾

---

[1] 中华人民共和国国务院新闻办公室：《"一国两制"在香港特别行政区的实践》，人民出版社2014年版，第31页。

[2] 《习近平总书记会见台湾和平统一团体联合参访团》，资料来源：http://news.xinhuanet.com/politics/2014-09/26/c_1112641354.htm，最后访问日期：2017年5月20日。

出现过的"主权换治权"思路影响,将之等同于"administration(行政管理权)",并下意识地将台湾当局享有的"治权"描述为一种"区域性""行政性""实际管制性"的权力。如周叶中认为,"虽然台湾的主权是中华人民共和国的,但主权与治权却一直相互分离,或者说法律意义上的主权与事实上的治权尚处于割裂状态"①;李义虎在阐释"一国两制"台湾模式时提出,"('一国两制')台湾模式主要着眼于如何更好地维护国家主权、处理主权与治权关系问题"②;魏治勋将中国统一问题的本质视为"在主权统一或曰主权没有分裂的前提下国家治权的统一问题"③;张笑天在分析国际法上"主权与治权分离"现象时,将治权视为"施行治理权利"④。由上述学者的论述可见,在大陆学者的表述框架内,"治权"来源于主权、从属于主权,因而台湾当局享有的"治权",无疑只是一种基于其对台湾地区实际控制事实而产生的一种区域性权力,绝非一种能够体现出"国家"属性的"主权性权力"。

(二)台湾方面对"治权"概念的认知与应用

台湾方面在使用"治权"这一概念时,在形式上使用"主权-治权"表述框架,但实际上往往沿用"五权宪法"之"政权-治权"划分,将"治权"视为一国(中央)政府的统治权力。根据大陆学者伍俐斌和毛启蒙的研究结论,在台湾当局的官方翻译中,"治权"被译为"governing authority"或"authority to govern",⑤ 而在国民党英文版网站的翻译中,"治权"又被译为"jurisdiction"⑥,而在英文中,上述三个英文单词(词

---

① 周叶中:《加强对台立法势在必行》,周叶中、祝捷:《两岸关系的法学思考》,九州出版社2013年版,第79页。
② 李义虎:《作为新命题的"一国两制"台湾模式》,《国际政治研究》2014年第4期。
③ 魏治勋:《中国特色的"融合性统一模式"》,《北京行政学院学报》2014年第3期。
④ 张笑天:《试论主权治权分离的理论基础与现实可能》,载《台海研究》2015年第4期。
⑤ 伍俐斌:《试析两岸关系中的"治权"概念》,《台湾研究》2014年第3期。
⑥ 毛启蒙:《两岸关系研究语境中的"治权"释义——再论"主权"与"治权"话语下的两岸关系》,《台湾研究集刊》2015年第3期。

组）均体现出强调官方的"管辖权""政府的权力"等意涵。由此可见，台湾方面对"治权"的这一认知，与宪法学中的"国家权力"概念相类似，它既可以指代地方性权力，也可以指代中央性权力，其内涵与"主权"存在一定程度的交叉。① 从其适用"治权"概念的场合来看，台湾方面欲借助这一概念表述的内涵体现在两个方面：

一方面，台湾当局所享有的"治权"是一种包含内政、外交权力在内的"中央性权力"，这一权力的存在将为台湾当局在台湾地区的实际统治及其在参与国际空间过程中的相关活动提供正当性依据。另一方面，台湾当局所享有的"治权"是一种在台湾地区内部具有最高性和外部具有独立性的权力，它一方面昭示出台湾当局对台湾地区内部的最高统治权的法理基础，另一方面亦体现出台湾相对于大陆的独立性（无论这种"独立性"是相对的，还是绝对的）。由此可见，在台湾方面的话语体系中，"治权"是一种具有"官方性""正式性""组织性""普遍性"和"权威性"的"权力"形态，其"治权"是具有"合法性"基础、"正当性"前提、"完整性"形态、"普遍性"效力和"政治架构"内涵的。②

（三）两岸对"治权"概念认知差异之比较

对两岸对"治权"概念认知差异的比较，可以从主权与治权的关系、治权的性质、治权概念所包含的具体权力三个方面入手。

第一，两岸对治权性质的认知不同。大陆方面认为，治权是一种地方性、行政管理性权力，这种认知与中英香港谈判中使用的"治权"（power of administration）一词的内涵具有较高的相关性；台湾方面认为，治权是一种中央性、全面性权力，这种认知与孙中山宪政思想中的"治权"

---

① 王英津：《论两岸关系研究中的"主权–治权"分析框架及其替代方案》，《广西师范大学学报（哲学社会科学版）》2014 年第 5 期。
② 毛启蒙：《两岸关系研究语境中的"治权"释义——再论"主权"与"治权"话语下的两岸关系》，《台湾研究集刊》2015 年第 3 期。

一词的内涵具有较高的相关性。

第二，两岸对治权与主权关系的认知不同。大陆方面认为，治权是主权的派生性权力，它源于主权，受制于主权，服务于主权，作为地方性权力的治权不能超越于主权之上；台湾方面尽管在理论形态上也认同治权对主权的从属性，但其实际表述和实践应用过程中体现出的"治权"，却是一种包含着诸多传统主权理论体系之中唯有主权才能含有的权力事项，因而其所认知的"治权"与主权之间呈现出一种交叉关系。

第三，两岸对"治权"概念所包含的具体权力项目的认知不同。大陆方面认为，治权是一种地方性权力，它从属于国家主权，因而其必然不能包含诸如外交权、国防权等属于国家主权范畴的权力项目，而是一种以区域内部治理的权力项目为核心的权力组合；台湾方面认为，治权是一种中央性权力，它应包含独立的外交权、国防权等在内的所有与主权相关的权力事项。

由此可见，大陆和台湾对于"治权"这一概念内涵的理解和运用存在重大差别，这种差别在某种程度上超越了一个中国框架的基本要求。从本质上看，两岸对"治权"概念的不同态度，所体现的是如何对"台湾当局实然控制台湾地区"的事实在法理层面做出应然定性的问题，亦即是说，"治权"问题的本质在于大陆方面是否承认台湾当局对台湾地区实际控制事实的合法性的问题。依照大陆方面当前的态度，台湾当局仅是一个事实上控制台湾地区的政权，其对台湾地区的实际控制并不具有合法性，而一旦大陆方面承认台湾当局的"治权"则意味着对其控制台湾地区合法性的承认，继而意味着对其公权力机关和法律体系合法性的认可。反观台湾方面的立场，其所欲得到的，乃是一种完整意义上的统治合法性，而这种"合法性"却因其所坚持的"中华民国""国家形态"而从"治权合法性"走向"主权合法性"，从而引发大陆方面对其超越一个中国框架的担忧。

三、"治权"概念不适用于解决"中华民国宪法"法理定位问题

通过对"治权"概念史的考察和对两岸对"治权"概念使用的对比来看，尽管这一概念存在极大的模糊性和复杂性，但两岸仍由不少人试图通过使用这一概念，为解决两岸政治关系定位问题提供理论模型。在"中华民国宪法"法理定位研究之中，"治权"概念能否为我们在一个中国框架的主权涵义范围之内解决这一问题提供理论资源，成为值得我们认真分析的问题。从台湾方面运用"治权"概念的实践来看，其"治权"诉求与"中华民国宪法"法理定位问题之间存在一定的内在关联，正是这种关联，使我们探讨这一概念应用于解决"中华民国宪法"定位问题的可行性成为必要。

（一）台湾当局"治权"诉求与"中华民国宪法"法理定位问题之关联

考察台湾当局对"治权"概念的使用及其对"中华民国宪法"定位问题的认知可知，二者之间存在着一定的关联性。这种关联性主要体现在以下三个层面。

第一，对台湾当局实际控制台湾地区"合法性"的认可，构成"治权"和"中华民国宪法"的共同价值指向。台湾当局对"治权"的诉求，其实质即寻求大陆方面对其政权合法性的承认。这种诉求映射在宪法场域之中，即演化为台湾当局对大陆方面提出的"正视'中华民国宪法'"的诉求。因此，从台湾方面对"治权"和"中华民国宪法"诉求指向的角度可以看出，二者的均构成台湾当局有关合法性论述的组成要素，可谓殊途同归。

第二，"治权"概念下构成当前"中华民国宪法"正当性的重要理论支撑。"中华民国宪法"及其"增修条文"均将"中华民国"的主权范

围界定为"中华民国"之"固有疆域",即包含大陆和台湾在内的全中国,而依照"中华民国宪法"而组织成立的台湾当局的实际统治范围却仅及台澎金马地区,这种"主权宣示"与"实际控制"区域范围的差异是台湾当局长期面对的一个重大现实问题。这一问题若不能得到合适的理论解释,则可能严重影响"中华民国""中华民国宪法"的正当性基础。将"治权"概念引入两岸关系论域,形成"主权-治权"的分析框架,正是解决这一问题的有效理论路径,"治权"概念构成了支持"中华民国宪法"正当性的重要理论基础。

第三,"中华民国宪法"构成台湾当局享有对台湾地区"治权"法理标志。依照台湾方面对"一个中国"含义的认知,"中华民国""主权及于整个中国,但目前之治权,则仅及于台澎金马"[①],而"宪法增修条文"亦在法理层面,以"大陆地区"和"自由地区"的区分,认可了这一政治立场。从这个层面而言,"中华民国宪法"作为台湾岛内自我认知下的"根本法",如其对"中华民国"对包括大陆和台湾在内的全中国享有"主权"的法理意义一样,成为台湾当局"依宪"享有对台湾地区"治权"的法理标志。

(二)"治权"概念应用于解决"中华民国宪法"定位问题的可行性探讨

从"治权"概念与"中华民国宪法"定位问题的关联性来看,似乎"主权-治权"框架和"治权"概念本身,都能够为我们解决"中华民国宪法"法理定位问题提供一种极其有效的理论资源。依照这一分析思路,在两岸"主权统一,治权分立"的前提下,"中华民国宪法"在法理上似乎亦可超越传统的伪宪法定位,在不影响两岸主权统一的前提下,被视为是台湾当局享有治权的一种表现形式。那么,将"治权"概念应用与解

---

① 台湾地区"国统会":"关于'一个中国'的涵义"说帖(1992年)。

第二章　台湾地区宪制性规定法理定位的主权面向

决"中华民国宪法"法理定位问题是否具有可行性呢？从论述逻辑上看，采取这种做法之前，首先应对两个问题做出回应。

第一，承认台湾当局享有对台湾地区之"治权"是否违背我国现行宪法对两岸关系的界定，从而虚化一个中国框架？如上所述，因使用历史的差异，两岸在使用"治权"一词时的指向存在差别，在台湾当局的话语体系之中，"治权"是一项包含众多"中央性"权力的权力集合，其"主权化"倾向极为明显。正如大陆学者李秘所言，"台湾当局将主权与治权二者区隔开来，随之带来的问题就是二者之间的内在联系被割断……只要'两个政治实体'是实的，'一个中国'就是虚的"[1]。考察1982年宪法对两岸政治关系的界定，台湾被界定为中华人民共和国的一个组成部分，台湾当局则是一个地方当局，其未来可能被设立为一个特别行政区，而从《反分裂国家法》之规定看来，尽管大陆方面并未给予台湾当局以明确定位，亦即"没有直接将大陆和台湾的政治关系定位为中央与地方关系"[2]，但这部法律亦未赋予台湾当局以与大陆方面等同的"中央性"。因此，台湾当局对其所理解的"治权"所内含的"中央性"，与1982年宪法对两岸关系的界定存在一定冲突，而"治权主权化"的倾向亦会影响一个中国框架主权意涵的效力。

第二，承认台湾当局享有对台湾地区之"治权"是否会将"两岸分治"的局面固化下来，从而为两岸未来实现和平统一制造障碍？正如上文所述，台湾当局对"治权"的诉求，其实质即寻求大陆方面对其政权合法性的承认，因此一旦大陆方面认可台湾当局之"治权"，将会在实质上造成对两岸尚未统一事实赋予的"分治"界定，从而使台湾方面追求的"两岸分治"合法化。在"两岸互不否认治权"的逻辑之下，是否实

---

[1] 李秘：《以"互为主体"的默契巩固"两岸一中"的共同认知》，载《北京联合大学学报（人文社会科学版）》2013年第4期。

[2] 祝捷：《两岸关系定位与国际空间：台湾地区参与国际活动问题研究》，九州出版社2015年版，第63页。

现和平统一，不再是基于 1982 年宪法、《反分裂国家法》等对包括台湾人民在内的全中国人民设置的一项法律义务，而成为一个与大陆具有对等权力性质的政治实体——台湾，可以选择的选项。力主"两岸治权互不否认"的马英九提出，"在'中华民国宪法'架构下，由台湾 2300 万人民共同决定台湾未来"[①]。

可以说，从本书对"治权"概念意涵的演变发展情况，尤其是台湾方面使用"治权"概念过程中对这一概念的认知情况来看，上述两个问题均难以得到有效解决。如上所述，在"治权"概念形成和演变的过程中，其在两岸关系之中的含义早已脱离了既有含义，而大陆和台湾对于这一概念的理解又存在着极大的差异，这种差异在某种程度上甚至超越了"治权"与"主权"概念的差异。因此，尽管"治权"概念，尤其是马英九所提出的"主权互不承认、治权互不否认"主张，似乎能够为我们探讨"中华民国"问题、"中华民国宪法"问题提供一种合乎一个中国框架的解决方案，但是这种方案显然是存在极大的模糊性、危险性的。考察台湾方面对"治权"概念的认知，一旦大陆方面在尚未厘清这一概念的情况下，贸然接受台湾方面的适用方式，并以这一概念为基础，认可"中华民国宪法"的正当性，那么，基于"主权化"的"治权"，"中华民国宪法"将具备与《中华人民共和国宪法》等同的法理地位。因此，在这种背景下，"治权"概念并不具有应用于解决"中华民国宪法"法理定位问题的实际价值，基于这一概念形成的相关策略方案的可行性较低。

---

① 《马英九回应国台办：台湾前途由 2300 万人决定》，资料来源：http：//war.163.com/14/0612/09/9UHE3HGK00014OVF.html，最后访问日期：2017 年 5 月 20 日。

第三章　台湾地区宪制性规定法理定位的历史面向

"中华民国宪法"法理定位问题，产生于中国近现代历史发展过程中，中国人民在宏大的革命叙事中政治决断发生中断的一种体现。从宪制史意义来看，制定于1946年的"中华民国宪法"，首先是一种发生于中国近现代制宪史上的历史事实，这一点已为大陆官方和学界所普遍承认。然而，依照革命叙事的基本逻辑，在经过看似胜败已定的内战之后，"中华民国""中华民国宪法"都将随着战争的结束和革命的胜利，成为历史陈迹。随着《中共中央关于废除国民党六法全书与确定解放区的司法原则的指示》的发布，"中华民国宪法"在大陆革命历史之中已经被明确界定为一部伪宪法。[①] 然而，历史的因缘际会却使得"中华民国宪法"得以在台湾地区长期存在，从而使这部已被中国人民主观废止，却在客观上依然存在的"宪法"之定位问题，成为当前两岸关系研究中不得不面对的问题。可以说，这段关于"中华民国宪法"的历史事实，既构成我们研究这一问题的缘由，又构成我们研究这一问题的重要依据。同时，基于革命史观[②]的影响，在我们处理"中华民国宪法"法理定位问题时，又不得

[①] 李龙、刘连泰：《废除"六法全书"的回顾与反思》，载《河南政法干部管理学院学报》2003年第5期。

[②] 范忠信：《反思与超越——中国法制史学"革命史观"之初省》，载《中国法律评论》2014年第3期。

不认真对待《废除六法全书指示》给予这部"宪法"定位的重要立场，从而谨慎处理好和应对好这部"宪法"中存在的历史遗留问题。因此，历史视角构成了我们研究"中华民国宪法"法理定位问题的重要窗口，从历史视角，尤其是宪制史视角考察"中华民国宪法"法理定位问题，并在相应的理论基础之上给予"中华民国宪法"以明确的历史定位，对于我们从多个面向分析这一问题有着重要意义。

第一节 作为历史事实的《中华民国宪法》[①] 之制定与废除（1945—1949）

1911年爆发的辛亥革命推翻了清王朝的统治，结束了中国两千余年的帝制时代，创建了中华民国，从而开启了中国国家近代化的新阶段。1912年3月，南京参议院通过《中华民国临时约法》，这部约法是对辛亥革命历史事实的确认，它以根本法方式宣告了中国专制制度的灭亡，确认了民主共和国家制度的诞生，同时也确立了"中华民国法统"。[②] 此后短短三十余年间，中国历经北洋政府和南京国民政府统治，陆续制定了《中华民国宪法草案》（"天坛宪草"）、《中华民国约法》《中华民国训政时期约法》《中华民国宪法草案》（"五五宪草"）等多部宪法。在这些宪法中，我们几乎遍尝迄今为止世界各国所出现过的所有宪政设计模式，但却依然因为受到各种因素的制约而屡遭失败。[③] 直至抗战胜利后，中国人

---

① 需要说明的是，在1949年9月《共同纲领》颁布前，尽管1946年《中华民国宪法》被各界广泛认为是一部伪宪法，但不可否认的是，"中华民国"仍为当时中国的国号，中华民国政府是1912年至1949年对外代表中国的中央政权。故对1949年前中华民国合法性的认可，构成1949年后中华人民共和国实现国际法上政府继承的有效依据，因此本书在探讨1949年前的《中华民国宪法》及其相关的制宪等概念时，不对其作引号处理，但这种表述并不代表本书作者否定当时这部宪法的因背离宪政民主精神而体现出的伪宪法属性。

② 张晋藩：《辛亥革命百年话法统》，载《法学杂志》2011年第11期。

③ 周叶中、江国华主编：《从工具选择到价值认同——民国立宪评论》，武汉大学出版社2010年版，第51页。

民才得以迎来"宪法时刻",人们期盼中国能够通过制宪建国的方式,走出近百年来的颓败,迎来新的明天。在这种背景下,作为当时中国最主要政治力量代表的国共两党和以民盟等为代表的第三方面,通过协商方式,开始筹划制定一部新宪法,从而结束国内各党派之间的对立,开启和平民主建国之门。

一、1945年政协会议:《中华民国宪法》的制宪缘起

1945年抗战胜利后,国内的主要矛盾从民族矛盾重新转回阶级矛盾,战后的中国向何处去,成为中国人民最为关注的重大问题。为处理这一问题,国民党当局邀请中共、民盟等党派,召开政治协商会议,共同商讨和平民主建国事宜。此次政协会议,亦被广泛认为是1946年《中华民国宪法》的制宪会议。

(一)重庆谈判:政协会议的前奏曲

抗战胜利后,国民党当局的总体实力因接受日本投降和美国援助等因素得到空前扩张,蒋介石开始考虑解决共产党武装问题。1945年8月14日,中苏两国正式签署《中苏友好同盟条约》,蒋介石当局以允许外蒙独立,承认苏联在旅顺港、中长路等地域的特殊利益为代价,换取苏联对蒋介石国民政府的支持,使中共被排斥在国民政府之外,并且不能利用合法形式发展自己。[①] 在得知苏联对国民党政府的支持态度后,蒋介石认为,此时的国际国内局势十分有利于自己对中共发动"和平攻势",故在中苏两国签约当日,蒋即致电延安,邀请毛泽东赴重庆共同商讨"国际国内各种重要问题"[②]。此后,蒋又分别于8月20日、8月23日两次致电毛泽东,邀请其赴重庆谈判。最终,为适应当时的国内形势发展,使全国人民

[①] 颜圣举:《试论〈中苏友好同盟条约〉签订的过程及其影响》,载《西伯利亚研究》2007年第2期。

[②] 《中央日报》1945年8月16日电。

在抗战胜利后能够尽快实现和平建国愿望，中共中央于8月23日召开政治局扩大会议，决定由毛泽东、周恩来、王若飞组成代表团，赴重庆参加谈判。

8月28日，毛泽东等人乘机抵达重庆，次日双方正式展开谈判，经过历时43天的谈判，至10月10日，双方签订《双十协定》。在此期间，国共两党就和平建国基本方针、政治民主化、国民大会代表、党派合法、政治犯、军队整编和解放区地位等问题展开谈判。《双十协定》以国共两党的联合名义发布，是当时中国最有实力的两大主要政党的联合意志，是对"民主立宪、和平建国"这一根本"民意"的政治确认与表达。[1] 从这个意义上讲，重庆谈判为日后政协会议的召开和《中华民国宪法》的制定奠定了基础，构成了作为当时中国"制宪会议"的政协会议的前奏曲。

（二）政协会议的召开及其对《中华民国宪法》的制宪影响

1946年1月10日，国民政府依照《双十协定》要求，召开由国民党（代表8人）、共产党（代表7人）、民主同盟（代表9人）、青年党（代表5人）和社会贤达（代表9人）组成的政治协商会议。此次政协会议的五方代表，主要代表当时中国政坛上存在的三股力量，即意欲继续维护一党训政格局的国民党、力求打破国民党一党训政格局并谋求自身发展的共产党和希望在中国建立一种统一、和平、民主的资产阶级宪政体制的第三方面。[2] 各党派在政协会议上承诺，将在制宪国大上保证相关决议能够在制宪过程中得以贯彻落实。根据各方达成的协议，政协会议中所有决议都要上述五个方面，以一方一票的形式，一致同意方可通过。这种颇具"共识民主"意味的表决方式，能够最大程度地实现各方意见统一，使最终通过的决议能够具有最强的可接受性。

经过20余日的协商，政协会议于1月31日通过《政府组织案》《国

---

[1] 高全喜、田飞龙：《协商与代表——政协的宪法角色及其变迁》，载《华东政法大学学报》2013年第5期。

[2] 刘山鹰：《中国的宪政选择——1945年前后》，北京大学出版社2005年版，第107页。

民大会案》《和平建国纲领案》《军事问题案》和《宪法草案案》等五项决议案，并宣布闭幕。《政府组织案》规定由改组后的国府委员会作为最高国务机关，它不再对国民党中央负责，中共和民盟将拥有国府委员会三分之一的席位，并因此享有对重大问题的否决权。《国民大会案》规定1935年选举的国大代表全数保留，另增补东北、台湾等光复地区的区域和职业代表，并增选700名党派和社会贤达代表。《和平建国纲领》规定宪政实施前国家施政的准绳，包括总则、人民权利、政治、军事以及国家的外交、经济、财政等方面的内容。《军事问题案》规定，军队将实现国家化，军队与党派、与地方政府将实现分离。《宪法草案案》规定，中华民国的政权组织形式将从"五五宪草"所设计的基于国民大会的总统制，改为责任内阁制，国家结构形式将从中央集权制转变为以省为单位的地方自治制。上述五项政协决议案，在很大程度上表征着当时中国各主要政治力量之间，经过博弈与妥协，形成的宪政共识，体现出社会各界对国家政治秩序的最大共识。

就1946年政协会议的法理属性而言，尽管从严格意义上讲，此次会议并非"代行国民职责的特别代表会议"[①]，因而不能被视为绝对意义上的制宪会议，但从更为广泛的意义上看，尤其是从政协会议的代表构成、决议效力，以及决议本身与1946年"宪法"的关系来看，此次会议仍可被认为是1946年《中华民国宪法》的制宪会议。在当时的政治环境下，制宪形势一度大好，各党派都做出了制宪建国即将完成的政治预期，如果这种形势能够一直持续下去，我们很难说后来制定的《中华民国宪法》不能承担奠定中国宪政秩序基础的大任。然而，历史却并未如我们所期望的那般发展，政协会议体现出的这种"高度均衡化的政治代表性"[②]，却

---

① [法]西耶斯：《论特权 第三等级是什么》，冯棠译，商务印书馆1990年版，第63页。
② 高全喜、田飞龙：《协商与代表：政协的宪法角色及其变迁》，载《华东政法大学学报》2013年第5期。

最终为作为当时中国执政党的国民党所打破。

二、1946年"制宪国大"的召开与《中华民国宪法》的制定

尽管身为国民党总裁的蒋介石在政协会议闭幕之际，同意国民党代表在政协会议决议上签字，并承认这一决议的效力，但他的这一决定却引起国民党内部部分派系的强烈反弹。这种来自国民党内部的强大压力，最终使《政协会议决议》流产，多党派联合制宪的愿景再次落空。在这种背景下，1946年《中华民国宪法》的制定，不再具有如《政协决议》一般的广泛代表性，未能完全包容当时中国主要政治力量的政治诉求，从而成为一种多方激烈对抗下，仅为一方单方面认可的产物。

众所周知，在1949年以前，国民党内部派系众多，既有立基于军队、地盘的地方实力派，也有没有军队、地盘的政治性派系。[1] 后者之中，尤以掌握国民党组织大权的CC系对政协会议的决议反应最为激烈。根据大陆学者刘山鹰的研究，由于CC系控制着国民党组织系统，在国民党一党训政的体制之下，其所掌握的权力很大，但若依照政协决议，将政府改组为各党派联合政府，并通过制定宪法，实施宪政，那么CC系在整个国家政治生活中的地位将会随着政治民主化进程而一落千丈。[2] 因此，CC系在1946年3月召开的国民党六届二中全会上，对主张遵守政协决议，实行宪政的孙科、王世杰、宋子文等党内温和派展开攻击，要求坚持"五五宪草"，推翻政协决议。最终，蒋介石迫于党内压力，不得不提出在维持政协决议的基础上，对政协通过的《宪法草案案》进行修改。此后，中共和民盟等第三方面政党与国民党又陆续就宪法草案修改、政府改组以及东北问题等展开谈判，但国民党六届二中全会反映出的其党内派系的强

---

[1] 王奇生：《党员、党权与党争——1924—1949年中国国民党的组织形态》，华文出版社2010年版，第259页。
[2] 刘山鹰：《中国的宪政选择——1945年前后》，北京大学出版社2005年版，第137页。

硬声音，严重妨碍了国共两党在极为复杂的条件下初步形成的政治互信，最终使双方就制宪问题形成妥协的空间消失。

1946年6月，国民党军队大举围攻中原解放区，内战序幕由此揭开，此前各党派共同努力形成的民主成果付之东流，政协会议实质上已经解体。在内战阴云密布的背景下，由民主同盟（不含民社党）、民社党、青年党等党派构成的第三方面的政治愿望落空，其内部也因国共关系的破裂，致使内部意见不和而走向分裂。最终，倾向国民党的青年党和社会贤达代表几乎悉数表示参加"国大"，民盟内部的民社党在与蒋介石达成协议后宣布参加"国大"，而民盟（除民社党）则拒绝参加。至此，国民党当局已召集到超过"国大"总席位四分之三的代表，符合政协会议决议（《国民大会案》）对"制宪国大"召开的人数要求。

表3-1 "制宪国大"代表出席情况简表　　　　（单位：人）

代表类别		法定人数[①]	实到人数
区域代表		770	735
职业代表		437	406
特种选举代表[②]		143	142
党派及社会贤达代表	国民党	220	216
	共产党	190	0
	民主同盟（不含民社党）	80	0
	民社党	40	39
	青年党	100	99
	社会贤达	40	39
总计		2050	1701

① 此处的"法定人数"系政协决议案中的《国民大会案》所确定之人数。
② 此处的"特种选举代表"即政协决议所指的"台湾、东北等新增各区域以及其职业代表"。需要说明的是，台湾省共选出18名代表参加了制宪国大，其中制宪国民大会区域暨职妇团体代表12名，职业团体代表6名。刘振铠：《中国宪政史话》，载沈云龙：《近代中国史料丛刊续编》（第八十一辑），台湾文海出版有限公司1973年版，第166页。

1946年11月20日，随着民社党最终提交代表名单，到会人数超过法定人数，国民党当局正式宣布召开"制宪国大"。"制宪国大"于12月25日三读通过《中华民国宪法》，于1947年1月1日公布，1947年12月25日正式实施。尽管国民党当局通过各种手段，分化瓦解第三方面，使"制宪国大"出席代表人数达到法定人数，在形式上赋予了《中华民国宪法》以合法性，但这种合法性却仅止步于形式层面。与政协会议决议的各方一致通过不同，此次"制宪国大"缺少当时国内两股重要政治力量——中共和民盟的参与，从而使"制宪国大"在包容性、可接受性和权力制约方面存在着"先天不足"，因而其所通过的《中华民国宪法》的实质合法性亦是不充分的。具体说来：

一方面，在当时的政治环境下，1946年宪法是缺乏足够的包容性和可接受性的。众所周知，中庸与宽容，乃是宪法必备之客观精神之一，只有充分体现这种精神的宪法，才是真正能够实现其价值与功能的良宪。[①]纵观各主要国家制宪经历，任何一部合乎宪政精神的宪法，都应是其国内各方政治势力博弈与妥协的结果，都代表着各方所能共同接受的政治"最大公约数"。因此，尽管经具有形式合法性的"制宪国大"通过的《中华民国宪法》可以被认为是合乎制宪程序的，但在当时的历史条件下，这部"宪法"的制定过程却是国内各方政治势力妥协失败的产物，它不仅未能如人们所期望的那样，实现对国内政治力量的整合与包容，反而昭示着国共两党（包括第三方面内部）矛盾的激化。

另一方面，在当时的国内政治格局下，1946年宪法的通过，并未改变国民党一党独大、一党专政的政治事实。权力制约是宪政的基本精神之一，缺乏权力制约的政治体制只能导致专制的形成。从当时的国内政治格局来看，中共是唯一为国民党所顾忌的拥有自己武装的政治力量，而中共

[①] 江国华：《宪法哲学导论》，商务印书馆2007年版，第350页。

与民盟等第三方面的联合才是打破国民党一党专政政治事实的唯一现实路径。然而，1946年宪法的制定却恰恰是中共和民盟这两股政治力量缺位之后，国民党一党主导的产物。此后的"行宪"事实也证明，缺乏中共的有力制衡，第三方面根本无法制约国民党继续其一党独裁，所谓"宪政"只不过是水中花、镜中月。正如大陆学者刘山鹰所言，1946年召开的制宪国大是一次"合法，然而分裂的国民大会"[①]，而此次国大制定的《中华民国宪法》"在1949年国民党逃离大陆前，充其量只是一个民主的气泡，它跟人们所期待的宪政没有任何必然的联系"[②]。

三、国共内战的爆发与《中华民国宪法》在大陆的废止

在未能凝聚国内各界共识，尤其是未能吸收中共和民盟等力主打破国民党专制统治的力量加入制宪的背景下，国民党单方完成"制宪""行宪"，妄图以"制宪"方式获取执政合法性的行为，无异于掩耳盗铃，自欺欺人。一部缺乏足够民意基础和政治共识的宪法，终究难以承受整合国内政治力量，推进国家宪政民主发展的重任。[③] 因此，这部在缺乏足够政治共识的基础上制定的《中华民国宪法》，在颁布后不久即在实质上为各方抛弃。

第一，作为制定《中华民国宪法》主导力量的国民党，在这部"宪法"通过后不久，即选择通过强化总统的紧急状态权，使这部宪法从"常态宪法"转变为"战时宪法"，从而使其在实质上遭到破弃。从国民党内部的派系斗争形势来看，国民党内部对于制定宪法，实行"宪政"的态度极为暧昧，其更多的需求在于通过制定"宪法"，确认国民党在中国统治的合法性，维护其"法统"。因此，在《中华民国宪法》生效后不

---

① 刘山鹰：《中国的宪政选择——1945年前后》，北京大学出版社2005年版，第173页。
② 刘山鹰：《中国的宪政选择——1945年前后》，北京大学出版社2005年版，第189页。
③ 周叶中、江国华主编：《从工具选择到价值认同——民国立宪评论》，武汉大学出版社2010年版，第435页。

久，国共内战局面发生根本性扭转，人民解放军于1947年6月转入战略反攻，在国民党军队的接连败退之中，蒋介石当局即开始将这部宪法束之高阁。1948年4月，在"行宪国大"第一次会议上，张群、王世杰等721名"国大代表"联名提出制定"动员戡乱时期临时条款"一案，以使"行宪"能够符合"戡乱"之需。本案提案人之一的王世杰在提案说明中表示，在开始"宪政"与"动员戡乱"这两个政府主要任务之间，应当寻找一个适当的办法，避免使两个任务相互影响，或造成"政府守宪守法，但不能应付时机，敉平叛乱"的结果，或产生"政府应付戡乱需要，蔑视宪法或曲解宪法条文，使我们数十年流血革命付出了很大牺牲而制定的宪法，变为具文"[①]的结果，因而提出制定"动员戡乱时期临时条款"，作为《中华民国宪法》的附属条款，从而平衡"行宪"与"戡乱"两个目标。《动员戡乱时期临时条款》的主要内容包括：1. 在"动员戡乱时期"赋予"总统"超越"宪法"文本所规定的戒严权与紧急命令权的紧急处分权；2."立法院"变更或废止"紧急处分"的权力及其行使程序；3."动员戡乱时期"的终止，由"总统"宣告或"立法院"咨请"总统"宣告终止。[②] 由此，依照《中华民国宪法》规定而产生的"立法院"对"总统"权力的约束不复存在，"总统"得以重享训政时期集党、政、军权于一身的独裁权力。如此一个违反宪政基本精神的"临时条款"，在事实上形成了停止适用《中华民国宪法》的效果。恰如台湾学者陈慈阳所言，《中华民国宪法》实施后，即因"动员戡乱时期临时条款"的颁布，而"名存实亡"，"无论是动员戡乱时期临时条款或戒严均是独裁者钳制人民之藉口"。[③]

第二，作为反对国民党一党专制主导力量的中国共产党，在国民党召

[①] 李鸿禧：《宪法与人权》，元照出版公司1999年版，第42页。
[②] 聂鑫：《国民大会的理论与实践》，载《比较法研究》2008年第5期。
[③] 陈慈阳：《宪法学》，元照出版公司2005年版，第35页。

第三章　台湾地区宪制性规定法理定位的历史面向

开"制宪国大"之初,即明确表示对《中华民国宪法》的否定态度,并以一贯之地坚持这一正确立场。1946年12月21日,"制宪国大"尚在进行之中,中共中央即发表"中国人民不承认伪宪"之声明,谴责"非法国大",称蒋介石当局"一面大打内战,和把宪法'国大'开到底;一面又通过什么'民主宪法',这只是更加自绝于人民",并指出"蒋介石反动集团的独裁不取消,不论宪法字面上怎样,人民总之休想得到民主,这已是中国人民的常识"[①]。1949年元旦,蒋介石在其行将失败之际,发表"求和声明",宣布下野,在这一"声明"之中,其亦不忘这部"宪法"的重要性,提出"只要神圣的宪法不由我而违反……中华民国的法统不致中断……"则其"个人更无复他求"[②],从而将维持"中华民国法统"作为国共和谈的一项条件。面对这一条件,中共方面坚持立场,在北平和平谈判时明确提出包括"废除伪宪法"在内的八项条件,坚决驳斥了蒋的这一非法条件。1949年2月,在中国革命即将胜利之时,中共中央制定了《关于废除国民党的六法全书与确定解放区的司法原则的指示》,明确提出,"国民党全部法律只能是保护地主与买办官僚资产阶级反动统治的工具,是镇压与束缚广大人民群众的武器",因而"六法全书绝不能是蒋管区与解放区均能适用的法律"[③],从而明确宣告废除包括《中华民国宪法》在内的"六法全书"。此后,在1949年9月召开的中国人民政治协商会议上通过的《中国人民政治协商会议共同纲领》,更是在第十七条,明确肯定了《废除六法全书指示》的基本精神,明确规定"废除国民党反动政府一切压迫人民的法律、法令和司法制度",从而在法理上彻底宣告《中华民国宪法》在大陆地区的废止。至此,《中华民国宪法》这部与中国人民所期待的民主宪政毫无关联的宪法,最终从中国大陆彻底

[①]《中共中央发言人谈称蒋记国大所制违宪 中国人民绝不承认》,新华社1946年12月21日电。
[②]《申报》,1949年1月1日。
[③]《中共中央关于废除国民党的六法全书与确定解放区的司法原则的指示》。

消失。

  第三，作为周旋于国共两党之间"第三方面"主导力量的民盟、青年党等其他党派，因是否参与"制宪国大"而走向分裂，但作为这一力量主要构成部分的民盟（不含民社党），选择与中共站在一边，坚决拒绝承认《中华民国宪法》的合法性。自国民党六届二中全会决定突破《政协决议》之后，如何通过对能够参与"制宪国大"的政党加以拉拢分化，成为其完成对"制宪国大"合法性构建的主要方法。因为，根据政协会议时的各方共识，制宪国大需国大代表3/4以上出席方为有效，而中共与民盟拥有的国大代表席位为577席，超过总席位2055席的1/4，如果中共和民盟联合一致不出席国民大会，那么这个国大便开不成。[①] 作为国共双方争执的调停人，第三方面在双方产生争议的过程中，奔走于国共之间，但却因为双方互不让步，尤其是国民党当局悍然撕毁政协决议发动内战，而调停失败。为顺利实现其撇开中共，单方面召开"制宪国大"的目的，国民党当局通过利用第三方面立场的差异，企图拉拢或分化民盟。在国民党当局宣布召开"制宪国大"的决定后，民盟主席张澜发表谈话指出，在内战重开的情况下，"国民党的所谓扩大政府基础，也只是请客，不是联合政府"[②]。此后，第三方面再次试图在内战过程中，重新劝国共双方回到谈判桌上，然而国民党方面却倚仗其当时在内战中的优势地位，对这一提议冷眼相待。最终，第三方面放弃了调停内战的努力，张澜、黄炎培、章伯钧、罗隆基等人明确宣布民盟暂不参加"制宪国大"。此后，国民党为实现其"合法"召开"制宪国大"之目的，选择拉拢当时尚属民盟成员的民社党退出民盟，以其所拥有的40个"国大代表"席位参加"制宪国大"，从而使参会人数超过法定人数。在这种背景下，民盟虽仍标榜其自身的"超然性"，但亦对此次"国大"表现出极大地失望态度，

---

  ① 刘山鹰：《中共的宪政选择——1945年前后》，北京大学出版社2005年版，第175页。
  ② 张澜：《在渝与记者就时局发表谈话》，载《张澜文集》，四川教育出版社1991年版，第276页。

第三章 台湾地区宪制性规定法理定位的历史面向

张澜在 1947 年 1 月召开的民盟一届二中全会上即表示，国民党"凭借其'超法律'权力，就撕毁了政协决议，更片面制定了所谓'宪法'，企图以'法治'之名来保'党治'之实"，因此民盟才"站在坚决拥护政协的立场，依然拒绝了参加所谓'国大'"。[①] 此后，国民党当局在完成"制宪"之后，便彻底抛开其认为已经没有利用价值的民盟，污蔑民盟是"受中共之命，而准备甘为中共之新的暴乱工具"[②]，并于 1947 年 10 月宣布民盟为"非法团体"，将其解散。与国民党不同，中共则在同年 11 月发表《蒋介石解散民盟》的时评，痛斥国民党对民主党派的迫害行径，声援民盟。在这种背景下，民盟最终改变了站在国共两党之间的"超然"地位，选择与中共站在一起，共同抵制国民党的独裁统治。1948 年 3 月至 5 月，国民党在南京召开所谓"行宪国大"时，民盟便坚决予以抵制，并于 5 月 3 日发表《关于否认伪国大伪宪法伪总统的紧急声明》，指出"我们对于这个国民党反动独裁派御用的'宪法'就从来没有承认过"[③]，从而明确了其对国民党当局和 1946 年《中华民国宪法》的反对立场。

综上所述，在当时的政治环境下，包括国民党、共产党和第三方面在内的各方力量，均在实质上抛弃了 1946 年"宪法"，使这部"宪法"成为一部不具有实际约束力的"语义宪法"。在国共内战的背景下，《中华民国宪法》作为代表蒋介石专制政权利益的根本法，只能是站在革命对立面的一部"宪法"。因此，无论是从法理上，还是事实上看，1946 年《中华民国宪法》自其制定之初，就是一部代表着专制、独裁的伪宪法，其所维护的也只能是国民党一党专制的伪法统。

---

① 张澜：《在中国民主同盟一届二中全会开幕式上的开幕词》，载《张澜文集》，四川教育出版社 1991 年版，第 294 页。
② 民盟中央文史委员会编：《中国民主同盟简史（1941—1949）》，群言出版社 1991 年版，第 95 页。
③ 《中国民主同盟关于否认伪国大伪宪法伪总统的紧急声明》，资料来源：http://www.demleague.org.cn/mswx/1195/15991.aspx，最后访问日期：2017 年 5 月 20 日。

第二节 1949年后"中华民国宪法"的历史定位研究

1949年9月中国人民政治协商会议的召开和《共同纲领》的制定，意味着1946年"中华民国宪法"在中国大陆彻底失去效力。然而，本应随着解放战争的全面胜利而退出历史舞台的"中华民国"和"中华民国宪法"却因美国干预中国内战，而在台湾地区继续存在。那么，如何解释1949年后"中华民国宪法"在台湾地区的实际存在现象，如何界定《共同纲领》的宪政价值，如何认识《共同纲领》及此后的历部《中华人民共和国宪法》对作为"待解放区"的台湾地区的法律效力，成为我们在给予这部"宪法"合情合理定位的过程中必须解决的重大问题。这些问题归结起来，就是1949年后"中华民国宪法"的历史定位问题，这一问题构成本节的主要论证对象。

一、1949年后"中华民国宪法"历史定位的分析逻辑与分析工具

恰如阿伦特所言，"现代意义上的革命，意味着社会的根本性变化"[1]，中国实现社会现代化，构建现代意义上国家的过程，与革命息息相关。在近代中国与西方文明的碰撞中，中国逐渐接受了西方的通过革命实现制宪建国的政治规律。革命意味着打破既有的一切政治秩序，通过破坏性方式，实现对秩序的重建，在这一过程中，共同体成员的政治共识得以再度凝结，并以制宪方式固化这种共识，并结束革命，实现建国。1949年《共同纲领》的颁布和新中国的建立，即构成中国新民主主义革命的终结和制宪建国的过程。1949年后"中华民国宪法"问题，即产生于这

---

[1] [美]汉娜·阿伦特：《论革命》，陈周旺译，译林出版社2007年版，第12页。

一历史过程之中，因而也应透过这一过程加以观察。

(一) 1949年后"中华民国宪法"历史定位的分析逻辑

包括大陆方面、国民党方面和民进党方面在内的两岸三方政治力量对于"中华民国""中华民国宪法"定位的认知差异，主要集中在1949年之后。具体说来：1. 大陆方面认为，随着1949年《共同纲领》的制定和中华人民共和国的成立，1946年"中华民国宪法"和"中华民国"都已被宣告彻底废止，从而成为伪宪法和"伪政权"，而败退至台湾的蒋介石集团则被界定为叛乱团体（"蒋匪"）；2. 国民党方面认为，"中华民国"是一个建立于1912年的主权国家，1949年大陆"国土""沦陷"，成为"匪区"，而"中华民国"的"主权"属性并未因这一历史事实而发生变化，"中华民国宪法"则是一部制定于"民国三十五年"的"宪法"，它一直持续稳定地发挥着其"宪法"的作用；3. 民进党方面认为，1949年后，"中华民国到台湾"，并在历史的变迁中实现了到"中华民国就是台湾"的转变，因此，"台湾是一个主权独立的国家，依目前宪法成为中华民国"，而"中华民国宪法"已在"宪政改革"之后沦为"台湾的生存策略"。[①]

众所周知，1949年之后，影响"中华民国宪法"定位的主要有两项重大事件，一是《共同纲领》的制定和中华人民共和国的建立，二是台湾地区"宪政改革"启动和"增修条文"的制定。前者标志着"中华民国宪法"在形式上和实质上均为《共同纲领》所取代，因而已不再是作为主权者的中国人民意志的体现，而沦为大陆方面界定的伪宪法；后者则标志着"中华民国宪法"规范文本的重大变化，从维护国民党在台湾地区威权统治的工具，转变为在台湾地区政治实践中起到实际作用的"根

[①] 颜厥安：《宪政体制与语言的困境》，元照出版公司2005年版，载颜厥安：《宪邦异式——宪政法理学论文集》，第156页。

本法"。本节所欲探讨和分析的,则限于前者,对后者的论述则将集中于本章第三节。

要厘清1949年之后"中华民国宪法"的历史定位,明晰这部"宪法"在中国宪制史中的地位,解决两岸在对这部"宪法"定位上的差异认知,就必须对影响这段历史的核心问题——中国的革命、制宪与建国问题加以研究,从而实现从制宪权的基本理论出发,分析这一历史过程,从而形成对中国在1949年间政权更替历史事实的宪法学分析。本节对1949年后"中华民国宪法"历史定位的分析逻辑体现为:1.厘清制宪权的一般理论及其在"中华民国宪法"历史定位分析中的应用方式;2.梳理1949年前后的宪制史事实,尤其是《共同纲领》的制定过程及其宪政意义;3.对1949年后内战中止与"中华民国宪法"在台湾地区持续"存在"事实之间的关系做出理论界定,并做出1949年后"中华民国宪法"以合情合理的理论定位。

(二)制宪权的一般理论:起源与观点

制宪权是一国宪法秩序得以形成的源头和基础。人民通过行使制宪权,创造宪政体制,制定宪法,使革命带来的非常政治走向终结。"中华民国宪法"在中国大陆的制定与废止的过程之中,中国人民的制宪权,构成了我们判断这部"宪法"历史定位的重要标志。

制宪权,即制定宪法之力,是创造法秩序的权力,它是确定法秩序的各个原则、确立各种制度的权力——从而也立于政治与法的交汇之处。[①] 长期以来,制宪权并未处于宪法学,尤其是规范宪法学的核心研究场域,甚至被排除出宪法学的研究范畴。大革命时期的法国学者西耶斯在其名著《第三等级是什么》一书中,首先提出制宪权的概念,并明确界定了制宪权与宪定权的差别,区分了行使制宪权的"特别代表"和行使宪定权的

---

① [日]芦部信喜:《制宪权》,王贵松译,中国政法大学出版社2012年版,第3页。

"普通代表"。西耶斯提出,"在所有自由国家中……结束有关系案发的种种分歧的方法只有一种,那就是要求助于国民自己,而不是求助于那些显贵,如果我们没有宪法,那就必须制定一部;唯有国民拥有制宪权"[1]。西耶斯对制宪权产生的理论逻辑如下[2]:1. 对政治社会的形成过程加以解释,即一定数量的个人聚集成为一个团体,使个人意志形成共同意志,团体演变为共同体,此后,由于成员数量过多,人们不得不委托一部分人代表共同意志行使权力,国家权力由此形成;2. 解释宪法及其与国民自身的关系,宪法即"赋予一个团体以组织形式、规章,以及使他能完成所规定职能的法律",国民意志是宪法的源头,宪法决不能与国民意志相抵触。3. 提出制宪权的行使方式,即提出特别代表与普通代表的区分,前者独立于所有先发组织形式之外,代行国民职责(即制宪权),后者依据先发组织形式行使国民共同意志,其权力局限于有关治理的事务(即宪定权)。

在西耶斯提出制宪权理论之后,这一理论并未迅速成为欧陆宪法学界研究的重点问题,尤其是在法实证主义主导下的德国,制宪权理论并未为人们所接受。凯尔森(Hans Kelsen)即将宪法的来源认定一个法规范体系中的"基础规范"(basic norm)[3],从而以推定的最高效力方式否定了法规范体系之外权力(制宪权)的存在。德国公法学家卡尔·施米特提出的"政治决断论"否定了实证主义抹杀制宪权理论的做法,进一步充实和发展了制宪权理论。施米特在其著作《宪法学说》中,施米特首先对宪法的概念加以探讨,他提出应将宪法(Verfassung)分为绝对的宪法、

---

[1] [法]西耶斯:《论特权 第三等级是什么?》,冯棠译,张芝联校,商务印书馆1990年版,第56页。
[2] [法]西耶斯:《论特权 第三等级是什么?》,冯棠译,张芝联校,商务印书馆1990年版,第56—65页。
[3] [奥]凯尔森:《法与国家的一般理论》,沈宗灵译,中国大百科全书出版社1996年版,第126页。

相对的宪法、实定的宪法和理想的宪法，在这个过程中，他认为，"只有将宪法和宪法律相区分，才有可能得出一个宪法概念"①。在明确区分宪法（绝对的宪法概念）和宪法律（相对的宪法概念）的基础上，施米特提出"政治决断论"，即认为"宪法是关于政治统一体的类型和形式的总决断"②的观点，从而更加强化了宪法与政治的关系，为解释宪法的制定，提供了有力的论证。基于政治决断论，施米特确证了宪法的正当性基础，提出制宪权就是做出政治总决断的权力。在施米特的制宪权理论体系中：第一，制宪权具有常在性，只要制宪权存在，就总是存在着最低限度的宪法；第二，制宪权的连续存在，便意味着国家的连续存在，宪法律的废止和打破并不构成国家连续性的中断；第三，制宪权主体发生变化，政治统一体的连续性也会出现断裂；第四，制宪权与一切根据宪法产生的权力（即宪定权）存在区别。③除此之外，施米特还认为，制宪行为只会对政治统一体（国家）的形式（政体）做出变更，但并不会生成或消灭一个政治统一体，亦即国家并不会因制宪行为而消失，也不会因制宪行为而分裂。基于上述理论框架，施米特通过超越实证主义宪法观的方式，重塑和完善了制宪权理论，使得制宪权理论在新的历史条件下重新焕发青春。

（三）制宪权理论在1949年后"中华民国宪法"历史定位中的应用方式

因循"制宪建国"理论逻辑的判断，1949年《共同纲领》的建立和中华人民共和国的成立，构成中国宪制史上具有终结过去、开启未来的重大意义。制宪权理论对于我们认识1949年中国宪制史上的"宪法更替"现象及其后续影响，即对1949年后"中华民国宪法"做出相应的历史定位亦具有重要意义。具体说来，这一理论在1949年后"中华民国宪法"

---

① ［德］卡尔·施米特：《宪法学说》，刘锋译，上海人民出版社2005年版，第25页。
② ［德］卡尔·施米特：《宪法学说》，刘锋译，上海人民出版社2005年版，第25页。
③ ［德］卡尔·施米特：《宪法学说》，刘锋译，上海人民出版社2005年版，第103—110页。

第三章 台湾地区宪制性规定法理定位的历史面向

历史定位中的应用体现在以下三个层面。

第一，运用制宪权理论，衡量1949年《共同纲领》的制定对"中华民国宪法"法理定位的实质影响，对中国革命胜利的事实和《共同纲领》的制定的宪政意义做出分析，从而形成对这一中国历史上宪法更替历史过程的宪法学叙述。如上所述，因循"制宪建国"的理论逻辑，《共同纲领》的制定是具有终结中国新民主主义革命，开启新中国宪制历程的宪制意义的重大事件。在这一基本判断的基础上，如何界定《共同纲领》的宪制意义，进而形成对《共同纲领》颁布之后，1946年"中华民国宪法"的历史定位问题的基本判断，成为本研究应用制宪权理论的重要体现。

第二，运用制宪权理论，分析《共同纲领》取代"中华民国宪法"之后，对后者在台湾地区持续存在现象做出理论解释，从而驳斥部分持"台独"分裂主张的学者提出的所谓"中华民国宪法台湾化"的理论体系，巩固一个中国框架的宪法理论依据。[1] 如上所述，由于历史的机缘巧合，1946年"中华民国宪法"被败退台湾的蒋介石政权带至台湾，并持续存在至今。有台湾学者认为，1949年后，"中华民国宪法"的继续存在，尤其是1990年台湾地区"宪政改革"之后，已经逐渐"台湾化"，成为"中华民国台湾化"的重要标志。从这个意义上讲，如何借助制宪权理论分析1949年后"中华民国宪法"的存在现象，形成相应的理论解释，成为本研究应用制宪权理论的重要体现。

第三，运用制宪权理论，分析1949年后依然实际存在的"中华民国宪法"的法理属性，在完成对这部"宪法"持续存在现象的解释之后，给予这部宪法以适当的理论定位。在1949年后"中华民国宪法"的法理属性与事实属性存在裂隙的情况下，这部原本被认为已废止的"宪法"

---

[1] 周叶中、祝捷：《台湾地区"宪政改革"研究》，香港社会科学出版社有限公司2007年版，第216页。

的法理定位问题成为一个理论与事实疏离造成的现实难题。从这个意义上讲，如何借助制宪权理论，界定"中华民国宪法"的法理属性，在解决与这部"宪法"相关的历史遗留问题的前提下，赋予其合情合理定位，成为本研究应用制宪权理论的重要体现。

二、事实分析：《共同纲领》的制定及其宪政意义

众所周知，在合法性问题上，革命完成了两个转变：一是以正当性颠覆合法性，二是在正当的基础上重新确立合法性。[1] 前者通过诉诸实质正当性，对抗形式合法性，这一过程在中国革命进程中表现为推翻旧政权、废除旧法统、破弃旧宪法的过程；后者则是在革命成果的基础上，通过制宪形成新的合法性依据，并在这一基础上确立区别于旧体制的新的国家与社会结构，这一过程在中国革命进程中表现为制定新宪法、建立新政权。所谓"宪法出场，革命退场"，宪法的创制意味着革命的终结。[2] 1949年人民政协的召开、《共同纲领》的制定和中华人民共和国的成立，即昭示着中国近现代新民主主义革命的完成，新民主主义宪法的制定与全新国家结构的确立，因而也同样意味着在中国范围内，对既有的国民党政权所维护的旧的合法性秩序及其外在形态——"中华民国宪法"的颠覆和替代。

（一）中共联合政府主张的再次提出与新政协的召开

1946年"宪法"在制定之初，本具有通过制宪结束革命，完成建国的可能性，但这一过程却终因当时国内各方力量妥协的失败而告终。因此，这部仅代表国民党一方利益诉求的"中华民国宪法"无疑是不牢靠的，它虽具"宪法"之名，却并未得到人民的认同，因而并不具有结束革命的能力。与制宪失败相对应的，便是国共内战的再度爆发。1946—

---

[1] 孟庆涛：《革命·宪法·现代性》，中国政法大学出版社2012年版，第29页。
[2] 高全喜：《立宪时刻——论〈清帝逊位诏书〉》，广西师范大学出版社2011年版，第39页。

第三章　台湾地区宪制性规定法理定位的历史面向

1949年间的国共内战，其本质并非国民党当局所称的"叛乱"，而是人民革命的表现形式，是人民成为国家主人，行使国家主权的必然过程，是"决定中国命运的大决战"①。随着蒋介石政权的败北，国共内战胜负已定，对战争结束后中国政治格局的安排和如何通过制宪结束革命开始建国等问题，成为摆在中共面前的重要问题。

1948年，国共内战战局发生根本性转变，人民解放军实现从战略防御到战略反攻的战略调整，与此同时，被蒋介石当局宣布为"非法组织"的民盟等民主党派在香港重开总部恢复活动，中国革命迎来新的高潮。在这种情况下，中共于1948年4月30日发布的纪念"五一"节口号中提出，"各民主党派、各人民团体、各社会贤达迅速召开政治协商会议，讨论并实现召集人民代表大会，成立民主联合政府"②的主张。以此为标志，"五一"口号的提出，揭开了筹建新中国的序幕。③ 中共发表"五一"口号后，在港的各民主党派人士和无党派人士决定予以相应，并于5月5日联合致电中共中央主席毛泽东，表示中共"五一"劳动节口号中提出召开政协会议，成立民主联合政府的提议，"适合人民时势之要求，尤符同人等之本旨"④，充分表现出各界对"五一"口号的支持立场。

在中共与各党派就召开新政协形成一致后，中共中央开始邀请各界民主人士进入解放区，积极筹备召开新政协，并开始同各界人士共同起草《中国人民政治协商会议共同纲领》。此后，随着内战战局的进一步发展，国民党内部斗争日趋激烈，蒋介石于1949年元旦宣布"下野"，李宗仁出任"代总统"提出和谈请求。在中共接受李宗仁的和谈请求之后，双

---

① 高全喜：《战争、革命与宪法》，载《华东政法大学学报》2011年第1期。
② 《中国共产党中央委员会发布纪念"五一"劳动节口号》，新华社1948年4月30日电。
③ 秦立海：《民主联合政府与政治协商会议——1944—1949年的中国政治》，人民出版社2008年版，第321页。
④ 全国政协文史资料研究委员会编：《五星红旗从这里升起——中国人民政治协商会议诞生记事暨资料选编》，文史资料出版社1984年版，第149页。

方于北平展开和平谈判，但最终却因国民党方面拒绝接受《国内和平协定》而宣告破裂。随后，人民解放军于4月20日渡过长江，开始解放全中国的渡江战役，中国革命胜利已近在眼前。

1949年9月21日中国人民政治协商会议第一届全体会议开幕。毛泽东在开幕式上致辞指出，中国人民政治协商会议"具有代表全国人民的性质，它获得全国人民的信任和拥护……因此，中国人民政治协商会议宣布自己执行全国人民的代表大会的职权"[1]，从而明确界定了新政协的法理属性和其政治地位，即新政协在当时的政治条件下，具有制宪会议的政治地位。在此次政协会议上，各界代表一致通过《中国人民政治协商会议组织法》《中华人民共和国中央人民政府组织法》和中华人民共和国国都、纪年、国歌、国旗等四个议案，并通过了《共同纲领》，这标志着中华人民共和国的成立。

（二）《共同纲领》的宪政意义："中华民国宪法"宿命的终结

众所周知，《共同纲领》具有临时宪法的法理属性。正如施米特所言，宪法产生于制宪权权力和权威，如果这种权力和权威受到承认，宪法就具有正当性，也就是说，它不仅作为一种事实状态受到承认，而且还作为一种合法秩序受到承认。[2] 从这个意义上讲，共同纲领的"人民性"决定了其"宪法性"，即作为中国主权者的人民，在国民党政权统治时期，未能享有其本应享有的国家权力，因而通过具有革命属性的内战形式，打败了国民党反动政权，通过其代表——具有广泛代表性的中国人民政治协商会议，制定了具有临时宪法属性的《共同纲领》。因此，《共同纲领》具有临时宪法的地位，乃是缘于其所体现出的"宪法性"，而其"宪法性"则来源于其"人民性"。易言之，《共同纲领》体现出了作为主权者

---

[1] 全国政协文史资料研究委员会编：《五星红旗从这里升起——中国人民政治协商会议诞生记事暨资料选编》，文史资料出版社1984年版，第306页。

[2] ［德］卡尔·施米特：《宪法学说》，刘锋译，上海人民出版社2005年版，第84—85页。

的中国人民的意志，是人民行使主权的体现，因而它具有结束革命，启动建国的宪法意义，它是中华人民共和国的"出生证"。

基于共同纲领临时宪法的法理属性认知，从"革命—制宪—建国"的逻辑来看，《共同纲领》的制定，意味着新民主主义革命的终结以及作为旧政权的国民党反动政权的颠覆，同样也意味着作为旧政权形式合法性标志的"中华民国宪法"宿命的终结。《共同纲领》的规范文本，亦通过不同方式确认了其所具有的这一重要的宪政意义，具体说来：1.《共同纲领》在序言中宣告解放战争和人民革命的胜利，人民民主专政的共和国已取代封建买办法西斯专政的国民党反动统治，由此对中国政权的更迭做出了宪制性描述。2.《共同纲领》第二条确定了"将人民解放战争进行到底，解放中国全部领土，完成统一中国事业"的宪法目标。3.《共同纲领》第十七条明确规定，废除国民党旧"法统"，建立新的法律体系，由此实现中国的"法统"更迭。因循"革命—制宪—建国"的逻辑，《共同纲领》的制定，为中华人民共和国奠定了基础，又同时为在中国新民主主义革命画上了句号。因此，作为中国新民主主义革命对象的国民党反动政权，也随着《共同纲领》的制定，而失去了其合法性基础，而作为国民党反动政权"法统"符号的1946年"中华民国宪法"，也随之失去了合法性基础，彻底沦为一部伪宪法。

三、理论建构：内战的中止与政治决断实效性的"外力阻却"

尽管作为新中国临时宪法的《共同纲领》的颁布，在法理上昭示着新民主主义革命的胜利和国民党政权及其伪法统的覆灭，但在事实上随着中苏结盟和朝鲜战争的爆发，美国一改其不干预中国的政策主张，粗暴干涉中国内政，从而使人民解放军解放台湾的计划未能实现，从而导致两岸隔绝对峙数十年。由此，"中华民国"和"中华民国宪法"在事实上得以继续在台湾地区存在，本研究的问题意识由此产生。那么，如何从理论上对1949年后"中华民国宪法"的实际存在现象做出解释呢？有台湾学者认为，1949年之后，尽管国民党当局"自称为'中华民国'，施行以'中华民国宪法'为规范顶点的一套法秩序"，但"其身份已不再是'中国法'"，而应当是"新国家的宪法、旧中国的内容"而已。[①] 这种论调立基于两岸在1949年已因国民党当局退据台湾而"分裂"的观点，无疑是错误的。要驳斥这种错误的"台独"理论形态，正确解释1949年后"中华民国宪法"在台湾地区实际存在的现象，就应当从这一现象形成的法理背景出发，探寻其法理原因，并做出合情合理的历史定位。

（一）内战中止状态：1949年后"中华民国宪法"实际存在的法理背景

1948年之后，国共内战局面发生根本性扭转，在一年多的时间里，人民解放军解放了大陆绝大部分地区，而蒋军大部撤往台湾，由此可见，在当时的情景下，尤其是1949年10月1日中华人民共和国成立之后，内战胜负已被不可逆转地确定下来。[②] 但是，这种战局胜负的确定，却并不意味着中国内战的结束，更不意味着中国已经"分裂"，而只是在一定条件下处于中止状态。具体说来：

第一，从事实和法理两个层面看，当前中国内战尚未结束。众所周知，台湾问题缘起于1946年开始的国共内战，而两岸尚未统一的原因，即是这一内战尚未在事实和法理两个层面正式结束。一方面，时至今日，内战的双方中任一方都未完全消灭对方，作为失败一方的国民党当局（台湾当局）虽已失去争夺中国代表权的能力，但其仍在台湾地区稳定存在，因此，以完全消灭一方为胜利标准来判断，这场内战并未在事实上结

[①] 王泰升：《台湾宪法的故事——从"旧日本"与"旧中国"蜕变而成"新台湾"》，载李鸿禧等著：《台湾宪法之纵剖横切》，元照出版社公司2002年版，第516页。

[②] 郭震远：《结束内战方能促进两岸关系持续地和平发展》，载《中国评论》（香港）2010年6月号。

束。另一方面，两岸并未签署以结束敌对状态为核心内容的和平协议，因而以内战双方实现和谈为标准来判断，这场内战并未在法理上结束。

第二，尽管中国内战尚未结束，但当前双方并未处于交战状态，而是处于内战中止状态。中止，意指"中途停止"①考察内战的过程可知，1949年后，战争在广大的大陆地区已经结束，战场逐渐转移到东南沿海岛屿地区，而战争的烈度也逐步降低，内战的形式从大规模的军事冲突转为低烈度的军事对抗和象征性的"金门炮战"。1979年后，随着大陆方面对台政策的重大调整，两岸结束了长达三十年的军事对抗，由此两岸关系逐渐转入政治对立状态。但是，这种以双方炮弹对射为表现形式的直接军事对抗的结束，并不意味着中国内战的终结，而只是法理意义上的内战中止，这种中止意味着内战既可能因两岸和平协议的签署而政治结束，也可能因某种原因而恢复。

第三，内战中止状态在国际法层面的体现是，中国的政府继承尚未完全完成且有待继续完成，处于一种进行时中的暂停状态。长期以来，在运用国际法理论解释两岸关系时，许多学者都尝试使用国际法中的政府继承理论，并重点应用这一理论，证成中华人民共和国政府对"中华民国政府"的继承，并不影响中国的国家同一性的观点。②尽管这种观点的正确性值得充分肯定，但从中国内战中止状态出发，中国的政府继承实际上并未完全完成，而是随着内战的中止状态处于一种暂停状态。亦即是说，源自国共内战的政府继承"实际上处于进行时状态"③或"未完成状态"④。

---

① 《现代汉语大词典》，上海辞书出版社2009年版，第121页。
② 王晓波：《中国的和平统一定要实现——有关"一个中国"和"一国两制"的若干问题》，载《海峡评论》（台湾）1999年2月号；郑海麟著：《海峡两岸关系的深层透视》，香港明报出版社有限公司2000年版，第144页；范宏云：《国际法的继承理论与两岸关系》，载《特区实践与理论》2010年第3期。
③ 郑振清、巫永平：《海峡两岸特殊政治关系的法理解释——国际法"政府继承"理论与两岸政府继承特殊形式探析》，载《公共管理评论》（第十一卷），清华大学出版社2011年版。
④ 郑海麟：《论两岸关系中的"未完成继承"问题》，资料来源：http://www.21ccom.net/html/2016/gtzc_0229/1956.html，最后访问日期：2017年5月20日。

在这种界定之下，两岸双方"各自由一定的内部主体支撑，同时也在国内外分别行使既相互区隔又相互依存的对内对外功能"[①]，而导致这种情况发生的原因，即是内战的中止状态。当然，这种因内战中止带来的政府继承的暂停，只是一种事实状态下的暂时现象，并不具备来自法理层次的制度性保障。

综上所述，"中华民国"和"中华民国宪法"在台湾地区得以实际存在的法理背景，并非国家的分裂，而是中国内战的中止。因此，台湾学者将1949年后"中华民国宪法"界定为"新国家宪法、旧中国内容"[②]的立论基点是不具有法理和事实依据的。具体说来，内战中止状态对"中华民国宪法"的影响有二：1. 内战的中止使台湾当局未作为战败一方而被"消灭"，从而保证了其事实存在，正是这种事实存在，使其能够持续地以一个"国家"的架构组织其公权力体系，维持与之相匹配的"根本法"和法律体系。2. 内战的尚未结束使"中华民国"和"中华民国宪法"在整个中国的宪政体系之中处于一种待安排的状态，与此同时，台湾地区成为一个中国框架内有待安排的一部分，而两岸双方应当探讨的，是内战结束后（两岸结束敌对状态后）双方关系的安排方式，亦即"台湾应当作为中国怎样一部分"[③]的问题，而非"台湾是不是中国一部分"的问题。

（二）中国革命中的政治决断与决断生效的外力阻却：1949年后"中华民国宪法"实际存在的法理原因

正如施米特所言，"宪法是关于整治统一体的类型和形式的总体决断"，"通过制宪权主体，政治统一体自己为自己做出了这一决断，自己

[①] 刘国深：《两岸政治僵局的概念性解析》，载《台湾研究集刊》1999年第1期。
[②] 王泰升：《台湾宪法的故事——从"旧日本"与"旧中国"蜕变而成"新台湾"》，载李鸿禧等著：《台湾宪法之纵剖横切》，元照出版社公司2002年版，第516页。
[③] 李义虎：《台湾定位问题：重要性及解决思路》，载《北京大学学报（哲学社会科学版）》2014年第1期。

第三章 台湾地区宪制性规定法理定位的历史面向

为自己制定了这部宪法"①。1949年《共同纲领》的制定和新中国的建立，即是中国革命历史发展过程中，中国人民作为政治统一体，对自己的命运所做的一次"总体决断"。然而，考察施米特的政治决断论，其本身却只是对制宪历程的一种理想化地静态描述，而缺乏对这一历程的过程性叙述，亦即政治决断的实效性在一国范围内完全得以拓展的问题。易言之，施米特所能解决的是对制宪权本质的认知，却未必能对实践中的制宪及其效力实现的过程做出解释。在实践中，在以革命方式为制宪奠定基础的国家，其政治总决断的做出可能是一个静态的、瞬间的过程，但这一决断在一国的全部领域内完全生效，却有可能是一个动态的、长期的过程。从1949年中国革命和制宪的实践来看，中国人民政治总决断生效的过程，实际上就是人民解放军不断前进，国民党军队不断败退的过程。人民解放军所及之地，即是政治决断生效的地域范围。依照当时人们的普遍设想，1950年下半年，包括台湾在内的全中国即将获得解放，因此，此次政治决断的效力也将在彼时涵盖到全中国，从而完成整个中国革命、制宪、建国的政治使命。然而，历史的发展却为中国革命历史上的这次政治决断的生效画上了一个"逗号"。

1950年的中苏结盟与朝鲜战争的爆发，导致美国直接出面干预中国内战，第七舰队开进台湾海峡，作为当时全球两极之一的美国，以毫无正当性可言的外力，打断了政治决断的效力延伸，人民解放军被迫放弃了横渡海峡解放台湾的作战计划，台湾问题由此形成。由制宪权的理论视角观之，当时正是作为外力的美国的粗暴干涉，使中国人民已经做出的政治决断在实际上未能在台、澎、金、马地区发生实际效力，反而使"中华民国宪法"这部已经在法理上被中国人民所废止的"宪法"在外力的支持下，作为蒋介石当局的"法统"象征，得以继续在台湾地区存续下去。

---

① [德]卡尔·施米特：《宪法学说》，刘锋译，上海人民出版社2005年版，第25—26页。

由此，中国人民在1949年这一宪法时刻所做出的政治总决断，在其规范有效性和事实有效性之间产生了裂隙，造成这种裂隙的原因，并非是具有正当性的法理事实，而是来自于外力干预的政治事实，亦即是说，中国人民的政治决断在生效的过程中受到外力阻却。具体说来，这种"外力阻却"的法理意涵表现在如下层面：

第一，中国人民在完成革命的过程中，已经完成对中国国家发展方向的总决断，外力阻却的对象并非政治决断本身，而只是政治决断的实际效力涵盖范围。亦即是说，中国人民的政治决断已经做出，这一决断自然具有法效力，但却因并不具有正当性的外力阻却，而在国家的部分地区暂不具有实效性。这种法效力意味着，作为中国人民主权意志的体现，《共同纲领》及其后续的历部《中华人民共和国宪法》的效力都及于包括大陆和台湾在内的全中国，国家尚未统一的特殊状态并不影响宪法的空间效力——法理效力与事实效力之间的裂隙并不意味着前者的不存在。

第二，外力导致中国国家内部存在两股不同政治力量的对立，并在一定程度上使这种对立得以长期存在，但这种政治对立并不导致中国国家同一性的断裂，中国的国家形态和领土主权等并不因为这种外力的存在而分裂。亦即是说，政治决断实效性遭到不具正当性的外部力量的干预，并不构成台湾方面脱离中国人民主权范围的合法化原因，更不能因这种决断实效性的外力阻却推导出中国主权已经分裂的结论。

第三，中国实现复归统一的过程，就是中国人民政治总决断在台湾地区发生实效性的过程。外力阻却政治决断发生实效性的情况，只是一种中国政治发展过程中的暂时现象，我们相信，在两岸的共同努力下，这种阻却现象及此后衍生出的各种妨碍政治决断生效的事实原因终将会被解决，从而使中国实现复归统一。早有学者指出，"台湾问题实际上是新中国制定的宪法有效适用于台湾地区的问题"[1]，而两岸实现复归统一的过程，

---

[1] 周叶中：《台湾问题的宪法学思考》，载《法学》2007年第6期。

实际上也就是中国人民政治总决断有效适用于台湾地区的问题，亦即是使中国人民享有的制宪权得以重新统一行使的问题。

（三）一种外力作用下的政治事实：1949年后"中华民国宪法"的历史定位

"中华民国宪法"的法理定位问题是中国人民政治总决断的生效过程为外力所打断的产物。从制宪权的视角考察1949年的历史可知，在当时的历史条件下，《共同纲领》已经在实质上取代1946年"中华民国宪法"，成为在中国具有唯一正当性的宪法性文件，这一点毋庸置疑。"中华民国宪法"这一具有"宪法"外形的规范，在外力的支持下，被国民党政权在台湾保留了下来，并未因其丧失了实质正当性而在形式上被废止和消灭。在传统制宪权理论的叙事模式下，"中华民国宪法"的法理定位问题似乎很难成其为一个"问题"，因为这部"宪法"的定位就应是一部伪宪法，它已经被中国人民所抛弃，它在形式上的存在并不影响其实质上的非法性，其在形式上的最终消亡也只是时间问题——这一时间取决于解决台湾问题的时间。然而，历史事实却使"中华民国宪法"的定位问题，因外力对解放台湾的宕延，而成为一个因事实与规范产生罅隙而难以获得正确界定的问题。因此，在这一叙述逻辑之下，"中华民国宪法"在1949年后，尽管仍在台湾地区得到保留，但其已不能被认为是对中国合法有效的一部宪法，更不能被认为是维护国民党当局合法性的法理基础，而只能被认为是一种政治决断受到外力阻却之后，遗留下的一种并不具有正当性的政治事实。具体说来，这一界定的意义体现在以下两个方面：

一方面，将1949年后"中华民国宪法"的存在界定为一种政治事实，意在强调这一现象的客观性。1949年后"中华民国宪法"在台湾地区的存在是一种客观事实，我们不应，也不能否认这一现象的客观性，而仅凭主观意愿忽视这部"宪法"存在事实的观点是不符合实事求是思想路线的。正如本书在绪论中所述，"中华民国宪法"在台湾地区政治生活中仍具有事实上的法律效力，其存在的事实不以人的意志为转移。因此，如何在宪法学框架内正确地解释这部"宪法"发挥实际效力的现象，而非违背客观实际地否认这部"宪法"的存在，才是我们应当重点研究和应对的问题。

另一方面，将1949年后"中华民国宪法"的存在界定为一种政治事实，意在强调这一现象的非法性。1949年后"中华民国宪法"在台湾地区的存在是一种外力作用下的政治事实，因而它当然地体现出合法性不足的属性，故这种现象只能说是一种事实现象，而非法理现象。如上所述，20世纪50年代，美国对中国内政的干预是缺乏合法性依据的，因而其干预所造成的后果——"中华民国"和"中华民国宪法"的存在现象，也自然是缺乏合法性依据的。借用民法学对民事法律行为和事实行为的区分，即是否存在当事人的意思表示构成二者区分的核心要素[①]，我们将"中华民国宪法"的存在，界定为一种与事实行为类似的"事实存在"，它与具有完全正当性的《共同纲领》及《中华人民共和国宪法》相比，缺乏来自作为主权者的中国人民的主权意志（意思表示），因而缺乏完全意义上的正当性支持，故只能被界定为一种外力作用下的政治事实。

第三节 台湾地区"宪政改革"与台湾地区宪制性规定法理定位问题的蜕变

发端于20世纪90年代初的台湾地区"宪政改革"，是台湾地区政治转型过程中的重大事件，两岸政治关系定位中的许多重要因素在这一过程中发生了重大变化。从"中华民国宪法"变迁的视角来看，"宪政改革"构成了对这部"宪法"规范文本最大幅度的调整，而与这种调整相伴随的，则是"中华民国宪法"法理定位问题的蜕变。要从学理上完成对这

---

① 马俊驹、余延满：《民法原论》，法律出版社2007年版，第182页。

一蜕变过程的分析，就必须对诸如如何认识台湾地区宪政改革对"中华民国宪法"从规范到内涵的改变，如何认识台湾地区"宪政改革"的法理属性，如何认识台湾地区"宪政改革"之后"中华民国宪法"对"中华民国法统"的变动及其对两岸关系定位的影响等问题。由此可见，1990年代的台湾地区"宪政改革"与1946年"制宪"和1949年《共同纲领》的制定，共同构成"中华民国宪法"法理定位变化的三个重要历史节点，因此应当从"宪改"的理论与实践出发，分析和解决上述问题，从而完成对"中华民国宪法"历史定位的全面认知。

一、"宪政改革"前"中华民国宪法"在台湾地区的变迁

1949年之后，随着国民党在内战中的失败，被"动员戡乱化"的"中华民国宪法"被蒋介石当局带到台湾，成为维护其统治的"法理"工具。然而，这部三年前制定于大陆的"中华民国宪法"在台湾地区的运行过程中，却因国民党政权实际控制范围的大幅度减少，而显现出种种"全中国"与"小台湾"之间的尴尬局面。1954年前后，随着第一届"中央民意代表"任期届至，这种政治上的尴尬局面演化为一场"宪法危机"。为解决这一危机，蒋介石当局不惜饮鸩止渴，选择采取冻结民意代表选举的方式，维护"中华民国宪法"和"中华民国法统"在形式上的延续性。此后的四十余年间，国民党当局虽局部微调了相关政策，但并未从根本上改变其威权统治的本质，这种通知方式虽在较长一段时间内达到了巩固政权的目的，但这种高压统治累积的反对能量与压力成正比，这种能量的积攒，恰恰构成了台湾地区"宪政改革"的原动力。[①]

（一）"合法性危机"：国民党政权退台后实施威权统治的最大障碍

自1949年4月人民解放军渡过长江之后，短短数月之间，国民党政

---

① 刘国深：《台湾地区"宪政改造"对国家统一的影响》，载《台湾研究集刊》2006年第4期。

权迅速丧失对长江以南地区的实际控制，被蒋介石视为反攻基地的西南地区，也迅速获得解放，解放军陈兵台湾海峡，国民党当局的统治行将崩溃。同时，在国际上，美国方面也一度发表"将台湾排除在美国的远东防御线之外"[①]的公开声明，从而使国民党当局陷于内外交困的局面。尽管在中苏结盟和朝鲜战争爆发之后，美国重新开始扶持和保护蒋介石政权，使其在台湾的"安全"问题得到缓解，但在当时的历史背景下，通过一切途径巩固其在台统治，缓解"合法性危机"，逐渐形成符合台湾地区特点的政治体制，仍是国民党当局退往台湾之后很长一段时间内的主要目标。

依其自身构建的"合法性"体系，蒋介石政权的"合法性"来源于由全中国代表组成的"行宪国大"，这种"合法性"在其败退台湾，偏居一隅，政权风雨飘摇的时刻，显得尤为重要。为巩固其"法统"，维护其政权"合法性"，台湾当局通过"修宪""释宪""立法"等方式，构建起一套由"宪法"制度和政治实践共同构成的"合法性"规范体系。具体说来，国民党当局主要通过两种方式，为其在台统治提供法理渊源：1. 通过具有"释宪权"的"司法院大法官"，陆续作成多件"大法官解释"，为国民党当局在明显不符合1946年"宪法"规定的情况下维持"中央民意代表"不改选，以及在来台"国大代表"人数远远不足的情况下"修宪"等行为提供法理说辞；2. 通过"国民大会"，依照国民党当局，甚至是蒋介石个人的统治需要，不断修改"动员戡乱时期临时条款"，为当时政治实践中各种不符合1946年"宪法"规定的行为提供法理依据。可以说，为巩固期"合法性"基础，国民党当局几乎不惜大幅修改、冻结1946年"中华民国宪法"的规定，从而使"中华民国宪法"

[①] 世界知识出版社编：《中美关系资料汇编》第2辑，世界知识出版社1960年版，第10—14、19—34页，转引自沈志华：《中共进攻台湾战役的决策变化及其制约因素（1949—1950）》，载《社会科学研究》2009年第3期。

被"动员戡乱时期临时条款"架空，成为一部徒有虚名的"根本大法"。

国民党当局通过上述方法构建起"合法性"体系的实践价值主要体现在三个方面：1. 维系"中华民国法统"的延续，保障其对台湾地区统治名义上"合法性"，使其政权能够持续存在；2. 配合其"反共"需要，昭示其对"全中国"的"正统地位"，凸显国民党当局对"中国"的代表权；3. 禁锢台湾人民民主权利，镇压岛内反对国民党一党专政力量的发展；4. 在客观上，产生维护一个中国原则（世界上只有一个中国，大陆和台湾同属中国，"中华民国政府是中国唯一合法政府"）的作用。

（二）1954年"宪法危机"及其"释宪"消解

蒋介石政权最为重要的"合法性"来源即是其在1948年选举的"行宪国大"。然而，"行宪国大"召开后仅一年时间，国民党政权在大陆的统治即走向崩溃，"中华民国宪法"所设立的"国大"和"五院"等机构亦随蒋介石政权退往台湾。1954年，首届"国大代表"和"立法委员""监察委员"任期陆续届至，而国民党政权根本无法依照"宪法"规定，在全国范围内展开"换届选举"，因而引发了一场严重的"宪法危机"。[1] 这场危机若不能得到"合宪""合理""合法"地解决，则国民党当局在台湾统治的"合法性"将受到严重打击。

此时，国民党当局选择通过1946年"宪法"规定的"释宪"机关——"司法院"作成相关"宪法解释"的方式，消解这一危机。"释字第31号解释""释字第85号解释""释字第117号解释"和"释字第150号解释"均系为解决这一"宪法危机"而作成。

"释字第31号解释"缘起于国民党政权退据台湾后，第一届"立法委员""监察委员"继续行使职权问题。如上所述，1954年在大陆选出的

---

[1] 周叶中、祝捷：《台湾地区"宪政改革"研究》，香港社会科学出版社有限公司2007年版，第20页。

第一届"监察委员"任期届满，同时，第一届"立法委员"任期于1951年届满后，通过"总统""立法院"商定方式，续任达两年。此时，蒋介石政权这个自诩代表"中国法统"的"中央政府"陷入"中央民意代表"无法改选的窘境。① 为缓解这一因"全中国"与"小台湾"之间冲突而引起的"宪法危机"，"行政院"提出"声请"，认为"事实上无法办理第二届'立法委员'选举之障碍现在尚未扫除，第二届'立法委员'未依法选出集会以前，仍须由第一届'立法委员'继续行使'立法权'，以符合'宪法'五权制度之精神"②，因而要求"大法官"以"释宪"方式对第一届"监察委员""立法委员"任期问题做出界定。"释字第31号解释"，在肯定"立法委员""监察委员"任期"本应自就职之日起至届满宪法所定之期限为止"的前提下，以"国家发生重大变故……若听任'立法'、'监察'两院职权之行使陷于停顿，则显与宪法梳理五院制度之本旨相违"③ 为由，宣布第二届"立法委员""监察委员"继续行使职权直至"第二届委员……依法选出集会与召集"为止，从而为台湾地区"中央民意代表"长期不改选提供了"法理依据"。

此后，台湾地区"司法院""大法官"依次就"国大代表"总额计算问题、"国大代表递补"问题和第一届"立法委员"补选问题作成"释字第85号解释""释字第117号解释"和"释字第150号解释"。这三号"解释"均援用"释字第31号解释"所创立的"国家发生重大变故"模式，对"中央政府迁台"所导致的"国大代表""立法委员""监察委员"的任期、选举等问题做出了解释。这些解释均是为了弥合"大中国"与"小台湾"之间的巨大鸿沟，以在形式上维持"一个中国"，维持国民

---

① 台湾地区"行政院"决议，"国民大会代表"任期依"宪法"系"至次届国民大会开会之日止"，故俟将来情势许可，再行办理改选。王泰升：《台湾法律史概论》，元照出版股份有限公司2004年版，第150页。
② "释字第31号解释"之台湾地区"行政院""声请函"。
③ "释字第31号解释""解释文"。

党当局"全中国唯一合法政府"的局面,因而这些"解释"在一定程度上是对"释字第31号解释"的补充与完善。在这一"释宪"逻辑之下,"大法官"对于两岸关系的定位非常明确,即"两岸同属一个中国(中华民国)"。但是,这一"释宪"逻辑,却无意中将维护一个中国原则与维持国民党政权的威权统治粘合在一起,从而直接造成禁锢台湾地区内部民主发展的恶果,从而为部分"台独"分裂分子,以推翻国民党威权统治,实现台湾人民民主权利为借口,促使部分民众对"释字第31号法统"所维持的一个中国原则产生敌意。

(三)"动员戡乱时期临时条款"的变迁与台湾地区政治转型的启动

1960年"司法院""大法官"作成"释字第85号解释",将"中华民国宪法"中规定的"国民大会代表总额",解释为"应以依法选出而能应召集会之国民大会代表人数为计算标准"①,从而解决了在台"国大代表"人数未能达到法定标准,从而无法启动"修宪"程序的尴尬局面。此后,国民党当局启动"修宪"程序,分别于1960年、1966年2月、3月和1972年四次修改"动员戡乱时期临时条款",使之能够适应其统治需要。

1960年3月,为使蒋介石能够突破1946年"宪法"对"总统"连任不得超过两届的限制,台湾当局对"动员戡乱时期临时条款"做出修正,规定"动员戡乱时期,总统副总统得连选连任,不受宪法第四十七条连任一次之限制"。此后,蒋介石于同年,再次"当选"为"中华民国总统"。作为交换条件,蒋则许诺授权"国大"设立"宪政研讨委员会",研究创制、复决两权的行使方式,并召开"国大临时会"进行讨论。②

1966年2月,"国大"召开临时会议,对"动员戡乱时期临时条款"

---

① "释字第85号解释""解释文"。
② 周叶中、祝捷:《台湾地区"宪政改革"研究》,香港社会科学出版社有限公司2007年版,第19页。

做出第二次修改，解除1946年"宪法"对"国大"行使创制、复决两权的限制，兑现上次修改"临时条款"时，蒋对"国大"方面的许诺。此次修改的内容包括两个方面：1. 规定"国大"可不受"宪法"限制，有权"自行制定办法，创制中央法律原则与复决中央法律"；2. 规定"总统"可召集"国大"临时会议讨论创制案和复决案。

第二次修改"临时条款"后不久，"国大"于1966年3月，再次对这一"条款"做出修改，赋予"总统"在"戡乱时期"设置"动员戡乱机构"、调整"中央"政府行政机构与人事机构等权力，从而为台籍政治精英进入"中央政府"打开了制度窗口。此次修改的内容包括三个方面：1. 授权"总统"得设置"动员戡乱机构"，对有关大政方针做出决定；2. 规定"总统"可适应"戡乱"只需要，调整"中央政府"行政机构、人事机构及其组织；3. 授权"总统"订颁办法在"台湾地区"增选或补选依选举产生"中央公职人员"。

进入20世纪70年代后，中华人民共和国恢复在联合国的合法席位，蒋介石的代表被驱离联合国，中美关系走向正常化，台湾当局的"外交"活动接连受挫，蒋介石政权长期依赖的来自"外部承认"的"合法性"基础受到严重打击。在这种背景下，台湾当局不得不改变策略，选择从内部着手重构其政权"合法性"基础。为适应这种"合法性"的重构需要，台湾当局于1972年3月对"动员戡乱时期临时条款"进行了第四次修改，授权"总统"制定办法充实"中央民意代表机构"，增加"中央民意代表名额"。经此次对"临时条款"的修改，台湾当局开始组织"增额民代"选举，并于此后陆续办理六次"增额立委"选举、三次"增额国大代表"和"增额监委"选举。"增额民代"选举的实施，扩大了本省人参与国民党当局的制度渠道，有限度地增强了国民党当局在台统治的民意基础，缓和了当时岛内较为尖锐的社会矛盾。然而，这种局部性的改革却并未从根本上解决国民党威权统治面临的"合法性"危机，反而为日后

1. 终结了"万年国大",并在事实上导致"动员戡乱体制"的崩溃,台湾当局的"合法性"基础随之发生了重大变化;2. 在事实上废止了禁锢台湾人民民主权利的"释字第 31 号解释",为推动台湾人民实现有效政治参与奠定了基础;3. 启动了台湾地区首次"宪政改革",开启了台湾地区公权力机关体制变革的大门。除上述影响外,"释字第 261 号解释"还相应地对两岸关系产生一定影响,这种影响主要体现在通过肯定"释字第 31 号解释"的"合法性"的方式,再次确认台湾当局对"中国法统"的代表性,避免因对"万年国大"问题的解释,殃及两岸政治关系定位问题。

(二)"宪政改革"与台湾当局"代表性"的强化

"释字第 261 号解释"作成后不久,台湾当局即宣布启动"宪政改革",并自 1991 年开始,陆续完成七次"宪政改革",使 1946 年"宪法"中的多数条款为"宪法增修条文"所取代。考察这七次"宪政改革"的历程可知,从政治事实的角度看,随着台湾地区领导人、民意代表选举方式的变化、政权组织形式的调整和省级建制的精简,台湾当局对内、对外"代表性"得到全面强化,由此助长了"台湾主体性"意识的增长,使两岸关系矛盾的主要方面发生转变。从这个意义上讲,台湾地区"宪政改革",构成了两岸关系发展的一道具有重要意义的分水岭。具体而言,"宪政改革"在政治事实上对台湾当局"代表性"的影响体现在以下两个方面:

第一,前三次"宪改"通过结束"万年国大"、推动"中央民意代表"在台湾地区全面改选、明确"总统""副总统"由台湾地区直接选举产生等方式,改变了台湾当局"外来政权"的色彩,重塑了其"合法性"基础,强化了其"对内代表性"。如上所述,在"动员戡乱时期",以"万年国大"为核心的一系列台湾地区"中央民意机构"的持续延任为国民党当局提供了来自"全中国"的虚幻"合法性",使这一自大陆仓皇而来的政权获得了暂时的统治基础。但是,在岛内民主运动风起云涌的时代，这种虚幻的"合法性"却终究不能从根本上解决问题，反而成为"党外势力"集中攻击的标靶。因此，"中央民意代表"的改选，以及与之直接相关的"总统""副总统"选举方式的变革，构成前三次"宪改"的核心内容。通过"一机关两阶段修宪"，"资深民意代表"全体去职，"万年国大"问题得到解决，而陆续通过的三个"宪法增修条文"亦明确规定，"国代""立委"和"监委"等民意代表均在"中华民国自由地区"选举产生，"总统""副总统"由"自由地区"全体人民直接选举，实现了台湾当局"中央"层级"合法性"基础的改变。正如台湾学者叶俊荣所言，前三次"宪改"解决了国民党政权的对内代表性危机，使台湾当局的政权体制"透过'总统''中央民意代表'以及'省长'与'直辖市长'的直接民选，而逐渐获得民主正当性，并得以摆脱外来政权之法统意识形态的禁锢"[①]。

第二，第四次"宪改"通过"精省"，改变了台湾地区"国家结构形式"，使与"中华民国自由地区"高度重合的"台湾省"不复存在，从而避免占"全国"85%人口和98%土地的"台湾省"对外产生代表"中华民国"的效果，从而强化了台湾当局的"对外代表性"。在国民党当局退台之后，其地方区划体现为"一省两市"，即"中央政府"下辖台湾省和台北、高雄两个"直辖市"，但前者无论从人口还是土地面积上讲，都大大超越后二者。因此，在香港回归祖国，大陆方面倡导的"一国两制"方针首次获得实践的背景下，部分"台独"分裂分子和部分台湾学者将"台湾省"的存在视为影响"台湾"地位的障碍，称台湾省的存在，会"造成台湾在国际上形象模糊"[②]，即造成"台湾是中国之一省"的形象。在这种背景下，台湾当局透过第四次"宪改"，规定"停止办理台湾省议

---

① 叶俊荣：《宪政的上升或沉沦：六度修宪后的定位与走向》，载《政大法学评论》第69期。
② 叶俊荣：《宪政的上升或沉沦：六度修宪后的定位与走向》，载《政大法学评论》第69期。

会议员及台湾省省长的选举",从而使台湾省最终"由精到废"①。"精省"的直接后果是使台湾民众的"国家认同"观念发生扭曲,"台湾"已不再是"中华民国"或"中国"的一个"省",而逐渐成为部分台湾民众心中"国家"的名称。

总之,从台湾地区"宪政改革"的内容及其对台湾地区政治制度变化的影响来看,"宪改"改变了台湾当局的"合法性"来源,使原本建基于虚幻的"全中国法统"之上,以争夺"全中国"代表权为目标的国民党当局,转变为建基于台湾地区民意基础之上,以谋求"台湾主体性地位"为目标的台湾当局。从此,两岸关系的主要矛盾发生重大变化,由国共两党争夺全中国唯一合法代笔的"正统"之争,转变为两岸之间存在的统"独"之争。

(三)"宪政改革"中"一个中国"规范的保留及其法理意义

众所周知,"台独"分子和部分持"台独"立场的学者往往将"宪政改革"作为其论证"中华民国"已实现"台湾化"的托词,甚至于部分学者将"宪政改革"视为"实质的台独"②的开端,然而,当我们从客观的"宪法"规范,而非主观的"政治认知"来看,这种所谓"中华民国台湾化"的说辞并不符合"中华民国宪法"及其"增修条文"的文本。具体说来:

第一,在第一次"宪政改革"时,"为因应国家统一前之需要"被写入"增修条文"序言,从而使"谋求国家统一"成为台湾地区现行"宪法"的立法目的之一。如上所述,台湾地区"宪政改革"构成两岸关系发展的分水岭,而统"独"之争一直是贯穿于"宪改"全过程的主要矛盾之一。因此,在第一次"宪政改革"时,尽管遭到民进党方面强烈反

---

① 季俊臣:《精省与新地方制度》,时英出版社1999年版,序言。
② 陈佳宏:《台湾独立运动史》,玉山社2006年版,第32页。

对，但作为当时"宪改"主导力量的国民党方面，依然力主将"为因应国家统一前之需要"字样写入"增修条文"序言，从而使"国家统一"成为台湾地区现行"宪法"的目标条款。可以说，这段文字构成台湾方面对两岸法理关系最权威的认定，也构成"宪政改革"之后两岸政治关系最为重要的基础。[①] 仅从这一条文的文义来看，台湾地区"宪政改革"的目的不仅不是推动台湾走向"法理独立"，反而是为实现国家统一做法理准备。可以说，通过各方政治力量对这一条文的解读方式，即可衡量其对两岸政治关系的政治立场。

第二，"增修条文"因循"动员戡乱时期"的表述方式，将台湾当局实际控制的地区称为"中华民国自由地区"，而将大陆方面实际控制的地区称为"中华民国大陆地区"，从而在"宪法"层面确立了"一国两区"的两岸政治关系定位模式。长期以来，台湾当局对两岸政治关系定位都采取"合法政府对叛乱团体"模式，即将大陆视为"沦陷区""匪区"，将中国共产党建立的人民政权视为"叛乱团体"，并以此作为其构建所谓"动员戡乱体制"的实践基础。1991年5月1日，在"国大"通过第一个"增修条文"之前，即宣布停止使用"动员戡乱时期临时条款"，并在"增修条文"中改用"大陆地区"称大陆方面实际控制区域，从而正式改变了其对两岸政治关系定位的立场，转而以"一国两区"界定两岸关系。为此，"增修条文"第十一条授权立法机构订定法律，处理"自由地区与大陆地区间人民权利义务关系及其他事务"。因此，仅从"增修条文"的文本来看，并不存在所谓"中华民国台湾化"问题，真正与"台湾"画等号的，只是作为"中华民国"一个地区的"自由地区"。必须指出的是，尽管台湾当局在此后的政策表述中，将"一国两区"之中的"一国"，解读为"历史上、地理上、文化上、血缘上的中国"[②]，但这种政策

[①] 刘国深：《台湾地区"宪政改造"对国家统一的影响》，载《台湾研究集刊》2006年第4期。
[②] 台湾当局"台海两岸关系说明书"（1994年）。

第三章　台湾地区宪制性规定法理定位的历史面向

上的表述变动，只是一种政治层面的解读，而并未产生对其现行"宪法"文本内容的变更，因而并不能改变为其现行"宪法"所确认的"两岸同属一个中国"的法理事实。因此，尽管"增修条文"提出的对两岸政治关系"一国两区"的界定，相对于"两蒋"时代对"一个中国"的绝对坚持有所倒退，但这并不妨碍其对"一个中国"起到的客观维护作用。

第三，"宪政改革"并未触及对 1946 年"宪法"第四条之"中华民国固有疆域"条款的修改，反而通过对国民大会"修宪"职权的调整，使得台湾地区现行"宪法"具有超高的"修宪"门槛，从而保障了"固有疆域"条款的稳定存在。关于"中华民国"的"固有疆域"问题，国民政府时期颁布的三个宪法文本中均有相关规定，其中 1931 年的《中华民国训政时期约法》采取概括与列举结合的方式对这一问题做出规定，1936 年的"五五宪草"则明确列举当时中国行政区划内所有省级行政单位，而 1946 年"宪法"则取消列举，以概括方式规定"中华民国领土，依其固有之疆域，非经国民大会之决议，不得变更之"。从"宪法"文本来看，"中华民国""固有疆域"应当以"制宪"时"中华民国"的实际领土为准[①]，因而其"固有疆域"当然应当是包括大陆和台湾在内的全中国。在"宪政改革"过程中，台湾当局并未对"固有疆域"条款做出实质修改，反而通过"修宪"，将 1946 年"宪法"规定的"非经国民大会之决议，不得变更之"这一变更条件，修改为与"修宪"相同的需"全体立法委员四分之一建议，四分之三出席，四分之三决议"方可提出"领土变更案"，而提出该案后需公告半年，并经"自由地区选举人复决"，且续"同意票数超过总额之半数"，从而大大提高了"固有疆域"条款的变更难度，使"台独"分子妄图通过修改这一条款实现"法理台独"的可能性大大降低。可以说，从"固有疆域"条款来看，台湾地区

[①] 陈新民：《中华民国宪法释论》，作者自刊 1999 年第三版，第 99 页。

现行"宪法"对一个中国框架仍持肯定立场,因而台湾地区领导人马英九等也常以此为依据,提出"中国大陆仍然是我们的领土,因此和大陆的关系不可能是国际关系,而是一种特殊关系"。[①]

除此之外,由于台湾当局在第七次"宪政改革"废除"国大"时,将"国大"拥有的"修宪权"分别赋予"立法院"和"自由地区全体选举人",大大提高了"修宪"门槛,从而使台湾地区任何一个政党想通过"修宪"方式改变台湾地区现行"宪法"对两岸政治关系定位的界定都成为几乎"不可能完成的任务"。因此,在"修宪"条款这一"安全阀"的保护下,上述存在于台湾地区现行"宪法"中的"一个中国"条款都会长期稳定存在,这为我们利用这些条款框限和制约"台独"分裂势力妄图通过"修宪"方式实现其分裂目的,提供了极大助力。

从现有研究成果来看,大陆方面既有研究成果对台湾地区"宪政改革"多持否定立场,将其视为"台独"分裂分子实现"法理台独"的方式,[②] 这种观点对于我们警惕"法理台独"具有重要意义。但从台湾地区"宪政改革"对"中华民国宪法"的"增修"情况来看,我们更应结合政治事实和法律规范,以辩证的眼光看待这一过程,在充分重视"宪政改革"负面影响的同时,注意挖掘这一过程的正面价值。因此,应从政治事实和法律规范两个层面认识、理解和评价台湾地区"宪政改革"的影响。从政治事实层面看,作为台湾地区政治转型的驱动器,"宪改"使台湾当局的代表性大大增强,从而在事实上起到了强化"台湾主体性"的作用,使两岸关系在政治上矛盾的主要方面发生重大转变。但从法律规范层面看,"宪政改革"虽涉及 1946 年"宪法"多数条款,但却并未更

---

① 《马英九:"中国大陆仍是我们的领土"》,资料来源:http://news.sina.com.cn/c/2013-10-18/075628466460.shtml,最后访问日期:2017 年 5 月 20 日。
② 周叶中、祝捷:《台湾地区"宪政改革"研究》,香港社会科学出版社有限公司 2007 年版;李鹏:《"修宪""制宪""行宪"之争与台湾"宪政秩序"塑造中的"国家认同"》,载《台湾研究集刊》2006 年第 3 期;杨立宪:《台湾"宪政改革"再透视》,载《台湾研究》1994 年第 3 期。

第三章　台湾地区宪制性规定法理定位的历史面向

改其反映"一中性"的条款，反而在"增修条文"中强调了"两岸同属一中"的法理事实，因而在法理上为一个中国框架在台湾地区的确立奠定了宪制基础。

（四）"宪政改革"的法理属性：国家尚未统一的特殊条件下台湾地区政治转型事实的确认方式

不少台湾学者认为，经过"宪政改革"，1946 年"中华民国宪法"已经在实际上"台湾化"了。因此，"宪政改革"的历程实际上构成了"中华民国宪法"实现所谓"宪政重构"的过程，也构成了"中华民国宪法"正当性基础变化的过程。进而，他们以此为基础，提出"宪改"在本质上是一种"制宪"行为的主张，经过"宪改"之后的"中华民国宪法"已经成为"台湾独立"的法理依据。[①]

仅从简单的"选举民主"逻辑出发，这些观点似乎是合乎台湾地区历史发展实际的，也是合乎民主制宪的一般原理的。然而，这些看似正确的观点，在基本前提和叙事逻辑上，却存在极大的漏洞。众所周知，制宪权实质上仍是国家权力的一种表现形态，是一种由主权者所驾驭的、用来实现自己最根本意志的具体的、制度化的国家权力，而且是国家政治生活中的最高决定权。[②] 由于制宪权本身具有始源性、至高性的特点，从一定意义上讲，制宪权可以被认为是主权的一种集中表现形式，更有甚者，亦有学者将二者等同视之。尽管将制宪权视为主权的观点有所偏颇，但毫无疑问，主权是行使制宪权的基础和前提，制宪权是主权者所能行使的一项重要权力。因循本书第二章所建构的两岸主权逻辑，海峡两岸均是中国主权所涵盖范围，中国主权并不因两岸之间的政治对立和交往隔绝而走向分裂，中国人民是全中国唯一的主权者。

[①] 李仁淼：《自制宪权直观点思考我国宪政改革之问题点》，载《月旦法学教师》第 144 期。
[②] 苗连营：《关于制宪权的形而下思考》，载《上海交通大学学报（哲学社会科学版）》2003 年第 3 期。

依照制宪权的一般理论，无论是制宪还是修宪，都是主权者意志的体现。中国的主权属于"中国人民"，"中国人民"在主权层面上是一个不可分割的集合性概念。① 可以说，任何试图将某些属于"中国人民"的个体（或个体群）从这一集合性概念中裂解出去的思路和行为，都是对主权者的割裂，这部分个人（或个体群）都是不能具有作为集合体的"中国人民"享有的主权权力的。基于这一原理，作为"中国人民"组成部分的"台湾人民"，既不具有只有主权者才能享有的制宪权，亦不具有相应的修宪权。因此，无论是将台湾地区"宪政改革"视为一种"修宪"行为，还是一种实质上的"制宪"行为的观点，都是缺乏合法性的。

然而，由于两岸长期隔绝和政治对立，在民主和法治观念已经深入人心的情况下，台湾人民要争取到其应有的民主权利，并将这种权利以规范形式确立下来，就必须通过"宪改"的方式，弥合1946年"中华民国宪法"之中的"全中国"和台湾地区政治实践之中的"小台湾"之间的鸿沟。因此，从客观角度看，台湾地区"宪政改革"是台湾人民在国家尚未统一的特殊条件下，无法通过作为主权者的"中国人民"实现其民主权利的情况下，通过对"中华民国宪法"规范的变更，对台湾地区政治转型事实的一种确认。然而，由于缺乏主权要件的支持，这种确认却无法像部分"台独"学者所称的那样，构成一种正当的"制宪"或"修宪"过程。

三、"宪政改革"的"法统"意义及其对台湾地区宪制性规定定位问题之影响

如何认识《废除六法全书指示》对"伪法统"伪宪法的废止与"中华民国宪法"在台湾地区依然客观存在之间的矛盾，是我们探讨"中华

---

① 陈端洪：《一个政治学者和一个宪法学者关于制宪权的对话》，载《开放时代》2010年第3期。

民国宪法"法理定位问题时必须认真思考的问题。"法统"是长期流行于民国时期和台湾地区的一个重要的政治概念,通过对这一概念的挖掘,在一定程度上能够为我们分析《废除六法全书指示》和"中华民国宪法"法理定位之间的关系提供助益。

(一)"中华民国宪法"制定过程中的"法统"之争

1911年爆发的辛亥革命推翻了清王朝的统治,结束了中国两千余年的帝制时代,创建了中华民国,从而开启了中国国家近代化的新阶段。1912年3月,南京参议院通过《中华民国临时约法》,这部约法是对辛亥革命历史事实的确认,它以根本法方式宣告了中国专制制度的灭亡,确认了民主共和国家制度的诞生,同时也确立了中华民国的"法统"。[1]

在1946年"中华民国宪法"的制定过程中,体现出国内不同政治派别之间的"法统"之争。如上所述,在国共内战重开的背景下,政协会议达成的共识已不可能获得落实,因而国共双方对于"中华民国宪法"的合法性问题表现出迥然相异的立场。国民党方面认为,"中华民国宪法"以孙中山《建国大纲》为制定依据,继承着自1912年《中华民国临时约法》以来的革命精神,因而是"中华民国法统"的重要表征;共产党和民盟等党派则拒绝承认这部"宪法"的合法性,认为这部"宪法"是维护国民党一党专政的伪宪法,是伪法统的表征。正是基于"中华民国宪法"表征的"中华民国法统"的合法性确认功能,在这部"宪法"被"动员戡乱时期临时条款"架空,宪法精神已遭实质破弃之后,国民党当局仍念念不忘"中华民国宪法"这块招牌的象征价值。直至1949年初,蒋介石发表之"元旦求和声明"中仍提出,"只要神圣的宪法不由我而违反……中华民国的法统不致中断……",则其"个人更无复他求"[2],

---

[1] 张晋藩:《辛亥革命百年话法统》,载《法学杂志》2011年第11期。
[2] 《申报》,1949年1月1日。

从而将维持"中华民国法统"作为国共和谈的一项条件。对于国民党方面的此类论调，中共方面据理力争，坚持立场，一以贯之地坚持反对"伪法统"伪宪法的主张，并将此主张明确列为北平和平谈判的八项条件之一。在此期间，中共中央制定了《废除六法全书指示》，正式宣布在解放区废除"伪法统"伪宪法，这一决定在日后颁布的《中国人民政治协商会议共同纲领》第十七条中得到确认，由此作为"中华民国法统"象征的"中华民国宪法"和"六法全书"在大陆正式退出历史舞台。

考察"中华民国宪法"的制宪实践可知，这部"宪法"所体现出的"法统"内涵在形式上和实质上存在本质差异。国民党当局认为，这部"宪法"承袭着辛亥革命以来《中华民国临时约法》传承的"法统"，体现出全国人民的制宪诉求，直接依据则是"孙中山先生创立中华民国之遗教"[①]。然而，从"中华民国宪法"的制宪历程来看，作为当时中国政治格局中唯一能起到制约国民党一党专政力量的中国共产党未能参与到制宪之中，从而使这部"宪法"与宪政的基本精神大相径庭。因此，如果说，这部"宪法"在制宪之初，即在坚持《政协决议》时期，尚能体现出中国各方政治力量的政治共识，体现出全国人民的制宪意愿，那么，在国民党单方面撕毁《政协决议》，一党"包办"制宪之后，它就已经丧失了合法性基础，因而只能体现出其作为"保护地主与买办官僚资产阶级反动统治的工具"，"镇压与束缚广大人民群众的武器"[②] 的一面，因而只能是一部伪宪法，是"伪法统"的体现。

（二）1949年后"中华民国法统"中"中国性"因素的显现

1949年，随着国民党政权败退台湾，"中华民国宪法"和"中华民国法统"也随之来到台湾，成为蒋介石当局彰显其自身"合法性"的重要

[①] 1946年"中华民国宪法"序言。
[②] 《中共中央关于废除国民党的六法全书与确定解放区的司法原则的指示》。

工具。如上所述，为弥合以"全中国"为适用对象的"中华民国宪法"与"小台湾"之间的裂隙，保障其作为"全中国"代表的"法统"之延续，国民党当局不惜透过"司法院大法官""释宪"方式，以极为牵强的说辞冻结"中央民意代表选举"，形成长达40年未改选的"万年国代"之怪现象。这一方面实现了国民党当局消解"宪法危机"，保障"中华民国法统"延续的意愿，另一方面也禁锢了台湾的民主发展，堂而皇之地巩固了国民党在台湾的专制统治。然而，这也使得以"全中国"为指向的"中华民国法统"，成为台湾地区民主运动的标靶。由此，台湾民主运动中形成一套以"台独"为手段、以"民主"为目的的台湾"民主独立"的逻辑体系，[①] 从而逐渐呈现出"台独化"倾向。

毋庸置疑，"中国性"是"中华民国法统"的天然构成部分，没有"中国性"就没有所谓"中华民国法统"。然而，在1949年之前，"中国性"却是"中华民国法统"之中一个无需讨论，也无需证成的组成部分，因为任何参与"法统"争议的中国政治派别未曾主张过，也不可能主张"非中国法统"。因此，在1946年"中华民国宪法"的制定过程中，各方政治力量"法统"争议的重点和本质在于"中华民国法统"是不是等同于维护国民党一党专政的"专制法统"，是不是应当成为国民党实行一党专政的"护身符"。从这个意义上讲，《废除六法全书指示》之中否定的"伪法统"，其本质即是维护国民党一党专政的"专制法统"，而不包括，也不可能包括"中华民国法统"之中的"中国性"。

1949年后，国民党政权退据台湾，为维护其自身在台湾地区统治的"合法性"，国民党当局才开始将"中华民国法统"之中的"中国性"凸显出来，以实现其以维护"中国法统"为名，行维护"专制法统"、禁锢民主之实的目的。由此，"中华民国法统"在台湾地区体现出与1949年

---

① 祝捷：《"民主独立"的台湾故事与香港前路》，载《港澳研究》2015年第2期。

之前不同的面向，即原本隐于其中的"中国性"开始显露于外，并在国民党当局的操弄下，与"专制法统"画上等号，从而成为岛内反对国民党专制统治力量的攻击对象。但是，我们必须予以澄清的是，在国民党威权统治时期，被"动员戡乱化"的"中华民国宪法"之中体现的国民党一党专政的"法统"并不等于"中华民国宪法"本身蕴含的"中国法统"，二者之间存在本质区别。

（三）台湾地区"宪政改革"的破除"专制法统"意义

自20世纪80年代末开始，台湾地区逐渐开始展开破除国民党威权统治的政治转型运动，这场运动的规范表现形态，即"动员戡乱时期临时条款"的废止和台湾地区"宪政改革"的展开。考察台湾地区历次"宪政改革"的具体内容可知，其对"中华民国宪法"的"增修"主要集中在对"中华民国政权组织形式""国家结构形式"的变更和对两岸关系的界定上。尽管有学者将台湾地区"宪政改革"视为"中华民国台湾化"的起点[1]，但遍观"增修条文"文本，1946年"宪法"所蕴含的"一中性"因素却并未消失，"中华民国宪法"的"固有疆域"条款依然存在，"增修条文"明确规定其制定目的系"为因应国家统一之需要"，同时"增修条文"还做出"中华民国""自由地区"和"大陆地区"的划分，依然将大陆视为其"领土主权"范围。由是观之，仅从"法统"角度看，台湾地区"宪政改革"的对象主要集中在通过对权力运行机制和权力来源的变动，实现对"专制法统"的破除，而并未对"中华民国宪法"之中的"中国法统"做出实质性改变。因此，"宪政改革"的"法统"意义在于，它破除了国民党当局强加在"中华民国宪法"之上的"专制符号"，却并未因循所谓"台湾民主独立"的逻辑，完全改变这部"宪法"

---

[1] ［日］若林正丈：《战后台湾政治史——中华民国台湾化的历程》，洪郁如等译，台湾大学出版中心2014年版，第214页。

之中的"中国符号",从而为我们从这部"宪法"之中寻找维护一个中国框架的因素提供了可能。

基于上述认识,如果说大陆方面将"中华民国宪法"界定为"伪法统"标志,那么"宪政改革"之后的"中华民国宪法"的"伪法统"属性已经随着台湾地区政治转型的实现而发生变化。台湾地区"宪政改革"的过程即伴随着"中华民国宪法"所体现的"中华民国法统"意涵的变迁。"宪政改革"前,"中华民国宪法"的主要作用在于以维护"中国法统"的方式维护国民党当局在台湾地区统治的"合法性"和彰显其对全中国主权主张的虚幻"合法性"。从这个意义上讲,在"宪政改革"之前,"中华民国宪法"仍然是《废除六法全书指示》中所界定的"保护地主与买办官僚资产阶级反动统治的工具,是镇压与束缚广大人民群众的武器",即"伪法统"伪宪法。而随着台湾地区"宪政改革"的展开,作为"专制法统"标志的"万年国大"走向终结,"中华民国宪法"的法理作用也发生了变化,它所体现的已不再是国民党长期主张的,名为"中国法统"实为"专制法统"的内在意涵,而是对台湾地区政治转型事实的确认。可以说,"宪政改革"之后的"中华民国宪法"已自我消除了代表国民党反动统治的"伪法统"因素,转而成为台湾人民巩固自身政治转型事实的一种规范符号。

据此,当前重新探讨"中华民国宪法"法理定位问题,并不意味着否定《废除六法全书指示》废除伪宪法"伪法统"的基本精神和基本原则,更不意味着否定新中国成立的合法性,否定新中国法治建设的基础。在当前形势下,我们探讨"中华民国宪法"法理定位问题的核心目的在于,通过给予这部"宪法"以合情合理安排,实现巩固和维护一个中国框架,促进两岸政治互信,为两岸展开高阶层政治商谈提供条件。只有厘清《废除六法全书指示》的真正废止对象,将"中国法统"和"专制法统"相区分,才能在对台工作中,更好地利用这部"宪法"的"一中性"

因素。

综上所述，通过本章各节对"中华民国宪法"在宪制史发展过程中定位变迁的梳理可知，在当前条件下，我们极有必要通过对历史的梳理，重新认识"中华民国宪法"法理定位问题的变化过程，避免以"一刀切"方式否定这部"宪法"之中存在的合理因素。依上文所述，自 1946 年以来，"中华民国宪法"的历史定位经历了三个阶段的变化：1. 自 1946 年至 1949 年 9 月，"中华民国宪法"是一部以维护国民党专制统治为目的而制定和实施的伪宪法，其所维护的乃是国民党专制统治的"伪法统"；2. 自 1949 年 9 月《共同纲领》颁布之后，"中华民国宪法"在大陆地区被彻底废止，《共同纲领》作为当时中国人民政治决断的规范产物，成为中国革命胜利的法理标志，而被蒋介石当局带至台湾的"中华民国宪法"只是一种外力作用下的政治事实，因而不具备正当性；3. 20 世纪 90 年代台湾地区"宪政改革"之后，"中华民国宪法"中原有的"专制法统"逐步被破除，而其中的"中国法统"却依然存在，此时这部"宪法"应当被认为是国家尚未统一的特殊条件下台湾人民对自身政治转型的规范确认，但基于台湾人民作为中国人民一部分的政治身份，这部"宪法"的正当性基础并不完整。只有从纵向视角出发，完成对"中华民国宪法"法理定位问题的历史切割，才能为我们在当前形势下，更为清晰地认识到"中华民国宪法"对我们巩固一个中国框架，促进两岸关系和平发展的价值，更加明确地界定"中华民国宪法"的法理定位提供可能。

第四章 台湾地区宪制性规定法理定位的两岸面向

长期以来,人们对"中华民国宪法"的认知,多是在"宪法是一种政权存续的法律化形式"①的逻辑下,将"中华民国宪法"视为"中华民国"政权正当性的象征,进而将承认这部"宪法"等同于承认"中华民国",并将承认"中华民国"视为承认台湾的"国家"和"主权"地位。如此一来,我们将始终无法走出"中华民国宪法"法理定位困境对两岸关系的负面影响,无法客观认识这部"宪法"的实际功能与作用。然而,当我们从功能视角出发,通过考察"中华民国宪法"在两岸关系和台湾地区内部的实际功能,以此深入分析这部"宪法"与两岸关系和台湾岛内政治局势之间的关联,从而实现对"中华民国宪法"法理定位的描述性界定。近年来,两岸关系和台湾内部政治局势呈现出复杂多变的形势,其中既有有利于两岸关系发展的部分,也有极易对两岸关系长远发展产生负面影响的部分。一方面,自2008年以来,在两岸的共同努力下,双方在巩固"九二共识"政治基础、反对和遏制"台独"分裂活动上取得共识,从而开创了六十余年来两岸关系的最好时期,"台独"分裂势力受到较大挫折,两岸政治互信有所提升,经济社会交往日益密切。另一方

---

① 祝捷:《"九二共识"核心意涵的法理型构——再论两岸法律的"一中性"》,载《中国评论》2016年4月号。

面，两岸政治对立仍未在根本上得到解决，台湾岛内政党轮替已成常态，岛内执政者的两岸政策可能发生周期性变化，同时，"去中国化"运动的长远影响日益凸显，岛内总体政治格局的"本土化"倾向明显[①]，"台湾主体性"意识逐渐成为岛内各方政治力量都必须尊重和认可的"政治正确"，岛内青年世代的"国家认同"观念已发生重大变化。在这种背景下，我们必须充分认识到"中华民国宪法"法理定位问题与两岸关系及台湾内部政治格局变化之间的联系：1. 在考虑对台政策总体格局时，应当如何遏制"台独"分裂势力及其分裂活动仍然是我们处理台湾问题时需要考虑的首要问题，并以此为契机，考量"中华民国宪法"对反"台独"工作的价值；2. 必须重视台湾民众的政治情感和政治诉求，在将岛内民众的"本土意识"与"台独意识"相区分的基础上，通过务实看待"中华民国宪法"，尊重台湾民众对这部"宪法"的政治情感和认同倾向；3. 在两岸依然处于高度政治对立的形势下，双方在公权力机关交往和民间交往层次的对立情绪依然存在，因而应当通过务实看待"中华民国宪法"，有效消解这种对立情绪。

第一节 "中华民国宪法"的维护一个中国框架功能之考察

近年来，随着民进党执政时期"去中国化"运动中长期影响的发酵，岛内民众的"本土化"趋势日趋明显，以民进党为代表的"本土"政治势力通过对"台湾本土意识"的选择性诠释，建构起自己行为正当性的价值基础，从而使"台湾主体性"意识上升为岛内政治力量必须尊重甚至因循的"意识形态"。[②] 可以说，随着"去中国化"运动实际影响的日

[①] 郑振清：《"本土化"与当代台湾地区政治转型的动力与进程》，载《政治学研究》2010年第6期。

[②] 陈星：《台湾民主化与政治变迁》，九州出版社2013年版，第139页。

第四章　台湾地区宪制性规定法理定位的两岸面向

益发酵，岛内主流民意之中的"大中国"意识开始日渐松动，以"台湾主体性"意识为核心的价值体系开始形成，岛内越来越多的民众开始接受"中华民国是一个主权独立的国家""中华民国就是台湾""台湾并非中国的一部分"等政治主张。因此，在两岸共同坚持"九二共识"、反对和遏制"台独"分裂活动的背景下，"台独"分裂势力开始以另一种形式"复活"，并在越来越多的情况下影响着岛内主流民意。因此，尽管近年来"台独"分裂势力短期内受到一定挫折，但其对两岸关系的深层次负面影响犹存，在台湾地区政党轮替常态化的背景下，这种负面影响还有进一步强化的可能性。因此，如何进一步巩固一个中国框架，反对和遏制"台独"分裂活动，是我们巩固两岸关系和平发展、消解两岸政治分歧、实现祖国完全统一所需面对的重要问题。正如台湾学者邵宗海所言，对大陆来说，若能将双方的政治定位规范在一个中国框架下，即使离统一目标的路程尚有一段距离，但是能把台湾与"独立"的方向区隔起来，奠定两岸和平发展的基础，将是在"防独促统"上迈出的重要一步。[1] 因此，两岸关系发展现状要求我们必须在现有方式方法的基础上，寻找新的反对和遏制"台独"分裂活动的方式方法，作为法治思维和法治方式的重要表征，从宪法层面出发，台湾地区现行"宪法"中的"一中性"因素成为我们解决上述问题的必然选择。

一、台湾地区现行"宪法"文本规范的"一中性"分析

台湾地区现行"宪法"由1946年"中华民国宪法""宪法增修条文"组成。[2] 台湾地区现行"宪法"文本规范中的"一中性"，是我们研究这

---

[1] 邵宗海：《两岸协商与谈判》，新文京开发出版股份有限公司2004年版，第109页。
[2] 因本节对"中华民国宪法"对维护一个中国框架功能之叙述，既涉及1946年"宪法"，又涉及"宪法增修条文"和相关的"大法官解释"，为避免相关叙述混淆，故本节所使用之"台湾地区现行'宪法'"即指代上述三个组成部分，而"1946年'中华民国宪法'""中华民国宪法"等则指代1946年"宪法"。

171

部"宪法""一中性"功能的前提和基础,只有立基于这部"宪法"文本的"一中性"分析,才能进一步分析其推演逻辑及其对维护一个中国框架的实际功能。台湾地区现行"宪法"文本中的"一中性"因素,主要体现在1946年"宪法""增修条文"文本及多件"大法官解释"等规范性文件中。

(一)1946年"宪法"及其"增修条文"文本中的"一个中国"规范分析

台湾地区现行"宪法"由1946年"中华民国宪法"和"宪政改革"后通过的"宪法增修条文"构成。就1946年"中华民国宪法"而言,这部"宪法"本身制定于大陆,其时两岸尚处于同一当局的实际控制之下,并不存在"两岸关系"问题,因而"一中性"是其天然构成部分。相对而言,台湾地区"宪法增修条文"系20世纪90年代至21世纪初,台湾地区"宪政改革"的产物,此时两岸已处于政治对立状态,因而对两岸关系的界定自然成为"增修条文"的重要组成部分。仅从文本来看,尽管"宪法增修条文"已使用"一国两区"的立法思路,将大陆和台湾区分看待,但这并不妨碍其在文本表述中对"两岸同属一个中国"事实的肯定和确认。具体说来,这种肯定和确认体现在以下几个方面:

第一,在"增修条文"前言中,明确说明"增修条文"的"修宪"目的在于"因应国家统一前之需要",以此说明在此状况下台湾地区现行"宪法"发生变化的根本原因,将"国家统一"界定为"增修条文"的立法目标。针对这一表述,有部分台湾学者提出向左的解读,称这一表述"明显表示宪法本身终于不再执迷于法理上的大一统,从此正视并承认了原有国土业已分裂的事实"[1]。显然,这种解读企图运用文义解释的方法,

---

[1] 许宗力:《两岸关系法律定位百年来的演变与最新发展——台湾的角度出发》,载《月旦法学杂志》1996年第12期。

第四章 台湾地区宪制性规定法理定位的两岸面向

将两岸关系解读为一种"统一前"的关系,继而以偷换概念的方式,将事实上的"统一前"等同于法理上的"已分裂",从而为其将两岸关系界定为"国与国关系"提供论据。对于这种解读,我们应从两个方面加以反驳:1. 众所周知,每一段法律上的文句,都紧密交织在法体系之中,构成一个有意义的整体关系,要诠释它们,首先应估计上下文,不得断章取义。① 因此,对两岸关系状态的界定,不应仅从"增修条文"的某一单独条文,甚至于某个词汇来探寻,更应考量上下文对这一问题的整体界定。除前言外,"增修条文"还在多个条文中体现出对两岸关系的界定,综合考察这些条文之间的逻辑关系,无法推导出两岸"已分裂"的法理表述。2. 对于国家状态的认知,不应简单地将事实上的"尚未统一"等同于法理和主权层面的"已分裂",两岸之间的"尚未统一"是指双方在事实上处于互不统属状态,但从国际法、国内法的界定来看,两岸并未在主权层面走向"分裂",将事实的"未统一"等同于法理的"分裂",无异于偷梁换柱。因此,台湾学者对这一条文的解读无疑是错误的,从"增修条文"的整体文本来看,这一条文仍然将大陆和台湾视为一个国家,将"谋求国家统一"视为两岸关系发展的终极目标。可以说,作为"增修条文"前言的组成部分,这一条款对我们维护一个中国框架具有重要作用,应成为我们用于反击"台独"分裂分子的重要资源。

第二,"增修条文"的将"中华民国宪法"的适用范围限定在"中华民国自由地区",以之与"中华民国大陆地区"相对,将大陆地区人民和"自由地区"人民分开规定,以法律形式肯定"一国两区"的两岸政治关系定位状态。作为台湾当局对两岸政治关系定位的正式观点,"一国两区"构成了"增修条文"对两岸关系界定的指导思想。一方面,"增修条文"并未将"中华民国"与"自由地区"相等同,而是将"自由地区"

---

① 黄茂荣:《法学方法与现代民法》,法律出版社2007年版,第344页。

视为与"中华民国"之下与"大陆地区"相对等的一个地区，从而肯定了两岸同属一个国家的法理事实。另一方面，"一国两区"思想指导下的"增修条文"引申出"中华民国""统治权"不再给予大陆地区的涵义，并相应地对台湾地区正副领导人、"中央民意代表"等的产生方式等做出调整，从而为弥合1946年"宪法"之"全中国性"与台湾地区政治事实中的"小台湾性"之间的裂隙提供了规范依据。需要指出的是，在台湾当局大陆政策演变的过程中，"一国"的含义曾发生过一定程度的变化，在1994年台湾当局公布的"台海两岸关系说明书"中，"一国"（中国）被界定为"历史上、地理上、文化上、血缘上的中国"[①]，而刻意回避和否定了政治上和现状上的"一国"，从而为虚化"一国两区"中的"一国"、解读出"特殊两国论"的观点提供了可能性。但是，台湾当局政策表述的变化，却并未上升为"宪法"规范，在"增修条文"中，两岸关系的定位仍然是"中华民国"之下的"大陆地区"和"自由地区"之间的关系，并未在法理上承载"特殊的国与国关系"的意涵。

第三，"增修条文"沿用1946年"宪法"关于"中华民国领土"的规定，且为因应"国民大会"的废止，将原有规定中修改这一条款的门槛从"国民大会决议"变更为最少需3/4"立委"出席，出席"立委"3/4决议，公告半年后经"复决"方可完成，从而在程序上为维护两岸在领土主权层面的同一性提供了重要保障。长期以来，"中华民国领土"条款一直是"台独"分裂分子妄图实现"台湾法理独立"过程中的一大障碍。为消解这一障碍，部分台湾学者提出，1946年"宪法"中的"固有疆域"一词是一个模糊概念，要确定这一概念的内涵，"应该同时考量国际法原则及宪政变迁"，并以"制宪或修宪当时国家实效统治的范围为根据来认定"，而1949年后，"中华民国宪法"的"宪政秩序事实基础"已

---

① 台湾当局"台海两岸关系说明书"（1994年）。

第四章 台湾地区宪制性规定法理定位的两岸面向

发生"根本变动",因而所谓"中华民国固有疆域"应当是"政府实效统治的台澎金马及其他附属岛屿,当然不及于中国"[①]。显然,这种看似合乎"事实"的推演,并不符合台湾地区现行"宪法"的规定。众所周知,"增修条文"是对1946年"宪法"的"增修",因而这一"条文"从性质上属于1946年"宪法"的附属条款,对其条文意涵的考察,显然应当从"制宪"时"制宪者"的意志出发。如上所述,1946年"宪法"制定于大陆,其对"中华民国""固有疆域"的规定,显然是指包含大陆和台湾在内的全中国。上述学者论述的推演,显然是一种妄图通过混淆"法理"与"事实"的方法,偷换概念,将台湾当局现有实际控制范围视为一种"主权"存在,从而实现重新解释"中华民国固有疆域"的目的。在实践中,尽管台湾地区"司法院大法官"于1993年作成的"释字第328号解释"回避了对"中华民国""固有疆域"的解释,但从台湾地区的官方立场,尤其是曾任台湾地区领导人的马英九的立场来看[②],"中华民国"的"领土范围"显然应当以1946年"宪法"文本之规定为准,即包含大陆和台湾在内。

综上所述,从台湾地区现行"宪法"的规范文本来看,其所包含的"一中性"是比较明显的,"两岸同属一个中国"是蕴含于这部"宪法"之中的基本精神。也正因为如此,外交部长王毅同志才在美国"国际与战略研究中心"(CSIS)提出台湾执政者应当依照"他们自己的宪法"推进两岸关系,而"他们'宪法'就是规定大陆和台湾同属一个中国"[③],以台湾地区现行"宪法"规范中存在的"一中性"意涵对台湾地区新执

[①] 黄昭元:《固有疆域的范围》,载《月旦法学杂志》2000年第9期。
[②] 《马英九:"中国大陆仍是我们的领土"》,资料来源:http://news.sina.com.cn/c/2013-10-18/075628466460.shtml,最后访问日期:2017年5月20日。
[③] 王毅:《王毅:台湾新执政者"违宪"不可想象》,资料来源:http://www.crntt.com/doc/1041/3/6/9/104136983.html?coluid=0&kindid=0&docid=104136983,最后访问日期:2017年5月20日。

政者提出要求。也正是由于"中华民国宪法"规范中存在的"一中性"意涵,"台独"分裂分子才不得不选择绕开"中华民国宪法"及其"增修条文"的文本,转而通过利用各种理论模型来重新解释这些规范中的"一中性"条款,从而实现不修改"宪法"文本,而实现其内在意涵的"台湾化"。

(二) 台湾地区"司法院""大法官解释"中的"一个中国"因素

在台湾地区当前的政治体制中,"司法院大法官"扮演着与众不同的重要角色。在谋求"台湾法理独立"的过程中,"台独"分裂势力曾多次试图通过"司法院大法官解释",造成"两岸分治永久化"的局面。① 截至2017年5月,台湾地区"司法院"作成的"大法官解释"共748件,其中与两岸关系直接相关的有20件。② 有学者将这些"解释"划分为围绕台湾当局在台统治合法性问题的"法统型"、围绕台湾地区人民权利与大陆人民在台权利的"权利型"和围绕台湾地区政治制度运行过程中疑难问题的"制度型"三种。③ 这种分类对于我们从解释对象角度认识这些"大法官解释",进而分析其内在规律,探究其发展方向具有重要意义。但基于分析和预测"释宪台独"表现形态的研究目的,本书更倾向于从"大法官"在"解释"中对待两岸关系性质的层面对其加以分类分析。从这个角度看,现有的二十件"大法官解释"大致可分为三类:

第一,在"解释"中直接或间接肯定"两岸同属一个中国"事实的。

---

① 周叶中、祝捷:《论我国台湾地区"司法院"大法官解释两岸关系的方法》,载《现代法学》2008年第1期。

② 即"释字第31号解释""释字第85号解释""释字第117号解释""释字第150号解释""释字第242号解释""释字第261号解释""释字第265号解释""释字第328号解释""释字第329号解释""释字第467号解释""释字第475号解释""释字第479号解释""释字第481号解释""释字第497号解释""释字第558号解释""释字第618号解释""释字第644号解释""释字第692号解释""释字第710号解释"和"释字第712号解释"。相关之"解释文""理由书"等文本参见台湾法源法律网 http://db.lawbank.com.tw,最后访问日期:2017年5月29日。

③ 周叶中、祝捷:《我国台湾地区"司法院大法官"解释两岸关系的方法》,载《现代法学》2008年第1期。

第四章 台湾地区宪制性规定法理定位的两岸面向

根据法律解释学一般原理,文字是法律意旨附丽的所在,也是法律解释活动的最大范围,任何对法律的解释都不得超越文本而存在。① 正是基于这一原理,在涉及两岸关系的"大法官解释"中,大部分"解释"都以台湾地区现行"宪法"及其"增修条文"对两岸关系性质的界定为依据,对"两岸同属一个中国"的事实持直接或间接的肯定立场。详言之,此类解释的论述模式主要分为正反两个类型:1. 部分"解释"援用"国家发生重大变故"等理由解释因两岸关系的特殊性所产生的种种法律现象,以正面话语直接肯定"两岸同属一个中国"的事实。如塑造"万年国大"的"释字第 31 号解释"即以"国家发生重大变故"为由,提出"事实上不能依法办理次届选举时……自应仍由第一届立法委员,监察委员继续行使其职权"[②],维持了国民党当局所谓"全中国政府"的形象,更肯定了两岸关系的基本性质。2. 部分"解释"以否定方式排除了部分"台独"分裂分子的分裂企图,以负面话语间接肯定"两岸同属一个中国"的事实。如涉及"汪辜会谈四项协议"法律性质的"释字第 329 号解释"即以"台湾地区与大陆地区间订定之协议……非本解释所称之国际书面协定"[③],否定了两岸协议"国际条约"属性,继而间接地否定了两岸属"国与国关系"。

第二,在"解释"中对两岸关系性质问题持回避立场,意图模糊两岸关系性质的。20 世纪 80 年代末台湾地区启动政治转型之后,岛内各方政治力量对统"独"议题的关注度和敏感度持续提升,"大法官"对与之相关案件的处理随之变得较为谨慎。基于对"解释"后果的考量,"大法官"在面对直接涉及两岸关系性质的案件时开始采取回避立场,如在涉及"中华民国""固有疆域"问题的"释字第 328 号解释"中,"大法

---

① 黄茂荣:《法学方法与现代民法》,法律出版社 2007 年版,第 335 页。
② "释字第 31 号解释"之"解释文"。
③ "释字第 329 号解释"之"解释理由书"。

官"即以"政治问题不审查"为由,提出"国家""固有疆域"范围之界定,"为重大之政治问题,不应由行使司法权之释宪机关予以解释"①,从而回避了"声请书"中敏感的"中国大陆是否属于中华民国领土"②的问题。此号"解释"的做成表现出"大法官"对统"独"议题的回避立场,尽管并未造成否定"两岸同属一个中国"事实的结果,但却在客观上造成了模糊两岸关系性质的效果。

第三,在"解释"中尝试以重构"中国"与"台湾"关系的方式,解构"两岸同属一个中国"事实。自20世纪90年代末至21世纪初,由于时任台湾地区领导人李登辉、陈水扁等人鼓吹"台独"分裂主张,岛内统"独"矛盾进一步激化,在这一时期获任的不少"大法官"在相关议题上的立场也发生一定动摇,因此,在这一时期,岛内出现部分意图解构"两岸同属一个中国"事实的"大法官解释"。如在涉及解决"中国比较法学会"更名为"台湾比较法学会"是否违法问题的"释字第479号解释"中,"大法官"以"结社自由保障"为由,认为台当局"内政部"制定的"社会团体许可立案作业规定"第四点关于人民团体应冠以所述行政区域名称之规定,因违反母法规定而失效。③ 然而,在"大法官"董翔飞、刘铁铮、黄越钦做出的"不同意见书"中,则提出了本号"解释"所涉及的两岸关系问题提出,"台湾法学会是否仍为全国性人民团体……若为,则台湾是否意含国家名号?"④ 的问题,并以此为由提出了反对意见。这一"解释"即充分体现出将"台湾"等同于"中华民国",进而为"台独"分裂活动提供"法理"依据的倾向。

众所周知,在李登辉、陈水扁执政时期,"司法院大法官"已作成多件涉及两岸关系的"解释",其中不乏涉及"固有疆域""两岸协议性

---

① "释字第328号解释""解释文"。
② "释字第328号解释"陈婉真等"声请书"。
③ "释字第479号解释""解释理由书"。
④ "释字第479号解释"董翔飞、刘铁铮、黄越钦三位"大法官"之"不同意见书"。

质""台湾省地位""福建省地位"、大陆人民出入境限制等敏感内容的案件。尽管绝大部分"大法官解释"都能够站在尊重台湾地区现行"宪法"文本和"一个中国"事实的立场上处理相关案件，但是这些案件的产生和发酵从另一个侧面表明，"台独"分子借"释宪"方式推动"法理台独"活动的实践路径已然形成。无论是从当前两岸关系的基本格局，还是从台湾岛内的政治环境来看，"释宪台独"活动再度兴起的条件较之于李扁时期更为充分，而民进党当局通过"释宪"方式推动"法理台独"的可能性较大。因此，在民进党在台湾地区全面执政的背景下，应当注重对台湾地区涉及两岸关系之"大法官解释"的分析与研判，高度警惕在"制宪台独""修宪台独"难度较高的情况下，部分"台独"分裂分子采取"释宪台独"的方式，推进"台湾法理独立"。当然，从另一方面看，由于"宪法解释"必须基于既有的规范文本和宪法学原理而产生，因此，手握"释宪"大权的"司法院大法官"在一定条件下，亦可能成为巩固和维护一个中国框架的重要资源。在岛内"政党轮替"常态化的背景下，应当注重作为政治精英的"大法官"对待两岸关系的政治立场和倾向，通过各种渠道影响"大法官"对两岸关系发展大势的判断，使台湾地区"释宪"机制在一定条件下成我们遏制"台湾法理独立"的最后防线。

二、台湾地区现行"宪法""一中性"的"二律背反"及其演变逻辑

考察"中华民国宪法"及其"增修条文"文本规范中"一中性"因素与台湾地区政治现状的关系可知，当前这部"宪法"中的规范要素与事实要素之间存在着一定程度的差异。要分析和解释这种差异，应当从对这种差异现象的精准描述出发，进而对其形成逻辑做出研究。

（一）台湾地区现行"宪法""一中性"的"二律背反"现象

二律背反是康德哲学的重要范畴，它所揭示的是这样一个悖论：当理

性企图通过有限的知性范畴去规定"世界"这一无限整体时,可能得出两种截然相反的结论,而且这两种结论都同等的能够得到证明。① 从"中华民国宪法"在规范与实践中所反映出的政治意涵,尤其是其统"独"意涵,通过不同的分析思路,却可以得出截然相反的一对命题,即"中华民国宪法"体现出"一中性"和"中华民国宪法"体现出"台湾性",从而彰显出一种二律背反现象。

1. 正题:"中华民国宪法"体现出"一中性"

大陆方面对"中华民国宪法""一中性"的认知和推导,多从其规范文本出发,以其文本的"一中性"界定其整部"宪法"的"一中性"。考察上文对台湾地区现行"宪法""一中性"的分析,"中华民国宪法"的文本体现出强烈的"一中性"色彩,这种"一中性"体现在两个方面:1. 在现状上,在"动员戡乱时期临时条款"废止之后,台湾当局虽在法理上默认大陆当局的存在,不再以"叛乱团体"界定中华人民共和国政府②,但在主权层面上,"中华民国宪法"仍将两岸关系现状界定为"一个中国",它并未因两岸存在两个当局而分裂;2. 在目标上,"宪法增修条文"和"司法院大法官"做出的一系列"大法官解释"都将"谋求国家统一"视为一个"宪法"上的目标,因而在"宪法"规范文本中并不存在所谓"台独"选项。从这个意义上讲,"中华民国宪法"当然体现出其"一中性",构成维护"一个中国"事实的依据。

2. 反题:"中华民国宪法"体现出"台湾性"

台湾学者对"中华民国宪法"及其"增修条文"的解读,多从其政治现实出发,以其在实际政治生活中的效力适用范围为依据,强调这部"宪法"的"台湾性",并以这种"台湾性"重新界定"中华民国"的政

---

① 江国华:《宪法哲学导论》,商务印书馆 2008 年版,第 55 页。
② 周叶中、祝捷:《关于大陆和台湾政治关系定位的思考》,载《河南政法干部管理学院学报》2009 年第 3 期。

治内涵，得出所谓"中华民国就是台湾"的结论。具体说来，其形成这一结论的论据主要包括：1. 台湾当局自1949年以来的实际控制范围仅及于台澎金马地区，这一事实应当成为理解和适用"中华民国宪法"的事实基础；2. 1971年台湾当局被逐出联合国，直至台湾地区"宪政改革"启动，台湾选出的"中华民国"民意代表已实现从"增额"到"全额"的蜕变，因而"中华民国"的统治基础已经从"全中国"改变为"台湾"①；3. 台湾地区现行"宪法"及其"增修条文"中，不断出现着因肯定"自1949年年底以来仅统治台湾"之事实和"对中国大陆仍具有法律上的主权"之间的矛盾，②这种矛盾的产生原因即是"中华民国宪法"已经"台湾化"，体现的是"台湾性"，而非"中国性"。部分台湾学者基于这些认识，提出"中华民国宪法"在实践中已经"台湾化"，因而在事实上"中华民国宪法"已经沦为台湾的"生存策略"。③

3. 二律背反的产生："中华民国宪法"规范与事实之裂隙

从上述两个命题的推导可知，同样是从一部"中华民国宪法"之中，既可以推导出这部"宪法"的"一中性"，也可以推导出这部"宪法"的"台湾性"。众所周知，在两岸关系这一特殊论域之中，似乎"一中性"与"台湾性"之间已经体现绝对的对立，而同一部"宪法"分别体现出这两种特性的两个命题，当然是对立的，因而"中华民国宪法"本身即是这一"二律背反"的承载者。但当我们认真分析"中华民国宪法"之中存在的二律背反现象时，却会发现，这部"宪法"中"一中性"与"台湾性"其实并非一对天然存在的矛盾，而是一种被建构的产物，是一种因循"台湾主体性"逻辑推导出的产物，因而只有在承认极端的"台

---

① 王泰升：《中华民国法体制的台湾化》，载王泰升：《台湾法的断裂与连续》，元照出版公司2002年版。

② 王泰升：《中华民国法体制的台湾化》，载王泰升：《台湾法的断裂与连续》，元照出版公司2002年版。

③ 颜厥安：《宪政体制与语言的困境》，载颜厥安：《宪邦异式》，元照出版公司2005年版。

湾主体性"之前提下，才会下意识地将这一对命题视为矛盾的存在。当我们跳出"台湾主体性"逻辑之后，便会发现，"中华民国宪法"的"一中性"和"台湾性"之间实际上也可以是一对统一的存在——它们统一于"中华民国宪法"的规范与事实的裂隙之中，而要探析"中华民国宪法"的规范与事实之裂隙，就应当对从这部"宪法"的"一中性"逻辑探析出发。

（二）"中华民国宪法""一中性"的演变逻辑：规范—"事实"—规范

有学者在对两岸各自根本法"一中性"做现时性对比时，将其归结为对"一中宪法"和"宪法一中"的比较，[①] 这种表述高度概括了两岸各自根本法对待两岸关系性质问题的立场，因而在对"中华民国新法"及其"增修条文""一中性"进行历史性梳理时，亦可以"一中宪法"和"宪法一中"这一对既相关又相对的概念，来概括其变化发展情况。就"中华民国宪法"的"一中性"而言，所谓"一中宪法"体现的是一种从"一中"事实到"宪法"规范的过程，是"一中"从政治事实升华为法理规范的过程，而所谓"宪法一中"体现的则是"一中"从"宪法"规范到"一中"事实的过程，是"一中"从法理规范被诠释为政治事实的过程。前者体现出的是一种"制宪"逻辑，而后者体现出的则是一种"行宪"（主要表现形式是"释宪"）逻辑。需要指出的是，在前一逻辑过程中，"一中"作为一种纯粹的、无可争辩的事实被纳入"宪法"规范之中，而在后一逻辑过程中，"一中"却被作为一种可以为不同政治人物做出不同解读的"宪法"规范，做出符合不同政治需要的"一中"解释。从"中华民国宪法"的"制宪"和实施情况来看，其"一中性"

[①] 周叶中、祝捷：《"一中宪法"与"宪法一中"——两岸根本法之"一中性"的比较研究》，载黄卫平等主编：《当代中国政治研究报告》（第十辑），社会科学文献出版社2013年版。

因素体现出从事实到规范，再到"事实"的推演逻辑，亦即是从"一中宪法"到"宪法一中"的逻辑。具体说来，这种逻辑体现为以下三点：

第一，在"宪政改革"前"中华民国宪法"的"一中性"遵循从事实到规范，从"一中"到"宪法"的"一中宪法"演进逻辑，"中华民国宪法"及围绕这部"宪法"形成的"宪政秩序体系"均体现出较为纯粹的"一中性"色彩。1. 在1946年"中华民国宪法"的制定过程中，遵循着从事实的"一中"到规范"宪法"的"一中宪法""制宪"逻辑。由于当时中国的政治格局之中并不存在台湾问题，因而这部"宪法"是以全中国为其效力适用范围的，其"一中性"无需说明，更专门无需强调。2. 1949年之后，尽管蒋介石政权退往台湾，失去了对中国大陆的实际控制，但为维护其统治的合法性，保证所谓"中华民国法统"的存续，台湾当局以牺牲台湾民众的民主权利为代价，仍以"修宪"（修改"动员戡乱时期临时条款"）、"释宪"等方式，继续在法理层面强调这种存在于"中华民国宪法"中的"一中性"。直到"宪政改革"之前，台湾当局对两岸政治关系定位的界定，仍坚持所谓"合法政府对叛乱团体"的定位模式[①]，因此，在其政策体系之中，并不存在任何否定"一个中国"的空间。因此，在这一时期，作为台湾当局统治"合法性"符号的"中华民国宪法"，以及作为这部"宪法"附属条款的"动员戡乱时期临时条款"和涉及两岸关系界定的"大法官解释"，都构成对台湾当局两岸政策体系的表现形式，从而体现出纯粹的"一中性"色彩。

第二，在"宪政改革"后"中华民国宪法"的"一中性"则遵循着从规范的"一中"到"事实"的"宪法一中"演进逻辑，各方政治力量都企图从具有"一中性"的"中华民国宪法"文本中解释出合乎自己政治主张的因素。20世纪90年代后，台湾当局宣布废止"动员戡乱时期临

---

① 周叶中、祝捷：《关于大陆和台湾政治关系定位的思考》，载《河南政法干部管理学院学报》2009年第3期。

时条款",并发动七次"宪政改革",从而改变了其对两岸政治关系做出的"合法政府对叛乱团体"模式,转而默认中华人民共和国政府的合法性,提出"一国两区"的定位模式。在这一过程中,"中华民国宪法"的"一中性"逻辑发生改变,由于台湾当局原本坚持的纯粹的"一中性"政策主张一度发生动摇,"阶段性两个中国""特殊的两国论"等分裂主张逐渐浮出水面,台湾岛内政界和学界亦开始尝试通过"释宪"方式,解构这部"宪法"中的"一中性"条款。当然,需要指出的是,这种从政治的"一中"到规范的"一中"的"一中宪法"逻辑并未随着"宪政改革"的展开而瞬间消失,而是经历了一个渐进式的转折过程,在第一次"宪政改革"中,台湾当局将"因应国家统一前之需要"写入"增修条文"前言,即可被理解为"一中宪法"逻辑的延伸,而此后台湾当局提出种种分裂主张却逐渐形成了与之相反的"宪法一中"逻辑。具体说来,"宪法一中"逻辑的具体体现是:1. 在国民党语境内,"中华民国"是1912年建立的一个"主权国家",其领土范围涵盖大陆和台湾,但其治权当前仅及于台澎金马,因而"中华民国宪法"的"一中性"意涵表现为主权层面上的"一中性"与治权层面上的"台湾性"的结合;2. 在民进党语境内,台湾"固然依目前宪法称为中华民国,但与中华人民共和国互不隶属",亦即是说,"中华民国"就是台湾,其主权和治权范围都仅及于台澎金马地区,因而"中华民国宪法"的"一中性"意涵在于只有一个"中华民国",而这部"宪法"、这个"国号"只是台湾作为一个"独立国家"的"生存策略"[①]。据此,台湾地区现行"宪法"的"一中性"已经从一种从事实到规范的纯粹的"一中性",转变为一种从规范到事实的,可以为台湾岛内各政党做出合乎其意志解读的"一中性",这种"一中性"甚至在一定语境下可以蜕变为包装"台湾性"的工具。某些政

[①] 周叶中、祝捷《"一中宪法"与"宪法一中"——两岸根本法之"一中性"的比较研究》,载黄卫平等主编:《当代中国政治研究报告》(第十辑),社会科学文献出版社2013年版。

第四章 台湾地区宪制性规定法理定位的两岸面向

党可以通过预设立场的方式，对"宪法"规范加以曲解，从而消除"中华民国宪法"中的"一中性"因素，使两岸在法理关系上彻底割裂。

第三，"中华民国宪法"的"一中性"在规范和事实上存在裂隙，这种裂隙为岛内各方政治力量利用这部"宪法"证成其政策主张提供了解释空间。如上所述，造成"中华民国宪法""一中性"和"台湾性"二律背反现象的原因，正在于这部"宪法"本身在规范与事实上存在的裂隙。从两岸关系的本质特征来看，双方关系的事实状态可被划分为政治事实、历史事实和法理事实三个具体层面：一是政治事实，即从政治现实出发定义的两岸关系事实状态；二是历史事实，即从历史渊源出发定义的两岸关系事实状态；三是法理事实，即从法理规范出发定义的两岸关系的事实状态。考察台湾方面有关政治人物和学者的论述可知，其主要论证逻辑在于，通过对1949年以来两岸长期隔绝的政治现实的重新诠释，消解"一个中国"的政治事实，通过所谓"以台湾为主体的历史观"的建构消解"一个中国"的历史事实，进而形成一套台湾拥有"事实主权"的论述体系，最终通过这一立场基点，重新诠释从文本上具有较为纯粹"一中性"的"中华民国宪法"，从而实现瓦解"一个中国"法理事实的目的。从这一逻辑来看，"台独"论者对"一个中国"政治事实的重新诠释构成其整套论证体系的起点，对历史事实的重新构建则是完成其论证目标的重要工具，而对法理事实的改变则构成其最终目的。从其理论构建的现状来看，"一个中国"的政治事实和历史事实已随着"去中国化"运动的不断推进而不断遭到消解，作为这一运动直接受众的台湾青年世代的"国家认同"观念已经发生异化。在这种背景下，大陆方面应当重视"中华民国宪法"上来自规范的"一中性"，守住"一个中国"法理事实的底线，以具有高度权威性、确定性和可接受性的规范"宪法"规范"一中性"弥补政治和历史"一中性"说理性不足、可接受性不高等实际问题，从而通过规范影响为台湾岛内政治力量所扭曲的事实"一中性"，改变这种不符合政治事实、历史事实和法理事实的所谓"事实""台湾性"。

三、运用台湾地区现行"宪法""一中性"资源的必要性、可行性与应用策略

通过对台湾地区现行"宪法""一中性"的二律背反现象的认知和分析可知,"中华民国宪法"所体现的"一中性"对于我们从法理事实出发,影响和重构两岸同属一个中国的政治事实和历史事实,改变当前一个中国框架遭遇的实际困境有着重要意义。可以说,"中华民国宪法"的"一中性"因素是我们反对和遏制"台独"分裂活动的重要正向资源,运用这一资源是当前两岸关系形势下的当务之急和必要之需。同时,在当前形势下,运用这一资源也具有一定的可行性,应当立基于这种可行性,建构一套合乎宪法学理论体系的应用策略。

(一)运用台湾地区现行"宪法"资源巩固和维护一个中国框架的必要性与可行性

从两岸关系和台湾地区内部的政治局势发展来看,近年来,作为两岸关系政治基础的一个中国框架正面临严峻挑战。一方面,在台湾地区政党轮替常态化的背景下,承认"九二共识"和鼓吹"台独"的政党都有可能在台执政,这就为两岸在一个中国问题上形成并维持"九二共识"这一政治共识的稳定性,提出了极大地挑战。另一方面,随着"去中国化"运动影响的日益显现,传统意义上由政治、历史、文化、社会等因素构成的一个中国框架正面临严峻挑战,所谓"台湾主体性"意识正逐步侵蚀一个中国框架在台湾地区政治环境中的存在空间,可以说,当前一个中国框架在政治、历史、文化、社会等层次,都面临"断裂"的危险。在这种情况下,仍在文本规范中坚持"两岸同属一个中国"原则的台湾地区现行"宪法",对于我们巩固和维护一个中国框架,具有极为重要的实际价值。

第四章　台湾地区宪制性规定法理定位的两岸面向

第一，台湾地区现行"宪法"文本的"一中性"因素较为明显，任何妄图否认一个中国框架的政党和政治人物，都无法绕开这一因素，而在台湾民众法治意识已深入人心的背景下，任何政党和政治人物都不敢直接违背台湾地区现行"宪法"的规定，更不敢否定这部"宪法"的法律效力，这就为我们借助这一资源提供了基础。具体而言：1. 尽管当前台湾地区部分政治人物和学者妄图应用法解释学中的部分具体解释方法，消解台湾地区现行"宪法"中存在的"一中性"因素，但通过上文的分析可知，这些观点多是对这部"宪法"文本的扭曲，是基于其"台独"分裂立场，形成的一种因循立场而形成的论证体系，其客观性和逻辑性都是很难经住推敲的。因此，这部"宪法"文本的"一中性"因素较为明显，很难如部分政党和政治人物的政治承诺一样轻易改变。2. 经过长期的法制建设，台湾民众的法律素质较高，法律意识较强，台湾社会已普遍认同法律，尤其是"宪法"对其政治生活起到的实际效果。因此，台湾地区各政党都不敢直接违背"宪法"，曾一度拒绝承认"中华民国宪法"，以"建立主权独立自主的台湾共和国"[①]为基本主张的民进党，也被迫选择"在中华民国现行宪政体制下推动两岸关系"。因此，借助台湾地区现行"宪法"这一资源，能够使我掌握好对台工作的主动权，从而实现以法理上的"一中"维护事实上的"一中"，并使法理上的"一中"逐步重新转化为事实上的"一中"的目的。

第二，台湾地区现行"宪法""增修条文"对修改这部"宪法"的程序规定了超高的制度门槛，保障了这部"宪法""一中性"因素的稳定性，这就为我们借助这一资源保障一个中国框架的长期稳定性提供了条件。具体而言：1. 从台湾地区"修宪"程序来看，自2005年台湾地区完成第七次"宪政改革"彻底废除"国民大会"之后，台湾当局对台湾地

---

① "民进党党纲"（1986年）。

区现行"宪法"的修改条款做出相应调整，规定要完成"修宪"，需四分之三以上"立法委员"出席，出席"立法委员"四分之三以上同意方可提出"修宪案"，该"修宪案"经公告六个月之后，交"公民复决"通过后，经全体选举人过半通过方可完成。[①] 在当前岛内政治格局之下，任何政党都无法以一己之力实现对这部"宪法"的修改，甚至无法启动对这部"宪法"的修改程序。2. 从台湾地区政治现实来看，统"独"议题一直以来都是岛内长期存在的敏感性议题，时至今日，岛内大部分民众仍未就这一议题形成普遍共识，维持现状是多数民众的主流观点。因此，即使岛内各政党能够就其他涉及台湾地区公权力机关运行的"宪法"条文形成"修宪"共识，但这种"共识"却极难在统"独"议题领域内形成。这也为"一中性"因素在台湾地区现行"宪法"文本体系中的长期稳定存在提供了现实条件。因此，来自台湾地区现行"宪法""修宪"条款的支持，为我们借助这部"宪法"的"一中性"因素，框限台湾地区各政党对待一个中国框架的立场提供了"安全阀"。可以说，台湾地区现行"宪法"的稳定性，远高于台湾当局与岛内各政党两岸政策的稳定性，因而借助这一资源，能够在较长一段时间内保障大陆方面对台政策的主动权。

第三，目前，台湾地区现行"宪法"已成为岛内的"最大公约数"，是否遵守"中华民国宪法"，是否能够在这部"宪法"确定的框架内活动，成为检验一个政党及其政策主张能否获得台湾民众支持的重要指标，也成为台湾民众对大陆对台政策认受程度的重要指标，这也为我们借助这一资源提升一个中国框架的权威性提供了条件。具体说来：1. 自20世纪90年代台湾地区完成政治转型后，台湾民众对包括台湾当局大陆政策在内的各项社会政策的选择逐渐趋于正态分布，呈现出"趋中化"倾向。

---

① 台湾地区"宪法增修条文"第十二条。

在"选票极大化"①策略的影响下,岛内各政党在政治光谱上逐渐向中间地带靠拢,由于"中华民国宪法"的特殊政治地位,因而这部"宪法"成为检验各政党政治态度的关键性指标。民进党和台湾地区领导人蔡英文正是认识到了"中华民国宪法"在岛内政治生态中的特殊地位,才在2016年选举中主动提出在"中华民国宪政体制下,依循普遍民意,持续推动两岸关系的和平稳定发展"②的政策主张,将包含"中华民国宪法""增修条文""大法官解释"和"宪法在台湾实际实施状况"在内的"中华民国宪政体制"列为其两岸政策的核心。2. 在两岸长期隔绝的背景下,台湾民众已经形成一套以"中华民国""中华民国宪法"为认同对象的政治归属和认同体系,这一体系是许多台湾民众"与生俱来的国家认同感"之所在。③因此,当大陆方面一味否认"中华民国""中华民国宪法"的存在,尤其是在国际活动中压缩其存在空间时,台湾民众会感到失去尊严,进而对大陆方面相应的对台政策表现出反感态度。2016年台湾地区领导人选举前发生的所谓"周子瑜事件"④,即是台湾民众这种态度和立场的集中体现。因此,借助具备"一中性"因素的台湾地区现行"宪法"这一资源,能够有效打击和遏制民进党内存在的"台独"分裂势力,使其在一个中国问题上"自缚手脚",自我限制,同时增强大陆方面对台政策的可接受性。

第四,近年来,在"台独"论述的侵蚀下,由历史、文化、民族等论述建构的"一个中国"经典论述在岛内的影响力呈式微趋势,存在着

---

① 吴玉山:《台湾的大陆政策:结构与理性》,载包宗和、吴玉山主编:《争辩中的两岸关系理论》,五南图书出版股份有限公司1999年版,第180页。
② 《蔡英文:中华民国宪政体制下 推动两岸关系》,资料来源:http://www.chinatimes.com/cn/realtimenews/20150604002766-260407,最后访问日期:2017年5月20日。
③ 陈孔立:《"中华民国"的政治定位》,载陈孔立:《走向和平发展的两岸关系》,九州出版社2010年版。
④ 《国台办发言人就台湾选举及周子瑜事件答记者问》,资料来源:http://www.taiwan.cn/xwzx/bwkx/201601/t20160116_11366642.htm,最后访问日期:2017年5月20日。

失去"听众"的危险,在此背景下,能否有效抓住台湾地区现行"宪法"的"一中性"因素,直接关系到"一个中国"话语能否在岛内继续发挥其应有作用。一方面,从岛内的政治环境来看,"一中"话语的式微,使"台独"论述在两岸话语斗争中有机可乘,在岛内逐渐掌握了意识形态领导权,进而对岛内政治生态产生重大影响。另一方面,从两岸关系的发展方向来看,"一中"话语的式微,间接导致台湾民众对"中国"的国家认同持续弱化,和平统一的理论基础遭到削弱。[①] 这种岛内业已形成"台独"话语暴力的情势下,"中华民国宪法"中的"一中性"因素可能陷入坚持"九二共识"的政治势力不敢讲或讲不出,力主"台独"的势力不会讲或以曲解方式讲的尴尬境地。在此种情形下,若大陆方面不正面强调和运用这部"宪法"中的"一中性"资源,则这种资源极有可能在两岸话语论争中走向湮灭。

综上所述,在当前政治条件下,积极运用台湾地区现行"宪法"中存在的"一中性"因素,务实处理台湾地区现行"宪法"定位问题,从而达到框限台湾地区各政党、政治力量的统"独"政策,巩固和维护一个中国框架,既具必要性,也具可行性。

(二)"宪法"文本的规范价值:运用"中华民国宪法"资源的策略关键

持"台独"立场的台湾政治人物和学者往往通过混淆政治事实、历史事实和法理事实的方法,妄图将"两岸尚未统一"的政治事实和通过"以台湾为主体的历史观"建构起的历史事实等同于两岸关系的法理事实,以实现其将政治上的"尚未统一"与法理上的"主权分裂"画上等号的目的。鼓吹所谓台湾"民主独立"的理论,即是这种思维方式的典

[①] 段磊:《"一个中国"话语体系的逻辑构成与理论挑战——"一中"经典论述何以在台湾失去"听众"?》,载《中国评论》2016年11月号。

第四章　台湾地区宪制性规定法理定位的两岸面向

型代表。鼓吹所谓台湾"民主独立"的论者，往往将所谓以民主权利为核心的"宪政秩序"视为"绝对的宪法"，凌驾于明显遵循一个中国原则的"中华民国宪法"文本之上，由此否定"中华民国宪法"对一个中国原则的维护作用。提出和倡导所谓"以台湾为主体的法律史研究"的台湾学者王泰升即提出，台湾"以一个事实上国家的地位已存在五十余年，且发展出自由民主的宪政秩序……如果台湾人民选择了'自由民主'的宪政生活方式，并为确保其永续存在，而在法律规范上宣示仅以台湾一地作为国家领土、居住于台湾之人作为国民，则岂是现有宪法条文所能拘束的"[①]。这种论断的本质是以一种看似至高无上的价值，作为超越现有宪制规范的依据，并借此为实现所谓"民族自决""独立建国"提供条件。

"台独"学者的这套以所谓"价值"凌驾于"法理"之上，妄图以法律规范之中存在"事实"与"规范"的矛盾为由，推出应当通过改变"规范"来迎合所谓"事实"的理论体系看似无懈可击，实际上却是通过臆造前提来实现的推断。如上所述，一个中国框架在台湾被某些政党和政治人物所扭曲，从而使"一个中国"站在了"台湾主体性"的对立面。在台湾地区政治环境"本土化"日趋明显的情况下，来自政治、经济、文化、社会等方面的"一中性"资源，都被所谓"台湾主体性"意识所控制，甚至有被"台湾主体性"意识瓦解的危险。因此，单纯通过上述方面巩固和维护一个中国框架，已显现出较大的风险性，而只有来自台湾地区现行"宪法"文本的"一中性"才是最为明确、稳定的"一中性"，只有这种"一中性"才能抵御来自"台湾主体性"的攻击。

尽管从政治事实层面看，岛内各政党基于其各自认知，使"中华民国宪法"掺杂着形形色色的政治意图，甚至出现"一部宪法，各自表

[①] 王泰升：《自由民主宪政在台湾的实现：一个历史的巧合》，载《台湾史研究》第11卷第1期。

述"① 的情形,但从法理层面,尤其是文本层面出发,台湾地区现行"宪法"的"一中性"成分仍然发挥着独特的作用。在两岸各自根本法都充分肯定"一中性"的基础上,双方对于一个中国框架的各自主张就能够在法理上形成重叠表述的客观状态。在这种情况下,两岸各自根本法上的"一中性"要素,就能够为双方通过政治力运作,形成合乎一个中国框架主权意涵的政治基础提供质料。

第二节 台湾地区宪制性规定在岛内的政治功能之考察

随着台湾地区政治转型和"宪政改革"的完成,"中华民国宪法"在台湾岛内政治生活中发挥着越来越重要的政治功能。这些政治功能,使这部"宪法"在岛内的政治地位愈发凸显,成为除极少数极端政治势力之外,各方共同遵守和认同的"最大公约数"。从这个意义上讲,"中华民国宪法"在岛内所发挥的重要政治功能,构成我们现阶段必须重新考虑对"中华民国宪法"给予合情合理定位的重要原因。考察近年来岛内政治实践,"中华民国宪法"在台湾地区发挥着"政治根本法""权利保障法"和"认同整合法"的实际功能。

一、作为"政治根本法"的"中华民国宪法"

"根本法"是盛行于17世纪英国的一个古老概念,表达了统治者须受制于外在权威这一理念。② 在历史的变迁中,根本法的概念意涵虽然发生过一定改变,但其内含的宪法对政治参与者的规制作用,却从未发生变化。从台湾地区政治实践来看,"中华民国宪法"在台湾地区发挥着有效

---

① 曾建元:《一个宪法,各自表述:台湾宪法秩序中的"一个中国架构"》,载《中华通识教育学刊》2006年第4期。
② 郑贤君:《作为根本法的宪法:何谓根本》,载《中国法学》2007年第4期。

规制公权力机关、普通民众和各政党的"政治根本法"的作用。这一作用体现为,1. 政党轮替趋于常态化,台湾地区公权力机关(包括军队等暴力机关)及岛内普通民众均可接受依照这部"宪法"产生的执政党轮换的政治事实;2. 在政治光谱上处于各个位置的主要政治力量均接受"中华民国宪法"所确定的政治格局,放弃推翻这部"宪法"所确立的"宪政秩序"的政治主张,从而使这部"宪法"体现出台湾地区"最大公约数"的作用。

(一)"中华民国宪法"政治实效性的实践体现之一:"政党轮替"常态化的规范保障

美国学者亨廷顿将"两次政权易手"视为检测民主巩固的标准[①],即在一个国家或地区的政治转型中,实现两次执政权的党际轮换,方能证明其民主转型是成功的。亨廷顿的这一理论对台湾地区政治转型的影响极大,岛内政界、学界均认同亨氏的这一理论标准,因而"政党轮替"在岛内政治转型的评价中具有极大的指标性意义。

1986 年,在台湾地区威权统治时期长期存在的"党外势力"正式宣布"组党",成立民主进步党,从而打破了台湾岛内国民党一党独大的政治格局,为日后台湾地区形成两党主导的政党政治奠定了基础。一年后,台湾地区结束长达四十年的"戒严",宣布开放"党禁",从此台湾地区正式进入政党政治时期。2000 年 3 月,民进党籍候选人陈水扁击败当时的执政党国民党候选人连战和独立参选候选人宋楚瑜,当选台湾地区领导人,从而实现台湾地区首次"政党轮替"。在此次"政党轮替"实现后,在台湾地区执政长达五十五年的国民党承认败选,而曾为国民党一党长期控制的台湾军队,亦在选举后表示"效忠中华民国与保护国家安全……

---

① [美] 塞缪尔·亨廷顿:《第三波——二十世纪末的民主化浪潮》,刘军宁译,上海三联书店 1998 年版,第 321 页。

恪遵'中华民国宪法'138条及36条之规定"①，尊重选举结果。2008年3月，失去政权八年后的国民党再度夺回执政权，国民党籍候选人马英九当选台湾地区领导人，从而实现台湾地区第二次"政党轮替"。在此次"政党轮替"之后，马英九在其首次就职演讲中称台湾是"全球唯一在中华文化土壤中，顺利完成二次政党轮替的民主范例"②。直至2016年举行的台湾地区领导人选举中，民进党籍候选人蔡英文当选台湾地区领导人，由此实现台湾地区第三次"政党轮替"。与此同时，民进党首次在台湾地区"立法院"中获得多数席位，实现台湾地区立法机构首次"政党轮替"。在台湾地区完成三次"政党轮替"的过程中，台湾普通民众大多能够接受这一事实，不少民众更是将"政党轮替"视为"宪政秩序"之下实现"权力制衡"的积极体现。考察过去数十年来台湾地区政治发展的历程可知，台湾地区"政党轮替"已呈现出常态化趋势，任何一个政党都不可能在台湾地区永久执政，无论是岛内公权力机关，还是普通民众，都认可这一政治事实。

从宪法学角度看，台湾地区出现的"政党轮替"现象实际上是其选举政治的规律化体现，其所表征的是台湾地区各政党在台湾地区现行"宪法"框架内，轮流获得执政权的法律事实。这一界定表现在：1."政党轮替"现象产生的基础是台湾地区业已稳定的选举政治制度；2."政党轮替"的过程始终处于台湾地区现行"宪法"所确立的"宪政体制"框架之内；3."政党轮替"的对象是台湾地区"宪政秩序"之中的执政权，尤其是行政权。因此，从"政党轮替"的宪法意义来看，台湾地区"政党轮替"的常态化，充分彰显出"中华民国宪法"对岛内政治生态具有的实际规制能力，体现出岛内公权力机关和普通民众均认可这部"宪法"

---

① 王先正：《论我国军人"政治中立"政党轮替之检验（2000—2008）》，(台湾)"国防大学"博士学位论文2008年。
② "人民奋起，台湾新生——马英九就职演说全文"（2008年5月20日）。

对台湾地区政治格局变化的实效性。

(二)"中华民国宪法"政治实效性的实践体现之二:岛内主要政党"宪法认同"立场

政党是民主政治发展的重要产物,而政党政治的运作有影响到民主政治的发展样态,而政党对台湾地区政治发展的影响,尤为突出。[①] 因此,除"政党轮替"常态化过程中岛内公权力机关和民众对这一政治事实的认同态度外,"中华民国宪法"在台湾地区政治实效性还体现在岛内主要政党对这部"宪法"的认同立场上。大陆学者陈星将台湾地区政党政治的特点归纳为"对立性两党制",即由于选民在意识形态的两端集结的现象比较明显,因而两大政党存在意识形态层面的对立性,由此产生的两党之间的政党轮替可能伴随着较为激烈的冲突。[②] 然而,近年来,在"选票极大化策略"的作用下,岛内各主要政治势力均趋向于认同和尊重"中华民国宪法"。具体说来:

第一,国民党方面长期坚持对"中华民国"和"中华民国宪法"的认同,但这种认同在"台湾主体性"意识不断发酵的背景下,不得不对其既有主张做出适当调整。作为"中华民国"和"中华民国宪法"的"缔造者",国民党方面长期认同和坚持"中华民国宪法"的效力,将这部"宪法"视为岛内政治运行的基本规则。然而,迫于岛内"本土化"意识形态的压力,国民党亦开始以基于"台湾"的"中华民国宪法观"替代其长期坚持的基于"全中国"的"中华民国宪法观",在强调"中华民国"的同时,有意识地将"台湾"与之并列,甚至画上等号。如时任台湾地区领导人马英九在参加2012年台湾地区领导人选举电视辩论中,曾明确表示"台湾是我的家园,中华民国是我们的国家,台湾也是我们

---

① 刘国深等著:《台湾政治概论》,九州出版社2006年版,第114页。
② 陈星:《简论台湾政党政治发展及其趋势》,载《台湾研究》2010年第6期。

的国家"①，从而将"中华民国"与"台湾"相等同，体现出其迎合日益增长的"台湾主体性"诉求的态度和立场。

第二，民进党方面长期坚持相异于国民党的政治主张，其对待"中华民国"和"中华民国宪法"的立场在岛内政治局势变化的情况下做出一定调整。民进党在建党之初的很长一段时间里，主张推翻和颠覆立基于"中华民国宪法"之上的"中华民国"，以重新"制宪"，实现"台湾独立"为其奋斗目标。然而，在岛内民意趋中发展的情势下，为因应选举政治之需要，民进党开始逐渐调整其政策导向，尤其是自1999年通过"台湾前途决议文"开始，逐渐选择权宜性地承认"中华民国"，提出"台湾固然依目前宪法称为中华民国，但与中华人民共和国互不隶属"②的主张。台湾地区领导人蔡英文则提出，将在"中华民国现行宪政体制下推动两岸关系发展"，并将"宪法"条文本身、后续修正解读、"大法官释宪"和在台湾实际实施状况都视为"现行宪政体制"的组成部分③，从而更加凸显出其对"中华民国"和"中华民国宪法"的认同态度。

据此，尽管岛内主要政党对"中华民国"和"中华民国宪法"内含的解读存在差异，尤其是对"中华民国"与"台湾"的法理关系的认知存在重大差别。但是，基于台湾地区选举政治的影响，岛内主要政党都开始认同"中华民国宪法"的有效性，并均以这部"宪法"为其施政主张的法理依据，从而使这部"宪法"成为各方均能够认同的"最大公约数"。

综上所述，从台湾地区的政治实践来看，"中华民国宪法"在当前台湾地区的政治实践中体现出"政治根本法"的法理属性。一方面，作为

---

① 《马英九：辩论胜负是过眼云烟 台湾前途第一》，资料来源：http://v.ifeng.com/taiwan2012/xiaoxi/201112/5729b3ee-7f0d-48e8-afc2-add827057678.shtml，最后访问日期：2017年5月20日。
② "台湾前途决议文"（1999年）。
③ 《蔡英文"中华民国现行宪政体制论述"真假之辨》，资料来源：http://www.chbcnet.com/zjps/content/2015-06/06/content_1129583.htm，最后访问日期：2017年5月20日。

台湾地区现行"宪法"的"中华民国宪法"在"政党轮替"过程中获得岛内公权力机关和普通民众的认可,从而保障了执政党更迭的顺利实现。另一方面,这部"宪法"在岛内政治格局的变化过程中,各党派都开始依照这部"宪法"的规定,通过寻找用于支撑其政策主张的依据,彰显其党派政策的合法性,因而这部"宪法"逐渐成为各主要政治力量共同认可的"最大公约数"。

二、作为"权利保障法"的"中华民国宪法"

人民基本权利的保障乃立宪主义的终极目的,其他的制度诸如权力分立、依法行政等都是事实目的之手段。[①] 台湾地区现行"宪法"对台湾民众基本权利的保障,尤其是对其政治权利的有效保障,使得这部"宪法"在岛内获得广大民众的广泛认同。截至2016年3月,台湾地区"司法院"共作成736件"大法官解释",其中除部分涉及公权力机关制度安排的"解释"外,绝大部分皆涉对台湾地区民众基本权利之保障。在这些"解释"中,认为台湾地区有关法律规范"违宪"的比例超过20%之多,而其中许多"解释"则更是通过说理方式,形成了台湾地区基本权利保障的详尽规则,使得这一体系随着台湾地区法律实践的发展而日趋完善。可以说,台湾地区现行"宪法"正在切实发挥着保障台湾地区民众基本权利的重要作用,与广大台湾民众的生活息息相关,这部"宪法"在台湾地区体现出"权利保障法"的重要功能。

(一)"中华民国宪法"的基本权利保障架构

诚如张君劢先生所言,"没有人权,就没有民主政治,人权保障,实在是民主政治的基础",[②] 在台湾地区现行"宪法"之中,基本权利保障

[①] 吴庚:《宪法的解释与适用》,三民书局2003年版,第51页。
[②] 张君劢:《中华民国宪法十讲》,商务印书馆2014年版,第3页。

亦是其中重要的构成部分。需要说明的是，历次"宪政改革"均以"国家宪政体制"之改革为中心，关于权利保障部分，多为附带结果。[①] 因此，当前台湾地区的基本权利保障架构，仍以1946年"宪法"之规定为基本依据，而"司法院大法官"作成的"大法官解释"则构成对台湾地区"宪法"中基本权利条款的动态演进。因此，"中华民国宪法"的基本权利保障架构主要由"宪法"文本和"大法官解释"两个部分构成。

一方面，"中华民国宪法"文本所明确规定的基本权利条款，为保障台湾民众基本权利提供了"宪法"依据。考察1946年"宪法"文本可知，这部"宪法"在第二章"人民之权利义务"之第七条至第十八条以及第二十一条，对基本权利的范围做出了详尽的规定。这些条款罗列了十七种基本权利，包括平等权、人身自由权、不受军法审判之自由、居住迁徙自由、表现自由（包括言论、讲学、著作以及出版自由）、秘密通讯自由、机会结社自由、生存权、工作权、财产权、请愿权、诉愿权、诉讼权、参政权（包括选举、罢免、创制及复决权）、应考试服公职权、受国民教育权。[②] 除这十七种基本权利外，这部"宪法"之第二十二条更是进一步提出了"凡人民之其他自由及权利，不妨害社会秩序公共利益者，均受宪法之保障"，形成了所谓"未列举权利"的保障依据。除此之外，1946年"宪法"第二十三条则对基本权利的限制依据做出规定，明示"除为防止妨碍他人自由、避免紧急危难、维持社会秩序，或增进公共利益所必要者外"，上述基本权利均不得以法律限制。

另一方面，"司法院大法官""释宪"制度，为实现台湾地区民众基本权利保障的动态化与实践化，提供了重要的制度保障。尽管1946年"宪法"对人民基本权利保障做出了相应的规定，但这些权利条款却表现

[①] 周叶中、祝捷：《台湾地区"宪政改革"研究》，香港社会科学出版社有限公司2007年版，第315页。

[②] 吴庚：《宪法的解释与适用》，三民书局2003年版。第92页。

第四章　台湾地区宪制性规定法理定位的两岸面向

出高度抽象性，因而需要通过"宪法解释"的方法，进一步阐明其法理内涵。作为1946年"宪法"明文规定的"释宪""释法"机关，台湾地区"司法院大法官"通过"释宪"机制，有效地完成了这一任务。考察台湾地区"司法院"的"释宪"实践，1946年"宪法"文本涉及基本权利的条款均有相关的"大法官解释"予以阐释①，这使得"大法官解释"成为台湾地区基本权利保障体系的重要规范渊源。因此，在台湾地区，作为"释宪者"的"司法院大法官"具有"宪法守护者"以及"宪法发言人"的地位。②

综上所述，"中华民国宪法"文本为台湾地区权利保障实践提供了重要的"宪法"依据，而"大法官释宪"制度，则成为台湾地区保障民众基本权利的重要方式，二者分别从静态和动态，规范与实践两个层面构成了这部"宪法"的权利保障架构。从近年来台湾地区"司法院大法官"的"释宪"实践来看，其"释宪"过程既构成了进一步完善"宪法"文本对基本权利保障体系的过程，也构成了通过对"法律""法令"等的"合宪性审查"，以宣告部分"违宪"之"法律""法令"无效等方式，切实维护台湾民众基本权利、避免基本权利的过度限制的过程。可以说，这些有利于保障台湾民众基本权利的"释宪"实践，对提升台湾民众对这部"宪法"的认同感，有着重要意义。据此，本书便以台湾地区"司法院"对民众政治权利保障实践中的两项具体"解释"（"释字第509号解释"和"释字第710号解释"）为例，以求以小见大，进一步观察台湾

---

① 相关"大法官解释"如：涉及平等权之"释字第365号解释"、涉及人身自由之"释字第523号解释"、涉及不受军事审判自由之"释字第704号解释"、涉及居住迁徙自由之"释字第710号解释"、涉及言论自由之"释字第509号解释"、涉及秘密通讯自由之"释字第631号解释"、涉及集会结社自由之"释字第644号解释"、涉及工作权之"释字第404号解释"、涉及财产权之"释字第349号解释"、涉及请愿权之"释字第439号解释"、涉及选举权之"释字第401号解释"、涉及考试权之"释字第319号解释"、涉及受教育权之"释字第626号解释"以及涉及未列举权之"释字第399号解释"。
② 陈慈阳：《集会游行自由之保障——以集会游行法相关规定含意问题为研究对象》，载氏著《人权保障与权力制衡》，作者自刊2007年版。

199

地区现行"宪法"对台湾民众基本权利保障的实践。

(二)"中华民国宪法"对政治自由的保障实践：以"释字第509号解释"为例

众所周知，言论自由是人民最为重要的基本权利之一，而在宪法保障的自由权中，政治上的言论自由更是其中最早被争取的权利。[①] 在民主法治社会，如果人民无法自由发表其意见，尤其是对公权力机关提出的批评意见，则赖以支撑这一社会价值的意志基石便荡然无存。根据"中华民国宪法"第十一条之规定，人民有言论、讲学、著作及出版之自由。这一规定，为台湾民众言论自由的保障提供了"宪法"依据。但如其他基本权利一样，言论自由也非绝对，亦应当在一定的范围内受到限制。下述之"释字第509号解释"即是对台湾地区"刑法"第三百十条诽谤罪之规定对言论自由的限制做出的"合宪性审查"。

1996年11月，本案声请人黄鸿仁担任总编辑、林莹秋担任记者的《商业周刊》发表文章，对时任台湾地区"交通部长"的蔡兆阳装修官舍事宜等做出报道。蔡兆阳认为上述报道并不符合实际情况，因而向台北地方法院提起刑事自诉，法院以台湾地区"刑法"第330条第2项规定之加重诽谤罪为依据，判处两人有罪，后本案经两声请人上诉至台湾地区高等法院后，仍然被判有罪。[②] 为此，两位声请人遂向"司法院"提出"释宪声请"。依据声请人提出的"释宪声请"，台湾地区"司法院大法官"作成"释字第509号解释"，认为系争规范与"宪法"相关规定并无抵触。该号"解释"的"释宪"逻辑如下：1. 在肯定台湾地区现行"宪法"对人民言论自由规定的基础上，"大法官"对言论自由的界限做出明确阐释，即指出，言论自由对于"实现自我、沟通意见、追求真理及监

[①] 陈慈阳：《宪法学》，元照出版公司2005年版，第518页。
[②] 本案具体案情可参见祝捷：《台湾地区权利保障司法案例选编》，九州出版社2013年版，第144页以下。

督各种政治或社会活动之功能得以发挥"均具有重要价值,因而除"兼顾对个人名誉、隐私及公共利益之保护"外,"法律尚不得对言论自由依其传播方式为合理之限制"①。2."大法官"认为,以台湾地区现况而言,基于等各项因素之考量,诽谤除罪化尚无基础,因而"刑法"之相关规定为"合宪"。3."大法官"在肯定系争规范并未"违宪"的基础上,通过对相关"法律"涵义之解释(包括对"刑法"规定之证明言论真实性之义务分配问题、言论真实的实际意涵等)②,形成一套台湾地区判断诽谤言论与名誉权规则的一般规则。

本案号称台湾版"纽约时报诉沙利文案",足见其对台湾地区保障言论自由实践的重要影响。尽管"释字第509号解释"认为该案系争规范——台湾地区"刑法"第330条第2项之规定,并未违反台湾地区现行"宪法"对人民言论自由之规定,因而并未作出有利于声请人的"解释",但这一"解释"却在"解释文"和"解释理由书"中确立了台湾地区判断诽谤言论的一般规则,这些规则在此后的诸多"大法官解释"之中被引用,从而对台湾地区言论自由权利保障体系的完善做出重要贡献。

(三)"中华民国宪法"对平等权的保障实践:以"释字第710号解释"为例

平等权是现代民主政体合法性的前提要件,民主政治的基本精神就是要承认国民具有同质性,每个人的意见都具有同等价值,然后才可以建立基于多数决的机制。③ 考察台湾地区已作成的七百余号"大法官解释",其中涉及平等权的"解释"多达一百六十余号,足见平等权在台湾地区权利保障体系中的重要地位。下述之"释字第710号解释"以大陆人民"入出境"事项为切入点,以台湾地区现行"宪法"对平等权的规定为依

---

① "释字第509号解释"之"解释文"。
② "释字第509号解释"之"解释理由书"。
③ 吴庚:《宪法的解释与适用》,三民书局2003年版,第177页。

据，表明同等保护大陆人民在台正当权益的态度，是厘清大陆人民在台湾地区法律地位的指标性案例。[①]

2007年5月，本案声请人梁某（大陆籍女子）在与台湾籍男子王某结婚四年后，以"依亲居留"名义赴台，经获准进入台湾地区后，被台湾当局"入出国及移民署专勤事务第二大队高雄县专动队"通知面谈，后该队认为声请人说辞有重大瑕疵，今对其做成"注销入出境许可证并强制出镜"和"暂予收容"处分。声请人在提起"国家赔偿诉讼"获不利判决后，声请"大法官释宪"。依照声请人提出的"释宪声请"，台湾地区"司法院大法官"作成"释字第710号解释"，认为系争规范（"两岸人民关系条例"第十八条、"大陆地区人民及香港澳门居民强制出镜办理法"第五条、第六条、"大陆人民在台湾地区依亲居留长期居留或定居许可办法"第十四、十五条）"未经法律明确授权，违反法律保留原则，应自本解释公布之日起，至迟于届满二年时失其效力"[②]。在该号"解释"的"解释文"和"理由书"中，"大法官"援引"宪法"第八条、第十条和法律明确性原则，对系争规范做出"违宪"判断。需要注意的是，由于该案声请人为获准进入台湾地区的大陆籍人士，因而该号"解释"的理论争议重点，除上述条文所涉及的法律保留原则、比例原则、正当程序原则和法律明确性原则等一般规定外，还涉及大陆人民在台湾地区是否获得与台湾人民之平等对待问题。针对这一问题，"大法官"在"解释理由书"中提出，"惟大陆地区人民形式上经主管机关许可，且已合法入境台湾地区者，其迁徙之自由原则上即应受宪法保障"[③]的表述，从而将大陆人民置于与台湾人民平等的地位上，从而做出系争规范违反"宪法"之平等原则的判断。除此之外，亦有学者关注到本号"解释"与涉及外

[①] 祝捷：《论大陆人民在台湾地区的法律地位——以"释字第710号解释"为中心》，载《台湾研究集刊》2014年第2期。
[②] "释字第710号解释"之"解释文"。
[③] "释字第710号解释"之"解释理由书"。

国人入出境问题之"释字第708号解释"之对比,通过对比提出在本号"解释"之中,"大法官"并未将大陆人民等同于外国人的观点。[1]

本号"解释"被认为是台湾地区确立对大陆居民和台湾居民"平等对待"准则的标志。[2] 在本案中,"大法官"依据台湾地区现行"宪法"的相关规定,对系争规范做出"违宪"判定,并明确做出相关规范定期失效的决定,一改以往"解释"对大陆居民和台湾居民法律地位的"区别对待"立场,从而使大陆人民在台湾地区基本权利保障状况得到重大进步。

综上所述,从台湾地区权利保障的实践来看,由"中华民国宪法"和"大法官解释"构成的台湾地区权利保障架构,在台湾地区发挥了重要的现实作用。通过对民众基本权利的有效保障,"中华民国宪法"的实效性在台湾岛内获得了民众的广泛认可,彰显出"权利保障法"的法理属性,从而从侧面巩固了这部"宪法"在岛内的民意正当性基础。

三、作为"认同整合法"的"中华民国宪法"

除具有规制公权力机关、保障民众基本权利的功能外,基于台湾地区特有的"国家认同"问题,"中华民国宪法"在台湾地区政治实践中还发挥着"认同整合法"的重要作用。在"宪法"的作用下,"宪政秩序"之下的各种力量之间通过不间断地对立、妥协与取得共识,更为密切地实现统合,使国家的生命生生不息地运作。[3] 回顾历史,台湾民众的"国家认同"观念曾在政治力的作用和影响下不断发生变化,而随着民众对"中华民国宪法"认同感的日益增强,这部"宪法"正发挥着在"法共同

---

[1] 祝捷:《论大陆人民在台湾地区的法律地位——以"释字第710号解释"为中心》,载《台湾研究集刊》2014年第2期。
[2] 祝捷:《平等原则检视下的大陆居民在台湾地区权利保障问题——以台湾地区"司法院""大法官解释"为对象》,载《法学评论》2015年第3期。
[3] 陈慈阳:《宪法学》,元照出版公司2005年版,第68页。

体"的"国家"理念下,整合其"国家认同"感念的现实功能。

(一)台湾民众"国家认同"问题:历史与现状

国家具有精神融合的本质,国民想要彼此共同的生活,并将其行为方式置于共同生活中,由每个个人自我内在态度所自愿地结合成的团体就是国家。[1] 国民对国家的认同产生于历史发展之中,根植于个人感受与意愿之中。长期以来,"国家认同"问题一直是存在于台湾社会之中的一项具有较大争议的社会议题和政治议题,它体现出台湾地区自身的历史裂痕,杂糅着近年来不断爆发的省籍矛盾和统"独"争议。

考察台湾民众"国家认同"的历史根源,这一问题产生于甲午战争之后,台湾的殖民地历史伤痕。正如历史学家许倬云所言,日本治理台湾的时间长度,只有清代治理台湾的四分之一,但是日本在台湾留下的烙印,确实非常深刻的。[2] 通过发动"皇民化运动",日本殖民者开始尝试从文化上改变台湾民众的"国家认同"观念,使他们的认同对象逐渐从"中国"转向"日本"。1945年日本无条件投降之后,国民党政府接收台湾,但在这一过程中,却因为当时台湾行政当局的统治失误,引发"二二八事件",导致台湾民众国家认同的"恶质化"[3],加深了"本省人"与"外省人"的隔阂,从而形成了时隔数十年仍然存在于台湾社会中的"省籍矛盾"。1949年蒋介石政权败退台湾后,不顾中华人民共和国已取代"中华民国"的法理事实,仍以"正统"自居,并基于维系其统治合法性的需要,国民党当局通过各种措施,强化台湾民众的"大中国意识",从而使台湾民众形成了与事实并不完全相符的具有先天缺陷"大中国认同"。在国民党威权政权"反共"教育和"台独"思潮的双向冲击

---

[1] See Vgl. Smend, R., Verfassung und verfassungsrecht, 1955, S. 119 ff.
[2] 许倬云:《台湾四百年》,浙江人民出版社2013年版,第61页。
[3] 胡文生:《台湾民众"国家认同"问题的由来、历史及现实》,载《北京联合大学学报(人文社会科学版)》2006年第4期。

下，台湾民众既失去了认同"中华人民共和国"的可能，又使"台湾"逐渐取代"中国"，成为其"国家认同"异化后的认同对象。

20世纪70年代开始，台湾当局被驱逐出联合国，美、日等西方大国均与其"断交"，转而承认中华人民共和国的合法地位，台湾当局建立在"中国法统"之上的合法性受到极大冲击。在这种背景下，逐渐开始启动兼具"本土化"和"民主化"特点的政治转型，在这个复杂的转型过程中，台湾民众的"国家认同"观念开始出现混乱，台湾社会出现了"中国认同"与"台湾认同"，"中国人"与"台湾人"身份的认同混乱现象。这种现象在岛内青年世代中表现得尤为明显，可以说，台湾青年一代在"国家认同"上呈现出明显的"去中国化"与"台湾化"的发展趋势，他们的"国家认同"对象逐渐从"中国"转变为"台湾"或者"在台湾的中华民国"，而且大都认为，两岸至少是两个不一样的政治体制的"国家"。[①] 在"台独"分裂势力的鼓噪和催化之下，台湾民众的这种"国家认同"矛盾被无限放大，以"台湾意识"为核心的"台湾主体性"意识更成为台湾社会的一种"政治正确"。由此可见，台湾民众"国家认同"问题在两岸关系发展的过程中，不仅未能获得解决，反而被不断扩大，从而成为台湾地区内部社会矛盾的重要来源之一。

（二）宪法与国家认同观念的互动关系：基于宪法爱国主义的认知

从传统的国家认同理论来看，民族主义是促进社会成员形成国家认同的基石，是凝聚社会成员的粘合剂。自形成威斯特伐利亚体系之后，具有主权的民族国家逐渐成为世界国家体系的基本单元，并向全球扩展，进而成为基本的国家形态。[②] 然而，在许多国家和地区，由于社会组成成员的多民族化和工业化、信息化带来的族群碎片化，民族主义却和国家认同之

---

① 刘凌斌：《两岸大交流背景下台湾青年的"国家认同"研究》，载《台湾研究》2014年第5期。
② 周平：《对民族国家的再认识》，载《政治学研究》2009年第4期。

间产生了一定的紧张关系。因为，民族认同固然是一种有效的动员方式，但这一自上而下的建构和塑造是将一种预设的集体意识灌输到个人意识当中，而不是基于个人意识在社会互动的情境下基于相互承认、反复沟通与理性取舍而形成集体观念。因此，在一个国家和社会之中，要进一步巩固成员的认同感，就必须在民族主义之外寻找到一种能够基于个人意识而逐渐形成的集体主义观念。在这种认知之下，基于民族主义的国家观已不足以维系公民对国家的普遍认同，基于公民对宪法的制度认同，成为国家认同和爱国主义的主要价值来源。[①] 基于上述认知哈贝马斯提出"宪法爱国主义"理论，倡导建基于宪法的制度认同对国家认同和爱国主义的重要价值。基于宪法爱国主义的认同观念体现在以下几个层面：

第一，在宪法爱国主义理论框架中，宪法的含义因国家认同对象的变化而发生变化，它不再是对民族共同体基本政治秩序的一种体现，更是对理性共同体（法律共同体）成员共识的一种体现。在传统理论中，宪法是"民主事实法律化的基本形式"[②]，其所表征的是民族共同体对国家政治秩序的确认。而在宪法爱国主义中，哈贝马斯将"宪法"界定为"通过先整体细将商谈原则建制化"[③] 的表现形式，因而宪法所表达的不仅仅是一种秩序的存在，更是一种多元社会中社会成员的价值共识。

第二，在宪法爱国主义理论框架中，作为成员认同对象的共同体（国家）的属性发生变化，它不再是一个基于民族主义的民族国家，而是基于成员共同的理性共同体。在民族主义国家观的话语谱系之中，作为国家成员的人民，其国家认同对象是基于民族意识形成的"血缘共同体"，即具有主权属性的民族国家。然而，在民族国家发展的过程中，这一国家的经典建构形式却面临着来自多方面的现实挑战，这种挑战既可能来自全

---

① 石茂生、程雪阳：《论当代中国国家认同和国家统一的基础——基于民族主义与宪法爱国主义的考量》，载《郑州大学学报（哲学社会科学版）》2009年第3期。
② 周叶中：《宪法》，高等教育出版社2011年版，第35页。
③ 高鸿钧等：《商谈法哲学与民主法治国》，清华大学出版社2007年版，第430页。

球化的冲击，也可能来自多民族国家的内部冲突。而在宪法爱国主义中，哈贝马斯将国家界定为基于政治文化的政治共同体，在这种文化之下，一个人在宪法之下获得民主共和国公民身份。[①]

第三，在宪法爱国主义的理论框架中，共同体成员国家认同的基础得到重构。在民族国家的理论体系之中，作为国家成员的民众对共同体产生认同的基础是来自于历史、文化、语言等因素结合而成的民族认同感。作为一种"想象的政治共同体"[②]，民族在民族国家构建中，发挥着认同粘合剂的作用，使社会成员得以团结一致。而在宪法爱国主义中，在传统民族主义理论框架中被视为"异类"的不同民族成员，同样可以在权利和民主协商的基础上形成共同的国家认同。这种新的国家认同能够"容纳来自不同民族的文化传统和历史记忆"[③]，因而它具有极高的包容性和普世性。

总之，通过对国家认同的重构，宪法爱国主义将宪法与国家认同重新连接在一起，使得原本作为国家认同基础，但存在较大理论与现实缺漏的民族主义获得补偿，将公民对于宪法的认同内化为其对国家的认同，从而更为有效地保障社会的统一性。

（三）"认同整合"："中华民国宪法"的"认同整合"功能

考察台湾民众和岛内主要政治力量当前的"国家认同"观念，尽管立基于"中国"和"台湾"二分法的对立情绪犹在，但各方带有歧见的"国家认同观"却在存在分野的基础上逐渐接近，并在"中华民国宪法"的基础上得到整合。

当前，岛内民众和主要政治力量的这种"国家认同观"的分野与接

[①] 石茂生、程雪阳：《论当代中国国家认同和国家统一的基础——基于民族主义与宪法爱国主义的考量》，载《郑州大学学报（哲学社会科学版）》2009年第3期。
[②] ［美］本尼迪克特·安德森：《想象的共同体：民族主义的起源与散布》，吴叡人译，上海人民出版社2011年版，第6页。
[③] 高鸿钧等：《商谈法哲学与民主法治国》，清华大学出版社2007年版，第430页。

近体现在：1.国民党基于其所继承的来自大陆的"中华民国"的政治遗产，主张"中华民国"就是"中国"，同时借助建基于"主权-治权"框架之上的"一国两区"架构解释当前"中华民国""主权"范围的应然与实然差异，亦即是所谓"中华民国到台湾"或"中华民国在台湾"[①]的观点。因此，国民党方面所主张的"国家认同观"的对象，是主权范围及于全中国，而治权范围仅及于台澎金马的"国号"为"中华民国"的"国家"。2.民进党基于其所构建的"台湾主体性意识"，主张"中华民国"即等同于"台湾"，其主权范围只及于台澎金马，亦既是所谓"中华民国就是台湾的观点"。因此，民进党方面所主张的"国家认同观"的认同对象，是主权、治权范围都仅及于台澎金马的暂时称为"中华民国"的"国家"。3.在台湾地区政治转型过程中，"民主化"与"本土化"的结合成为一种"台湾特色"，而在具有这种特色的转型之后，"台湾主体性"意识的影响不断扩大，但迫于两岸关系和国际形势的发展，极端的"台独"分裂主张却无法为广大台湾民众认同，因而上述两种存在较为明显分野的"国家认同观"逐渐接近，国民党方面逐渐淡化对"中国"认同的强调，而民进党方面则更加强调对"中华民国"的认同。

表现在"宪法"层面上，台湾岛内两种"国家认同观"逐渐接近，并在"中华民国宪法"的基础上走向整合。如上所述，在宪法爱国主义论者的话语体系中，"宪法"不仅仅是"一国最高位阶统治与价值秩序之基本原则及规范整体"[②]，更是多元社会中公民之间政治共识的原则。从这个意义上讲，一部"宪法"所具有的，不仅仅是一种确立秩序的价值，更是一种整合不同政治主张，促进社会共识的价值。从上述对台湾地区内部"国家认同观"的分歧来看，在作为台湾地区现行根本法的"中华民国宪法"的促进之下，两种原本存在对立的"国家认同观"逐渐实现了

[①] 祝捷：《海峡两岸和平协议研究》，香港社会科学出版社有限公司2010年版，第53页。
[②] 陈慈阳：《宪法学》，元照出版公司2005年版，第63页。

整合。这部"宪法"之所以能够体现出"认同整合法"的功能，其主要原因有二：

一方面，在两岸隔绝对立的背景下，"中华民国宪法"成为台湾民众长期以来能够赋予认同情感的唯一对象，正是这部"宪法"赋予台湾以"国家"的幻象，更赋予台湾人民以这种幻象带来的存在感和政治尊严。因此，尽管在威权统治时期，被"动员戡乱化"的"中华民国宪法"并未能够发挥其所应当发挥的保障台湾民众基本权利，尤其是政治权利的作用，但它依然成为台湾民众广泛认可的"法理图腾"。在政治转型的过程中，这一"法理图腾"并未被抛弃，而是在完成"修宪"之后，重新焕发其生命力，在路径依赖效应[1]的作用下，继续具备其认同整合的功能。

另一方面，在台湾地区政治转型的过程中，通过极具本土化色彩的"宪政改革"，"中华民国宪法"从一部建基于"全中国民意基础"之上的"语义宪法"，转换为一部建基于"台湾民意基础"之上的"规范宪法"。因此，在很多台湾民众看来，经过"增修"之后的"中华民国宪法"是台湾"民主化"的产物，它蕴含着台湾社会对"民主事实"的政治共识，因而捍卫这部"宪法"就是捍卫台湾"民主"。基于这一认知，"中华民国宪法"在台湾社会"国家认同"分野的整合之中，逐渐扮演了"最大公约数"的角色，成为各方共同认可的"平衡点"。

综上所述，从台湾民众"国家认同"观念的变化情况来看，"中华民国宪法"对特殊历史和现实原因造成的岛内民众"国家认同观"的差异甚至是对立，具有一定的整合功能。通过包含具有极高价值位阶的"宪政民主秩序"，这部"宪法"在岛内具有了超越阶层对立、族群对立和世代对立的包容性，从而成为岛内民众寄予极高政治情感的对象。

---

[1] See Witt, U., 1993. *Evolutionary Economics*. Edward ElgarPublishing Limited.

第三节　台湾地区宪制性规定的两岸交往中的功能之考察

自1987年两岸恢复民间交往以来，两岸之间的交往实现了从个案、零散、简单交往模式，到制度、多元、复杂交往模式的转变。[1] 仅从描述性角度看，两岸交往是一个国家内部两个具有特殊关系地区之间的交往，双方公权力机关、政党和普通民众都是参与这一交往活动的主体，通过这种密切地交往活动，两岸关系逐渐实现了从全面对峙到和平发展的转变。长期以来，囿于两岸在政治上长期存在的对立情绪，双方试图通过"先经后政"的方式，暂时绕过政治争议，以民间、事务性交往的方式推动双方经济社会关系发展，进而透过经济社会关系的发展带动两岸政治关系的进步。在这一进路之中，作为两岸政治争议焦点之一的"中华民国宪法"问题，长期以来被两岸视为影响双方经济社会交往的议题，因而被长期搁置和回避。但从当前两岸交往的现状来看，这种政策模式在两岸关系发展的实践中可能存在偏差，因而对于"中华民国宪法"在两岸交往中的功能定位亦应当重新加以检视。

一、政治对立下的两岸交往：历史与现状

两岸关系是一种交往实践，其合理性存在于两岸的主体和主体之间持续进行、生动多变的交往、讨论和批判之中。[2] 自1949年两岸因内战而陷入隔绝以来，双方便因这种政治上的隔绝对峙，而具有区别于对方的主体性，因而能够产生"两岸交往"这一表征关系的范畴。

---

[1] 参加祝捷、周叶中：《论两岸大交往机制的构建》，载黄卫平等主编：《当代中国政治研究报告》（第十辑），社会科学文献出版社2013年版。

[2] 唐桦：《两岸关系中的交往理性初探》，载《台湾研究集刊》2010年第3期。

（一）两岸交往的四个历史阶段

考察1949年以来的历史，两岸关系的发展，经历了从军事冲突到和平发展的巨大变化。具体而言，六十余年的两岸关系发展史可划分为以下四个阶段：

第一，军事冲突、隔绝交往阶段。自1949年至1978年，两岸处于绝对意义上的军事对峙状态，大陆方面坚持以"武力解放台湾"为主的对台方针，而台湾方面则鼓吹"反攻大陆"，在冷战的国际背景下，两岸之间尚存在一些零星军事冲突，在这种情况下，两岸不存在进行经济社会文化交往的外在环境和内在动力。

第二，军事对峙、隔绝交往阶段。以1979年大陆方面发表《告台湾同胞书》为标志，至1987年台湾方面开放老兵赴大陆探亲为止的八年间，两岸之间停止了长达三十年的军事冲突，转入军事对峙状态。大陆方面因内部政策中心的转变，提出"和平统一、一国两制"的对台战略方针，首次将和平统一置于武力统一之上，作为其首选的解决台湾问题的政策主张，而台湾方面亦因其内部政治格局的变化和大陆方面政策的转变，逐渐放弃"反攻大陆"，转而提出"三民主义统一中国"[①]的政策主张。在这种状态下，两岸之间的极端对立得到一定程度的缓和，但双方之间依然不存在大规模的经济社会文化交往活动。

第三，政治对立、经济文化社会恢复交往阶段。自1987年台湾方面开放老兵赴大陆探亲，至2008年3月两岸关系进入和平发展新阶段前，大陆和台湾对待对方的政策均发生了一系列变化，双方的对峙情绪得到缓和，然而两岸在政治上仍处于对立状态。在这一阶段，两岸公权力机关和民众之间均打破了长期隔绝的状态，以1986年的"两航谈判"为标志，

---

① 刘国深等著：《台湾政治概论》，九州出版社2006年版，第200页。

两岸公权力机关之间开始个案式的交往活动[1],以1987年台湾方面宣布开放老兵赴大陆探亲为标志,两岸民众之间亦逐渐开始展开交往活动。此后,两岸又在20世纪90年代分别成立两会,达成日后成为两岸交往政治基础的"九二共识",形成了制度化的事务性协商机制,由此两岸搁置政治争议、展开事务性交往的"先经后政"模式逐渐形成。需要指出的是,在这一阶段,受"台独"分裂分子及其分裂活动的影响,两岸关系一度再次陷入军事对峙的境地,双方政治关系在较长一段时间内陷入冰点,但这并未对两岸民间交往产生破坏性影响。

第四,政治对立、经济文化社会密切交往阶段。2008年3月,台湾地区政治局势出现了有利于两岸关系发展的重大转折,在双方重新确立"九二共识"政治基础的前提下,两岸关系迅速走上了和平发展的道路,两岸民间交往日益密切,双方经济、社会、文化关系的发展"一日千里"。同时,在政治交往层面,两岸双方亦展开了包含双方领导人会面、双方两岸事务负责人会谈和两岸两会制度化协商在内的全面交往形态。然而,在这种两岸关系高歌猛进的态势下,我们仍然必须正视的是,由于两岸在政治议题上依然存在较大分歧,双方在政治上依然处于对立状态,在台湾岛内"去中国化"运动的发酵和部分政治人物的极力鼓噪下,台湾民众的"台湾主体性意识"不断增强,两岸之间的制度化政治互信并未形成,以"太阳花运动"为代表的台湾地区社会运动对两岸交往产生极大负面影响。因此,在经历一段时间的和平发展之后,两岸公权力机关和民众之间的对立情绪依然存在,在一定情况下,这种对立情绪还有使和平发展成果"得而复失"的可能。

(二)两岸交往光谱与两岸交往现状

从两岸关系发展的历史和现状来看,两岸之间的"绝对隔绝"和

---

[1] 武汉大学两岸及港澳法制研究中心编:《海峡两岸协议蓝皮书(2008—2014)》,九州出版社2014年版,第31页。

第四章 台湾地区宪制性规定法理定位的两岸面向

"密切交往"并非是一种绝对对立或非此即彼的关系,而是体现为一种类似于光谱的渐变关系。我们可将这种用于描述两岸关系的光谱称为"两岸交往光谱"。自2008年以来,两岸双方秉持建立互信、搁置争议、求同存异、共创双赢的精神,按照先易后难、先经后政、把握节奏、循序渐进的思路,采取积极政策举措,促进交流合作和协商谈判,显著改善发展了两岸关系。[①] 从两岸关系和平发展的实践来看,由于两岸在政治层面尚存在较大分歧,双方在短期内无法就两岸政治议题展开实质性对话,因此,两岸在实践中仍继续贯彻"先经后政"的基本思路。从2008年以来两岸关系和平发展的实践来看,当前的两岸交往形态,介于"两岸交往光谱"的"武力对峙带来的完全隔绝交往"一端与"和平统一带来的全面深化交往"一端之间,处于一种"政治对立与经济社会交往日益密切并存"的特殊状态。这种"政治对立与经济社会交往日益密切并存"状态可从以下三个层面加以理解:

第一,当前两岸之间的政治对立并未消除,这种政治对立构成两岸政治关系迟滞不前,祖国复归统一面临阻力的重要原因。"政治对立"一词来源于胡锦涛同志在纪念告台湾同胞书发表三十周年的讲话,在这一讲话中,胡锦涛将两岸关系的本质界定为"上个世纪40年代中后期中国内战遗留并延续的政治对立"[②],这一界定成为大陆方面对台政策的重要构成部分。从当前两岸交往的现状看,两岸间这种延续数十年之久的政治对立并未得到消除,在当前形势下,这种对立集中表现为两岸双方在特定议题上的共识缺失。大陆学者祝捷提出"承认争议"的概念来界定双方的这种共识缺失现象,并认为"两岸是否承认对方的'主权属性'和'国家'

[①] 王毅:《巩固深化两岸关系 开创和平发展新局面》,载《求是》2012年第8期。
[②] 《携手推动两岸关系和平发展 同心实现中华民族伟大复兴——在纪念告台湾同胞书发表30周年座谈会上的讲话》,新华社2009年1月1日电。

定位"的"承认争议"构成两岸政治分歧的问题意识①。在两岸"先经后政"的交往策略下，两岸选择搁置可能影响双方经济社会交往的"承认争议"，包括"中华民国""中华民国宪法"定位等在内的两岸政治分歧并未能在两岸关系和平发展阶段得到有效消除，从而使两岸无法就和平统一等重大政治议题展开协商。

第二，当前两岸之间经济社会交往日益密切，这种存在于两岸间的交往活动构成两岸关系和平发展的内在动力和表现形式。2008 年以来，随着两岸之间重新形成对"九二共识"政治基础的共同认知，两岸得以在经济社会等事务性议题上展开全面合作。作为两岸在事务性议题上展开合作的重要表现，两岸透过两会事务性商谈签署多达三十项涉及两岸"三通"、经济事务合作、社会事务合作在内的事务性协议，为两岸民间交往的不断发展提供了重要的规范支持。从这些关系到两岸经济社会交往的两岸协议的实施情况看，2008 年以来两岸民间交往日新月异，以两岸人员往来为例，与 1987 年相比 2015 年两岸人员往来人次增长近百倍，与 2007 年相比增长率亦高达 102% 之多②。可以说，两岸关系和平发展的良好环境，为两岸经济社会交往的日益密切提供了重要的外在环境，而两岸民间交往的不断推进亦构成了两岸关系和平发展的内在动力，使和平发展成为两岸民众的共同诉求，从而实现了两岸交往与和平发展的良性互动关系。

第三，两岸经济社会交往与两岸政治对立之间的关联性并不如人们所设想的那样强烈。如上所述，在两岸关系发展中，双方以"先经后政"的思路为导向，暂时搁置影响两岸关系发展的政治争议，以"九二共识"这一"建设性模糊"为基础，推动两岸经济社会交往的前进。然而，从

---

① 祝捷：《两岸关系定位与国际空间：台湾地区参与国际活动问题研究》，九州出版社 2013 年版，第 13 页。
② 相关数据参见国务院台湾事务办公室网站，资料来源：http://www.gwytb.gov.cn/lajlwl/rywltj/，最后访问日期：2017 年 5 月 20 日。

八年来两岸关系和平发展的基本情况来看,两岸经济社会关系与政治关系的发展之间并未表现出理想中的正相关关系,所谓的"以经促政"的现象并未发生。在两岸关系和平发展高歌猛进的时代,依然会发生反对《海峡两岸服务贸易协议》的"太阳花运动",支持和承认"九二共识"的国民党依然会在岛内主要选举中遭遇重大失败,两岸政治关系在台湾地区发生"政党轮替"的情况下,仍有可能陷入"冷内战"[①]的状况。人们以往所预想的,通过两岸经济社会往来,促进两岸政治关系发展的两岸关系发展路径是否依然能够在新形势下发挥其应有作用,以搁置争议方式绕开两岸政治分歧的做法是否在更长的时空标准内对促进两岸关系的长远发展具有促进意义,都值得我们重新思考。

二、两岸"先经后政"交往模式下被搁置和掩盖的"中华民国宪法"问题

回顾两岸交往的历程可知,自1987年以来,两岸因循新功能主义构筑的整合路径,形成"先经后政"的交往模式。在这一模式之下,双方在形成作为"低度共识"的"九二共识"基础上,选择搁置"一个中国"的政治涵义,其中也包含作为其政治内涵的"中华民国宪法"定位问题。

(一) 两岸事务性交往的展开与政治争议的搁置

两岸公权力机关的交往始于1986年的"两航谈判",此后两岸公权力机关的交往经历了从无到有的发展历程。[②] 此后,经过"金门谈判""奥运谈判"等应急性个案协商,随着海协、海基两会的建立,两岸双

[①] 《张亚中:蔡英文赢,两岸进入冷内战?》,中评网2016年1月17日,资料来源:http://www.crntt.com/doc/1040/8/9/4/104089429.html?coluid=136&kindid=4711&docid=104089429&mdate=0117003600,最后访问日期:2017年5月20日。

[②] 周叶中、段磊:《海峡两岸公权力机关交往的回顾、检视与展望》,载《法制与社会发展》2014年第3期。

方，尤其是台湾当局逐渐改变了以往的政策取向，开始尝试就涉及两岸民间交往的诸多事务性议题展开制度化协商。然而，在两会就"文书查证""挂号函件"等事宜举行协商的过程中，双方就在事务性商谈中是否要坚持一个中国原则等问题上存在较大分歧，从而使两岸事务性协商的前提和基础问题成为双方探讨的重点。1992年10月，两岸两会在协商中先后就一个中国原则的表述问题提出十三种方案，而双方仍未能达成一致。[①] 直至同年11月3日，两会形成"以口头声明方式各自表述"一个中国原则的共识，此即"九二共识"。

从"九二共识"的意涵和表述方式来看，这一共识的特点体现为：方法论上的求同存异协商精神与务实处事策略，本体论上的一个中国原则与"谋求国家统一"目标，目的论上的区分事务性议题与政治性议题，避免政治争议影响事务性交往。此后，两岸虽在较长一段时间内对于"九二共识"的意涵，甚至于这一"共识"是否存在都存有争议。直至2008年5月之后，两岸重新形成坚持"九二共识"政治基础的共同认知，并在这一基础之上，重开中断九年的两岸事务性协商机制。

从两岸事务性协商机制的发展过程可知，作为两岸搁置政治争议代表的"九二共识"是否能够为双方共同接受，在很大程度上决定着这一机制是否能够顺利运行，决定着两岸事务性交往是否能够顺利展开。易言之，搁置政治争议所蕴含的"先经后政"的交往思路，构成两岸在过去二十余年间展开事务性交往的主要模式。然而，考察两岸事务性协商机制得以顺利进行时的两岸关系可知，尽管双方秉持"先经后政"的交往原则，但政治议题却始终未能游离于两岸交往场域之外。以两岸公权力机关交往为例，2013年大陆和台湾两岸事务主管部门负责人实现首次会面，并在会面中互称官衔，2015年11月，习近平和马英九在新加坡以"两岸

[①] 武汉大学两岸及港澳法制研究中心：《海峡两岸协议蓝皮书（2008—2014）》，九州出版社2014年版，第38页。

领导人"名义会面,并就两岸关系发展中的许多政治性议题展开直接沟通。由此可见,尽管两岸政治争议被"搁置",但其实这些问题一直存在于两岸交往过程之中,不断影响着两岸关系发展的走向。就"中华民国"和"中华民国宪法"问题而言,由于这一问题长期被认为是属于"一个中国"政治涵义的组成部分,属于"一中"争议中涉及"谁是中国"争议的表现形式,因而这一问题在"先经后政"的思路下,长期被搁置下来,成为两岸双方,尤其是大陆方面在两岸交往过程以"迂回的、策略的方式"[1] 处置的问题。

(二)"先经后政"交往模式与"搁置争议"的理论分析及其影响

自20世纪60年代以来,欧洲一体化进程成为各国学者关注的研究对象,来自各种不同学科的学者分别就这一问题提出不同的理论分析,形成了包括功能主义、新功能主义、联邦主义、政府间主义、交流主义、新制度主义等在内的理论学说。20世纪80年代两岸恢复民间交往之后,越来越多的学者尝试借用这一理论资源分析两岸关系,预测两岸关系的发展走向,而台湾当局亦曾提出过以相关学说为基础的政治主张,如在台湾当局制定的"国家统一纲领"中,设定的"近程、中程、远程"三个两岸交往阶段,即是一种典型的新功能主义理论设定下的两岸整合预设;陈水扁在2001年即曾提出要"从经济与文化的'统合'开始,逐步建立双方的信任,进而共同寻求两岸永久的和平、政治统合的新架构"[2],亦是对整合理论的一种运用。借用欧洲一体化进程中形成的整合理论资源分析两岸交往活动可知,当前两岸间形成的"先经后政"的交往模式,体现出具有新功能主义整合理论逻辑色彩的实践路径。新功能主义论者如哈斯、林德伯格、施密特、奈伊等人提出了以"外溢"为核心概念的整合理论学

---

[1] 王英津:《论两岸政治关系定位中的"中华民国"问题(下)》,载《中国评论》(香港)2016年第2期。
[2] "陈水扁2001年新年献词",载《联合报》2001年1月1日。

说。"外溢"可以分为"功能性外溢"和"政治性外溢",前者是指一体化不可能局限于特定的经济部门,一定领域的合作活动会"溢出"到相关部门,并使更多的行为体卷入进去;后者则意味着民族精英将其注意力转向超国家层次的活动和决策,支持一体化进程和日益增多的共同利益,最终使超国家机构在政治、社会领域的影响力逐步超越民族国家和政府。[1]

两岸关系并非国际关系,两岸关系发展的进程与欧洲一体化进程存在实质性差别。然而,这并不妨碍我们在去除"主权""国家"等不适宜两岸关系的要素之后,在分析两岸关系的过程中借鉴学者在对欧洲一体化进程的分析过程中形成的理论成果。从两岸"先经后政"的交往模式及其实践情况看,这种交往模式遵循的是类似于新功能主义的整合路径,即在两岸尚存政治争议的情况下,先通过在经济、社会特定领域的整合,实现在这些领域内的功能性外溢,促进两岸在经济社会各领域的整合,进而通过两岸政治精英的推动,使经济整合的成果实现"政治性外溢",逐步解决两岸政治争议,推进国家最终统一。然而,当前"先经后政"的两岸交往模式中,大陆和台湾的经济社会文化交往日益密切,双方在这一领域的整合已初具成效,但这种成效却并未"自动"外溢到政治领域,两岸政治争议犹存,且在一定程度上还存在反向发展的趋势。从新功能主义的理论预设来看,这种存在于两岸政治和经济社会文化领域之间的发展区隔所缺乏的,恰恰就是两岸双方政治力对"外溢"过程的催化。

结合上述理论分析和两岸关系数十年来的发展实践可知,两岸"先经后政"的交往模式和政治争议被长期搁置对两岸关系发展的影响体现为:1. 两岸双方,尤其是大陆方面设想中的两岸交往模式发展方向体现为,在两岸经济社会交往高度密切,双方互赖程度(尤其是台湾对大陆

---

[1] 高华:《地区一体化的若干理论阐释》,载李慎明、王逸舟主编:《2003年:全球政治与安全报告》,社会科学文献出版社2003年版,第155页。

依赖程度)不断加深的情况下,两岸之间形成的密切关系将从经济社会领域,拓展至政治领域,从而在两岸经济社会高度整合的情况下,启动政治整合。① 2. 在两岸双方的共同努力下,尤其是两岸公权力机关的主导之下,两岸交往中出现的经济社会问题得到有效解决,双方在作为低度共识的"九二共识"的支持下,签署三十余项事务性协议,解决了许多两岸关系历史上长期难以解决的问题,从两岸经济社会交往的密切程度而言,双方已经在实质上启动了经济社会整合的过程,甚至在某些特定的经济部门产生了具有实质意义的功能性整合。3. 从当前两岸整合的实际情况来看,在两岸事务性交往不断发展的过程中,尤其是两岸关系进入和平发展新阶段之后,许多两岸政治争议一度被掩盖,这些争议问题不仅未能获得解决,反而在一定意义上被双方刻意忽视。

三、作为两岸交往中"待解决问题"的台湾地区宪制性规定定位:现状与展望

如上所述,自20世纪80年代末两岸恢复交往以来,双方实现了从绝对的政治对立、隔绝往来,到经济文化社会密切交往的重大转变。然而,在过去的近三十年,尤其是过去的八年间,尽管双方的经济社会往来日益密切,但以"中华民国宪法"定位为代表的两岸政治性议题却并未获致解决,两岸互信亦并未得到应有的强化。因此,我们将以"中华民国宪法"定位为代表的两岸政治性议题,视为两岸交往中的"待解决问题"。从两岸交往的现状来看,体现出搁置争议特点的"九二共识"为两岸暂时回避"中华民国宪法"法理定位问题提供了策略基础,但从两岸交往的未来看,这一问题应在当前逐步引起两岸的注意,并作为两岸拓展政治交往空间的突破口。

---

① 周叶中、祝捷:《论两岸关系和平发展框架的内涵——基于整合理论的思考》,载《时代法学》2009年第1期。

(一) 搁置争议下的"中华民国宪法"问题：回避策略下的现状

自两岸达成"九二共识"以来，双方形成了在事务性往来中暂不涉及"一个中国"政治内涵的默契，并在这一默契下，共同致力于推动两岸关系和平发展。然而，在两岸关系进入和平发展新阶段后，随着为数众多的两岸事务性议题获致解决，许多原本隐匿于幕后的政治问题逐渐浮出水面，包括"中华民国宪法"定位问题在内的一系列两岸政治争议，逐渐走出被搁置的状态。在这种背景下，原本作为两岸交往中"待解决问题"的"中华民国宪法"定位问题，转而成为一项可能影响两岸关系长远发展的议题，在两岸的政治角力中，这一议题既有可能在继续搁置中成为影响两岸交往的"负资产"，也有可能成为拓展两岸政治交往空间的"正资产"。

如上所述，"中华民国宪法"法理定位问题涉及"一个中国"政治含义，因而属"九二共识"中为两岸所搁置的争议问题。在20世纪90年代，两岸处于政治对立、经济文化社会恢复交往阶段，在经过长期的对立隔绝之后，两岸之间的政治互信极为薄弱，因而彼时彼刻，两岸若仍旧基于各自的政治主张，对诸如"一个中国"政治含义（在当时体现为"谁是中国"）等问题展开探讨，其结果必将使两岸刚刚开始的经济文化社会交往也受到这些问题的制约，而陷入中断。从1992年两岸香港会谈的过程来看，海协、海基提出的多达十三种关于"一个中国"的表述方法，都未能使双方达成一致。在这种情况下，在求同存异的思维指引下，实现"搁置争议"就成为能够为两岸展开经济文化交往解套的一种政治策略。从认同层次来看，"九二共识"回避了两岸在意识形态和政权认同层面的争议，亦即回避了"谁是中国"的敏感议题，而这一共识之中体现出两岸"均坚持一个中国"的表述，则体现出两岸在国家认同方面的一致性。[①] 易言之，"九二共识"是两岸在坚持"一个中国"主权意涵的基础

---

① 祝捷：《海峡两岸和平协议研究》，香港社会科学出版有限公司2010年版，第36页。

上，搁置双方对中国代表权的争议。作为"中国代表权"争议的核心体现，"中华民国宪法"法理定位问题在两岸达成"九二共识"的同时也为双方所搁置，可以说，在当时的历史条件下，这种搁置符合两岸恢复交往时的时代条件，有助于两岸关系的发展。

随着两岸关系的不断发展，双方在"九二共识"这一政治基础上，两岸逐渐进入经济文化社会密切交往阶段。然而，在"先经后政"的策略之下，两岸之间的政治共识层次却并未随着经济文化社会关系的发展而获得提升。如上所述，依照新功能主义理论对整合过程的预设，在参与整合主体的整合过程中，若要实现从经济社会领域到政治领域的"政治性外溢"，则需政治精英通过一系列的政治决策方可实现。唯有如此，才能使参与整合主体逐渐将各自所拥有的政治权力逐渐转移至一个超越传统民族国家和政府的超国家机构。[①] 依照这一理论逻辑，在两岸关系发展至一定阶段时，亦即两岸经济社会交往密切程度不断提高时，双方的政治精英应当开始逐步启动政治交往，以提高政治互信，推动双方政治分歧的化解。

（二）作为两岸政治交往最佳突破点的"中华民国宪法"问题：理论评析与未来发展

在新功能主义的整合理论体系之中，欧洲问题学者施密特在既有的"外溢"概念的基础上，还提出了"溢回"（spill-back）的概念，这一概念意指整合组织的功能范围及权力收缩到外溢前的状况。[②] 之所以出现这种状况，往往是因为原本参与整合的主体，在整合的过程中，运用政治力阻碍"外溢"的继续发生。从欧洲整合的实践来看，1965年戴高乐从维护法国国家利益的角度，选择对欧共体实行"空椅子政策"，使欧共体的

[①] 房乐宪：《新功能主义理论与欧洲一体化》，载《欧洲》2001年第1期。

[②] 高华：《地区一体化的若干理论阐释》，载李慎明、王逸舟主编：《2003年：全球政治与安全报告》，社会科学文献出版社2003年版，第156页。

超国家性受到极大抑制。① 在这一阶段，欧洲整合的"外溢"即受到了政治力的抑制，从而出现了所谓"溢回"的现象。考察两岸关系的发展现状，在两岸经济社会交往日益密切的情况下，若两岸未能及时在政治交往层次上获得推进，而台湾当局的两岸政策又出现反复，则这种"溢回"现象亦有可能出现在两岸关系上。以台湾民众"国家认同观"，尤其是台湾青年世代的变化为例，无论是从台湾地区有关研究机构经调查形成的数据来看②，还是从台湾地区近年来出现的青年社会运动的实践来看，台湾地区青年世代的"国家认同观"逐渐发生不利于祖国和平统一的转变已是不争的事实，然而这种转变却切实发生在两岸关系蓬勃发展的和平发展阶段。

因此，在两岸经济社会交往日益密切的情况下，若两岸仍选择继续搁置以"中华民国宪法"定位为代表的政治性议题，则可能会对两岸交往的继续推进制造障碍，阻止"政治性外溢"的发生，甚至使两岸经济社会交往过程中所取得的成果得而复失。因此，在"先经后政"交往模式下，搁置"中华民国""中华民国宪法"等政治问题的"搁置争议"策略，已从两岸初步恢复交往时的一种有利于两岸关系发展的策略，转变为阻碍两岸关系发生实质性进步的障碍。从两岸关系发展的实际情况看，重新关注曾为两岸暂时搁置的政治性议题，尤其是"中华民国宪法"法理定位问题，既有其必要性，也有其可行性。

第一，两岸政治分歧终究要获得解决，当前两岸关系的发展形势下，拓展两岸政治交往空间，既能够促进两岸交往的全面发展，也能为两岸强化政治互信，消除政治对立提供条件。正如习近平同志所言，"两岸长期

---

① 房乐宪：《政府间主义与欧洲一体化》，载《欧洲》2002年第1期。
② 台湾政治大学选举研究中心：《台湾民众台湾人/中国人认同趋势分布（1992年06月—2015年06月）》，资料来源：http：//esc.nccu.edu.tw/course/news.php? Sn = 166，最后访问日期：2017年5月20日。

第四章　台湾地区宪制性规定法理定位的两岸面向

存在的政治分歧问题终归要逐步解决，总不能将这些问题一代一代传下去"[1]，可以说，在当前两岸经济文化交往日益密切，双方互赖关系不断强化的形势下，解决两岸政治问题已成历史的必然。从本书对两岸交往的历史与现状的分析来看，当前两岸经济文化往来已体现出多元化、常态化特点，两岸基础性整合已经展开，这为两岸展开政治交往提供了有利条件。同时，从近年来，尤其是2014年"太阳花运动"以来岛内的政治格局来看，两岸若不能及时消解双方交往中因政治分歧而引起的对立情绪，则反过来影响和制约两岸经济文化交往。因此，当前的两岸关系发展格局，要求两岸，尤其是大陆方面必须尽快重视两岸政治议题，将拓展两岸政治空间，倒逼台湾方面有所响应，提上日程。

第二，作为制约两岸政治关系发展的瓶颈，"中华民国宪法"法理定位问题，应成为当前拓展两岸政治空间的最佳切入点。如上所述，"中华民国""中华民国宪法"定位问题构成两岸政治关系发展的瓶颈，而较之于政治色彩很强的"中华民国"问题，后者具有更强技术性、稳定性和明确性特点，同时，如上所述，通过重新定位"中华民国宪法"，可以达到巩固一个中国框架、强化两岸法理连接、包容和尊重台湾民众政治情感的有益效果，故"中华民国宪法"定位问题应优先于"中华民国"问题，而成为两岸，尤其是大陆方面的最优突破点。从这个意义上讲，从新功能主义整合理论来看，"中华民国宪法"法理定位问题的解决，即意味着两岸"政治性外溢"的展开，谕示着两岸政治精英对双方政治交往空间的拓展。我们可以预见的是，当两岸可以就"中华民国宪法"法理定位问题达成某种层次的共识时，双方即可为进一步结束敌对状态，签署和平协议，形成一个中国框架的法理共识，从而为进一步实现两岸整合揭开

---

[1] 《习近平：政治问题不能一代一代传下去》，资料来源：http://www.chinanews.com/gn/2013/10-07/5346801.shtml，最后访问日期：2017年5月20日。

序幕。

　　综上所述，在两岸交往日益密切的背景下，两岸应当充分重视原本为双方搁置的政治性议题，以政治力化解两岸经济社会交往中出现的种种困境，从而推进两岸整合过程的"政治性外溢"，为两岸化解政治分歧，奠定和平统一基础提供条件。在当前形势下，以"中华民国宪法"法理定位问题为代表的政治性议题，应当在两岸经济社会关系不断推进的情况下，引起两岸重视，并以一定方式获致解决。

第五章　台湾地区宪制性规定法理定位策略：形成与应用

本书的研究目的，在于提出一套兼具合法理性与可接受性的"中华民国宪法"法理定位策略模式，并对这一策略模式形成后两岸政治关系的几项重大问题的发展变化提出理论预测。作为全书的结论部分，在完成对"中华民国宪法"法理定位研究的背景、历史与两岸面向之论述后，本章拟立基于上述三个章节形成的研究结论，形成一套当前形势下"中华民国宪法"法理定位策略，并结合两岸关系发展的形势对这一策略的可实现性（包括风险性和可接受性）问题做出针对性分析。除此之外，本章还拟对理论界近年来较具有代表性的相关研究成果加以比较，同时将本书的结论与两岸政治关系发展中的三个重大实践问题相结合，探讨"中华民国宪法"法理定位策略对这些问题得以解决的重大意义。

第一节　台湾地区宪制性规定定位策略的基本思路及其内涵

"立场定位"和"策略定位"是存在于两岸关系研究领域内两种具有不同特点的研究范式，前者意指学者立基于特定的政治立场，为理论研究预设结果，再运用具体的研究方法，来获致基于政治立场而被预设的结果；后者则是从"立场可实现性"的角度，思考和探索特定的立场如何在现实中实现的问题,而非简单地重复或阐发这一立场。① 实现从"立场定位"到"策略定位"的转换,是台湾问题研究方法论的重要转向。在坚持"一个中国"政治立场不动摇的前提下,将法治思维引入策略定位研究范式之中,形成由二者结合而成的法治策略,将使得存在于宪法学与台湾问题交叉论域的"中华民国宪法"法理定位问题获得有效解决。法治策略是"策略定位"范式和法治思维相结合的产物,② 其核心内涵在于将法治思维、法律规范和法学理论引入台湾问题研究过程中,通过合理设计具体政治立场的实现路径,使上述法治资源能够用于提升研究结论的可实现性和可接受性。因此,本书将立足于上述各章形成的理论推演结论,结合两岸关系的客观事实,借助一定的方法论体系,形成用于解决"中华民国宪法"法理定位问题的法治策略体系,即"中华民国宪法"法理定位策略。这一策略的形成来自认识论、方法论和本体论的推演,其中认识论部分用于叙述认知这一问题的基础,方法论部分用于构建解决这一问题的具体方法,本体论部分则用于解决对"中华民国宪法"法理定位策略的实体性界定问题。

一、认识论基础:两岸主权统一与政治对立条件下的认知

没有对客观历史事实的很准确认识,就无法认识两岸关系在当下的本质以及未来可能的发展空间。③ "中华民国宪法"法理定位的基本思路,必须以对客观历史事实和两岸关系现状的正确定性作为其认识论基础,并经由合适的认识论基础,推演出对这部"宪法"做出合情合理安排的基本思路。就两岸关系的历史事实和现状来看,要解决两岸在"一中"问

---

① 祝捷:《两岸关系定位与国际空间:台湾地区参与国际活动问题研究》,九州出版社2013年版,第5—6页。

② 祝捷:《"一个中国"原则的法治思维析论》,载《武汉大学学报(哲学社会科学版)》2016年第2期。

③ 祝捷:《两岸政治关系定位与国际空间》,九州出版社2013年版,第112页。

第五章　台湾地区宪制性规定法理定位策略：形成与应用

题上的"死结"，必须处理好"一二"关系。① 所谓"一二"关系，意指就两岸政治关系而言，大陆方面以维护一个中国框架为政治目标，强调两岸的"同一性"，而台湾方面以维护台湾当局的"主体性"地位为政治目标，强调两岸的"差异性"。因此，要提出一个能够为两岸所共同接受的"中华民国宪法"定位策略，就必须在认识论上，改变既有的单向思维方式，转而从两岸主权统一与政治对立两个层面出发考虑这一问题。只有在建立这一认识的基础上，才能通过给予"中华民国宪法"以合情合理定位，在一个中国框架下，尊重、包容台湾方面的政治诉求，为两岸政治交往拓展更大空间。

(一) 两岸主权统一构成重新定位"中华民国宪法"的前提和基础

基于本书对两岸主权关系的论证和再确认，任何对"中华民国宪法"的定位，都应限定于一个中国框架之内，严守一个中国框架的主权意涵。因此，在选择"中华民国宪法"法理定位的有关方案时，自然应当将任何企图使这部"宪法"成为"两岸主权分裂"依据的观点排除在外。两岸当前尚未在法理上结束内战，因而"中华民国宪法"和《中华人民共和国宪法》并存状态的产生和持续本身就是对中国内战状态的一种法理确认。"中华民国宪法"的存在已经成为两岸关系之间基本的连接纽带，它象征着两岸之间的脐带与血缘关系在法律上尚未完全切断，这是对于"上世纪40年代后期中国内战遗留并延续的政治对立"的反映和确认。② 因此，我们必须充分认识到"中华民国宪法"对两岸关系发展的双向作用，不能听任这部"宪法"在"台独"分裂分子的主导下走向消失，而是将这部"宪法"视为维系两岸内战法理关系的重要纽带。因此，一个中国框架的主权意涵，构成大陆方面重新界定"中华民国宪法"的前提

---

① 黄嘉树：《大棋局》，中国评论学术出版社2013年版，第101页。
② 李晓兵等：《"一国两制"下两岸宪政秩序的和谐建构》，澳门理工学院"一国两制"研究中心2011年版，第100页。

和基础，而巩固一个中国框架，强化两岸法理链接，构成我们重新定位这部"宪法"的出发点和落脚点。具体说来，在形成"中华民国宪法"法理定位策略的过程中，应当注意到以下两点问题：

第一，应继续坚持一个中国框架，强调两岸主权统一是一个中国框架的核心意涵，坚决反对和遏制"台独"分裂势力的诸种具有迷惑性的两岸关系理论学说与政策主张。台湾问题是中国内战的遗留和延续，两岸关系是中国内战双方之间的关系，而非国际关系。从这个意义上看，没有一个中国框架，就不存在所谓"两岸关系"问题，没有一个中国框架，也就不存在"中华民国宪法"定位问题。因此，在处理两岸关系时，我们必须继续坚持一个中国框架，尤其是一个中国框架的主权意涵，以之作为衡量两岸政学两界人士提出的两岸关系解决方案的标杆。易言之，对"中华民国宪法"法理定位的认识和界定，都必须因循一个中国框架的主权意涵，任何超出这一意涵的策略都不符合两岸的历史事实、政治事实和法理事实，都不具有正当性和合理性，台湾方面若做出违背一个中国框架的主权意涵的政策主张或法律规范表述，则消除了本策略的适用基础。

第二，应注意厘清坚持一个中国框架与尊重台湾地区特殊性之间的关系，避免落入"台独"分裂分子构建的，将"中国"与"台湾"相对立的话语陷阱，从而形成坚持"一中"就是否定"台湾"的错误政策印象。众所周知，台湾是中国的一部分，但却是与其他区域相区别的，具有特殊性的一部分。这种特殊性缘起于台湾地区特有的历史记忆，在两岸长期隔绝的过程中，台湾地区形成了区别于大陆的政治、经济、文化体制和特有的意识形态等。我们在坚持一个中国框架时，应当充分认识到台湾地区的这种特殊性，尊重台湾民众与大陆民众对两岸关系的不同看法，注意区别台湾民众爱乡爱土的本土意识和"台独"分子主张的"台独意识"。在形成事关台湾民众政治情感的"中华民国宪法"法理定位策略时，更应当充分尊重和包容这种特殊性，防止"台独"分裂势力通过构建具有"台独"属性的"台湾主体性意识",将"中国"和"台湾"对立起来,从而使台湾民众对大陆方面原本善意的对台政策产生误读。

(二)两岸政治对立构成重新定位"中华民国宪法"必须虑及的现实条件

台湾是中国领土的一部分,但由于历史的原因,两岸长期处于隔绝对立状态,这就使得台湾的发展呈现出它的特殊性。① 因此,要客观认识和处理台湾问题,就必须在肯定两岸主权"同一性"的基础上,充分认识到这种特殊性。就本研究而言,对"中华民国宪法"的定位,必须在坚持两岸主权统一的基础上,实事求是地认识到两岸政治对立的现状,正视"中华民国宪法"在两岸关系中可能发挥的正面作用,充分考虑到这部"宪法"在台湾地区的实际地位与作用,务实应对和处理台湾方面对"中华民国宪法"定位的诉求,有效提升相关策略的包容性,而不必过度受制于既有的政策主张和理论模型。

基于特殊的历史记忆,台湾多数民众对"中华民国"和"中华民国宪法"的看法与大陆的政策主张截然不同,他们长期生活在以"中华民国"为"国号"的地方,长期遵守"中华民国宪法",因而他们大多无法接受大陆方面否认"中华民国"和"中华民国宪法"的立场。基于此,台湾地区内部的各政治派别都必须以一定的方式,继续坚持对"中华民国"和"中华民国宪法"的认同。因此,要贯彻"寄希望于台湾人民"的方针,努力争取台湾民众对大陆对台政策的认同感,实现两岸同胞的心灵契合,就必须在认识"中华民国宪法"法理定位问题时,充分考虑两岸政治对立背景下台湾地区的特殊性,台湾民众政治情感的特殊性。具体说来,在形成"中华民国宪法"法理定位策略的过程中,应当认识到以下几点现实问题:

---

① 陈孔立:《清代台湾移民社会研究(增订本)》,九州出版社2003年版,第92页。

第一，应充分虑及对"中华民国宪法"法理定位问题政策主张的弹性和包容性，在坚持一个中国原则的前提下，尽可能使处于政治对立中的两岸双方和处于政治斗争中的台湾内部主要政治力量均能接受这一主张，并在这一主张的空间内阐释各自立场。"中华民国"和"中华民国宪法"构成台湾当前斗争性政党政治中的"最大公约数"，因而以恰当方式界定"中华民国宪法"的法理定位，在不违反一个中国原则的基础上，尽可能以合适的表达方式，扩大大陆方面对这部"宪法"定位的政策空间，对于提升大陆对台政策的政治容量具有重要意义。

第二，应在客观看待两岸政治对立和台湾地区内部政治对立现状的基础上，重新审视既有政策主张的可实现性，而不应过度为过去的政策主张所拘束。众所周知，作为大陆方面解决国家统一问题的核心主张，"一国两制"方针自提出之时，即遭到台湾方面的反对和抵制，而岛内部分政治人物更是在民粹主义的助力下，将这一方针"标签化"和"污名化"。[①] 在这一背景下，我们应当立足于两岸关系实际，及时考虑以具有创造性的新的理论学说和政策主张，丰富和完善"一国两制"在台湾地区的具体实现方式的论述。在这一论述中，重新诠释两岸关系中台湾地区、台湾当局和台湾地区现行"宪法"的法理定位，构成其中的核心问题。因此，在新形势下，我们应以法理层面重新诠释和探索具有更大理论容量的"一国两制"理论，实现这一理论与当前两岸关系现状的有效衔接为目标，形成更具可实现性的对台政策体系。

第三，应从建设性立场出发，客观看待"中华民国宪法"的法理定位，提出既能够立足于两岸关系现实，又能关照两岸政治关系未来发展，具有可实现性的解决策略。大陆方面坚持既有的将"中华民国宪法"视为伪宪法的政治主张虽有其政治合法性与合理性，但这一主张却使得台湾

[①] 《"一国两制"台湾与港澳不尽相同》，资料来源：http://www.crntt.com/crn-webapp/mag/docDetail.jsp?coluid=0&docid=103443610，最后访问日期：2016年3月31日。

民众对大陆方面整体对台政策存在疑虑，更为部分"台独"分裂分子借机鼓动台湾民众对大陆的对立情绪创造了借口。因此，在当前形势下，我们更加应当重新审视"中华民国宪法"的法理定位，以理性的立场和客观的态度，提出有助于两岸关系发展的务实策略。

二、方法论建构：适用范围与适用方法的精细化构建

在方法论层面，应当通过构建一套将两岸争议焦点从具体策略中分离出来的方法论体系，简化定位策略的复杂性，降低定位策略的争议性，强化定位策略的可接受性，从而使"中华民国宪法"法理定位策略的推动过程能够尽可能包容两岸各方面的诉求。具体说来，应从四个层面出发，完成方法论建构。

（一）国际定位与两岸定位之离：作为两岸区域内特殊概念的"中华民国宪法"

立基于对国际法与国内法意义上主权概念差别的认知，"中华民国宪法"并不具有主权属性，因而不能作为代表中国（或是台湾）的合法"宪法"而存在，但在两岸范围内，基于对两岸政治对立事实的尊重，可以在不违背一个中国框架的前提下，认可其在实践中所发挥的"台湾地区根本法"的实际作用。因此，在主权层面，应通过国际定位与两岸定位相分离的方法，在两岸范围内，推动"中华民国宪法"法理定位策略的"去主权化"。通过将国际定位与两岸定位相分离的方法，能够有效实现"中华民国宪法"法理定位的"去主权化"，在不涉及主权争议的前提下，在两岸范围内务实处理这部"宪法"的定位问题。具体说来：

第一，在处理两岸关系时，将国际定位与两岸定位相分离的做法，产生于两岸双方长期以来的政治实践之中。1. 从大陆方面的政策表述来看，在一个中国原则的表述中，大陆方面在两岸范围内的表述是"世界上只

有一个中国,大陆和台湾同属一个中国,中国的主权和领土完整不容分割"[1],在国际场合的表述是"世界上只有一个中国,中华人民共和国政府是代表全中国的唯一合法政府,台湾是中国领土不可分割的一部分"。前者并不包含"中华人民共和国"这一政权符号,而是以"中国"这一国家符号作为其表述的核心,而后者则突出"中华人民共和国政府"这一政权符号的"唯一合法政府"地位。2. 在两岸领导人举行首次会晤时,双方亦共同坚持会晤的"两岸性",尽管此次会谈是在两岸之外的新加坡举行,但会谈的性质却是两岸领导人会晤,而非"国际会晤",双方的身份亦是"两岸领导人",而非"国家领导人"。[2]

第二,在处理两岸关系时,将国际定位与两岸定位相分离的做法,体现在两岸诸多学者的研究成果之中。大陆学者王英津在探讨对台湾当局做出"政府"定位时提出,"即便两岸之间彼此平等,也不能在国际社会平等,一旦如此,就会破坏'一个中国'框架,因而两岸'两府'之间的关系应当'内外有别'"。[3] 台湾学者黄光国在论述其"一中两宪"理论时即认为,"台湾在以'一中两宪'为基础,争取'国际上与其身分相适应的活动空间'时,必须认清楚:现在联合国以及世界上绝大多数与中华人民共和国有外交关系的国家,都承认:'中华人民共和国为中国的唯一合法政府',台湾要想再以'中华民国'的名义搞'两个中国'或'一边一国'……两岸间的互信关系会荡然无存",因而"将来'中华民国'名称的使用恐怕要'内外有别'"[4],即台湾对内仍可使用"中华民国",而对外则只能以"中华台北"等不违背一个中国原则的变通方式

---

[1]《全面建设小康社会,开创中国特色社会主义事业新局面——在中国共产党第十六次全国代表大会上的报告》,新华社 2002 年 11 月 8 日电。
[2]《两岸领导人习近平、马英九将在新加坡会面》,新华社 2015 年 11 月 4 日电。
[3] 王英津:《论"国家—政府"分析框架下的两岸政治关系定位》,载《台湾研究》2015 年第 6 期。
[4] 黄光国:《一中两宪:两岸和平的起点》,台北生智文化事业有限公司 2005 年版,第 298—299 页。

进行。

综上所述,我们在处理"中华民国宪法"法理定位时,亦可秉持国际场合与两岸场合相分离的方法处之。在国际场合,坚持严格的一个中国框架,坚持中华人民共和国政府是中国的唯一合法代表,强调其对中国主权的唯一代表性。在两岸场合,一个中国框架的包容程度则可远远高于国际场合,淡化两岸的主权之争,只将一个中国框架的主权意涵作为讨论背景,而对其内涵不做过多解读。

(二) 历史定位(历史性)与现实定位(现实性)之分离:作为历史事实与政治事实的"中华民国宪法"

台湾问题是 20 世纪 40 年代国共内战的遗留,而国共内战的本质是代表当时中国两条道路的两个政党的对抗,本质是两种意识形态的对抗。因此,在"革命史观"的影响下,"中华民国宪法"长期被大陆方面界定为"保护地主与买办官僚资产阶级反动统治的工具,是镇压与束缚广大人民群众的武器"[①],因而这部"宪法"只能是伪宪法。然而,时空变换,两岸关系的主要矛盾发生了变化,统"独"之争已取代意识形态对立,成为两岸关系矛盾的主要方面。正如本书第三章所言,台湾地区"宪政改革"之后的"中华民国宪法"已自我消除了代表国民党反动统治的"伪法统"因素,转而成为台湾人民巩固自身民主事实的一种规范符号。因此,在当前形势下,我们应当从历史的、辩证的角度看待这部"宪法",在坚持以《废除六法全书指示》为代表的规范性文件对这部"宪法"历史评价的基础上,结合实际情况的变化,通过历史定位与现实定位相分离的方法实现对"中华民国宪法"定位的"去意识形态化"。历史定位与现实定位相分离的方法能够确认和巩固社会主义法律体系的正当性基础,避免因认可"中华民国宪法"有效性带来的对新中国法治建设基础的否定,

---

① 《中共中央关于废除国民党的六法全书与确定解放区的司法原则的指示》(1949 年)。

同时有效避免革命史观对重新定位"中华民国宪法"带来的不利影响。具体说来：

第一，对"中华民国宪法"历史定位与现实定位相分离的方法，有助于我们坚持《废除六法全书指示》和《共同纲领》等规范性文件的法理效力，避免造成本策略否认历史事实的错误印象。众所周知，《废除六法全书指示》构成社会主义法律体系的正当性基础，而《共同纲领》则更是在"革命—制宪—建国"的政治逻辑中发挥着新中国"出生证"的宪制作用。[①] 因此，长期以来，如何解决《废除六法全书指示》《共同纲领》中关于废除"中华民国宪法"的表述与当前条件下重新探讨这部"宪法"定位之间的矛盾，是我们在探讨这一问题时必须考量的历史遗留问题。通过历史定位与现实定位相分离的方法，能够充分肯定我国社会主义法律体系的正当性基础，避免因当前改变对"中华民国宪法"法理定位而造成对革命历史和社会主义法治建设全盘否定的负面效果，从而有效解决对"中华民国宪法"定位问题做出重新安排可能引起的历史遗留问题。

第二，对"中华民国宪法"历史定位与现实定位相分离的方法，有助于我们正确看待中国革命进程中的"中华民国宪法"的历史地位和当前两岸关系发展中"中华民国宪法"的现实地位。众所周知，随着历史条件的变化，两岸关系的主要矛盾已从国共两党争夺中国"正统"的矛盾，转换为"台独"与反"台独"之间的矛盾。在这种历史条件变化的情形下，传统"革命史观"中对于"中华民国宪法"做出的界定，已脱离当前的两岸关系现状。因此，将这部"宪法"的历史定位与现实定位相分离的方法，能够有效避免"革命史观"对我们提出对这部"宪法"定位策略的不利影响，使我们对"中华民国宪法"定位的认知更加符合

[①] 陈端洪：《一个政治学者和一个宪法学者关于制宪权的对话》，载《开放时代》2010年第3期。

当前两岸关系的实际情况和对台工作的实际需要。

据此，我们在处理"中华民国宪法"法理定位时，可秉持历史定位与现实定位相分离的方法，将存在于中国革命历史中的"中华民国宪法"与存在于两岸关系中的"中华民国宪法"相切割。在回顾历史的过程中，结合"中华民国宪法"变迁的具体情况，给予其合情合理的定位，即1. 在1946年至1949年，它是一部在全中国范围内形式上具有合法性的"宪法"，但因其缺乏实质合法性，因而只能是一部维护国民党反动统治的伪宪法；2. 1949年后，它在台湾地区的存在是中国人民政治决断外力阻却的产物，是一种不具合法性的政治事实；3. 台湾地区"宪政改革"之后，它成为台湾人民在国家尚未统一的特殊条件下确认其自身民主事实的规范性文件，但其正当性基础尚不完备。

（三）正当权威（合法性）与实际权力（有效性）之分离："中华民国宪法""合法性"问题的应对思路

除厘清"中华民国宪法"的历史定位与现实定位之差别外，在运用"中华民国宪法"资源的过程中，我们必须对这部"宪法"能否具有代表主权属性的国家根本法之合法性问题做出回应，以避免造成两岸存在两部合法"宪法"的错误印象，甚至造成对两岸关系政治定位现状的改变。为解决这一问题，我们应从正当权威和实际权力相区别的角度，深入分析这部"宪法"的"合法性"基础，客观看待其在岛内政治实践中的有效性事实，在坚持否认这部"宪法"合法性的前提下，结合两岸关系发展实际，通过肯定这部"宪法"的有效性，以这部含有"一中性"因素的"宪法"制约"台独"分裂势力之目的。具体说来：

第一，权威与权力相分离，意味着对"中华民国宪法"合法性与有效性认知的切割。众所周知，权威和权力是一对既相关联，又相区别的概念，对正当权威的认可可以与对实际权力认可相分离。众所周知，权力是统治者支配和控制被统治者的能力，它可能是暴力的，也可能是柔性的，而权威则是一种被统治者所认同的、自愿服从的统治。① 因此，权威是一个表征合法性的概念，而权力仅是一个对统治事实描述性的概念，却并不必然意味着权力主体具有实施权力的合法性。从传统的政治性视角看，宪法是一个集权威与权力的存在，认可一部宪法就意味着对基于这部宪法而产生的权威与权力的承认。然而，仅从宪法的功能性视角看，权威与权力却是一对可以分开看待的概念，可以依照一部宪法实施的具体情况，在认可宪法权力（有效性）的基础上，否认其宪法权威（合法性）。在实践中，自20世纪50年代起，大陆方面一直以"台湾当局"称呼台湾地区公权力机关②，对其控制台澎金马地区的政治事实表示认可，但却并不认同其统治的合法性，而视其为一种事实现象，这也为我们以类似的方法处理"中华民国宪法"法理定位问题提供了范例。

第二，无论是从法理上还是政治上看，"中华民国宪法"均不能被视为一部具有充分合法性基础的根本法。从制宪权理论出发考察"中华民国宪法"的"制宪"与"修宪"事实可知，1946年"中华民国宪法"仅具有形式上的合法性，而因缺乏对当时国内政治格局中各方力量政治共识的凝聚，缺乏实质合法性。"宪政改革"后形成的"增修条文"并非作为中国主权者的"中国人民"③意志的体现，仅是作为"中国人民"组成部分的"台湾人民"意志的体现，故这种所谓的"修宪"行为缺乏足够的合法性基础，并不具备足够的正当权威。因此，我们仍应坚持否定这部"宪法"作为代表全中国的"宪法"或代表"台湾"的"宪法"之合法性。

第三，从台湾地区政治实践来看，"中华民国宪法"又是一部在岛内

---

① 许纪霖：《为何权力代替了权威》，载《天津社会科学》2011年第5期。
② 李鹏：《以"当局"作为两岸商谈政治定位起点之理论探讨》，载《台湾研究集刊》2014年第2期。
③ 陈端洪：《宪法学的知识界碑——政治学者和宪法学者关于制宪权的对话》，载《开放时代》2010年第3期。

获得有效实施的规范性文件,具有其现实有效性。自台湾地区"宪政改革"以来,从"中华民国宪法"及其"增修条文"在岛内的适用情况看,这部"宪法"通过"司法院""释宪"等方式的具体适用,已从一部仅具有"法统"象征意义的"宪法",逐渐转变为能够约束岛内政治运行的规范性文件。[①] 考察台湾地区内部政治实践可知,当前"中华民国宪法"已成为岛内各主要政党共同遵守和认可的"最大公约数",成为台湾民众保障基本权利的重要宪制依据,成为岛内各族群实现政治认同聚合的重要规范载体。可以说,这部"宪法"在实践中已经成为台湾地区政治转型事实法律化的法理渊源,因而具有其实际有效性。因此,在我们对"中华民国宪法"法理定位问题做出重新安排时,必须充分考虑到其实际有效性,有条件地认可这种有效性,从而使政策表述与客观事实相符合。

据此,我们在处理"中华民国宪法"法理定位时,可秉持正当权威与实际权力相分离的方法处之,将这部"宪法"的合法性与有效性认知相切割。一方面,应坚持否认这部"宪法"的正当权威属性(合法性),否认其作为一部具有"主权"和"国家"属性"宪法"的法律地位,强调《中华人民共和国宪法》对台湾地区的法律效力;另一方面,应充分认识到这部"宪法"在台湾地区政治实践中的实际权力属性(有效性),以正当权威(合法性)和实际权力(有效性)分离的思路,寻求解决运用"中华民国宪法"资源的现实困境。

(四)规范含义(规范性)与政治含义(政治性)之分离:"中华民国宪法"文本的规范价值应用

针对因"中华民国"政治含义的模糊性和多样性对应用"中华民国宪法"资源带来的实践困境,我们应采取区分作为政治符号的"中华民

[①] 杜力夫:《"一国两制"视角下"中华民国宪法"的定位》,载《"一国两制"研究》(澳门)2013年第4期。

国"与作为规范文本的"中华民国宪法"之方法,将这部"宪法"所蕴含的规范含义与政治含义相区分,借助宪法教义学的研究方法,通过挖掘、放大和强调其规范含义,达到约束和规制台湾当局的两岸政策走向,反对和遏制"台独"分裂活动之目的。具体说来:

第一,与"中华民国"这一政治概念不同,"中华民国宪法"及其"增修条文"与相关"大法官解释"均是具有确定文本载体规范性文件,其明确性、稳定性和权威性远远高于作为政治概念的"中华民国"。因此,尽管不同政治势力可以根据其需要,对"中华民国"这一政治概念做出不同的解读,但其对于"中华民国宪法"的解读,则不得不立足于规范、受制于文本。如上所述,在"台独"分裂分子的曲解之下,"中华民国"在台湾地区内部拥有了多种意义差别极大的政治含义,为我们运用"中华民国宪法"资源制造了极大的现实障碍。然而,与含义模糊的"中华民国"不同,"中华民国宪法"是一部具有文本载体的规范性文件,任何对这一文本做出的解读都必须以文本为依据,遵循宪法学的一般原理进行。在岛内的政治实践中,持"台独"立场的政治人物和学者往往通过混淆政治现实和法理事实的方法,妄图以两岸尚未统一的政治事实,压制甚至推翻"中华民国宪法"对"两岸同属一个国家"的法律界定。倡导所谓"以台湾为主体的法律史研究"的台湾学者王泰升的相关论述即是此类逻辑的典型代表,他认为,台湾"以一个事实上国家的地位已存在五十余年,且发展出自由民主的宪政秩序……如果台湾人民选择了'自由民主'的宪政生活方式,并为确保其永续存在,而在法律规范上宣示仅以台湾一地作为国家领土、居住于台湾之人作为国民,则岂是现有宪法条文所能拘束的"[①]。这种论断的本质是以一种看似至高无上的价值,作为超越现有宪制规范的依据,并借此为实现所谓"民族自决""独立建

[①] 王泰升:《自由民主宪政在台湾的实现:一个历史的巧合》,载《台湾史研究》(台湾)第11卷第1期。

第五章 台湾地区宪制性规定法理定位策略：形成与应用

国"提供条件。这套通过改变"规范"来迎合所谓"事实"的理论体系充分体现出台湾学者对于明确体现出"一个中国"含义的"中华民国宪法"规范文本的无可奈何。

第二，从法律解释学基本原理出发，文本应是法律解释的边界，任何与文本明显相悖的解释都是不可取的。众所周知，就宪法解释而言，宪法文本无疑应是解释者行为的边界，"再大胆的解释也不能把与宪法文本显然相悖的观念纳入宪法"[1]，否则释宪行为将越界演变为修宪甚至是宪法破弃。因此，作为一部具有明确文本界限的规范性文件，任何对"中华民国宪法"法理意涵的解读，尤其是涉及国家统一问题的解读，都应以这部"宪法"的文本为界限。如上文对"中华民国宪法"文本的分析，这部"宪法"的有关规定充分体现出对"两岸同属一个中国"事实的确认。依据这一原理，结合这部"宪法"的规定，在解决"中华民国"政治含义模糊化和多样化现状为我们运用"中华民国宪法"资源带来的障碍时，应因循政治含义与规范含义相分离的原则，紧紧抓住"中华民国宪法"及其"增修条文"与相关"大法官解释"的规范文本，以文本为依据，反制"台独"分裂分子提出的种种理论说辞与政治言论，使这部"宪法"成为我们可以运用的正向资源。因此，在运用"中华民国宪法"资源的过程中，运用宪法教义学的理论与技术，充分挖掘这部"宪法"（包括其"增修条文"与相关"大法官解释"）的规范文本，成为关键。

综上所述，尽管从政治事实层面看，岛内各政党基于其各自认知，使"中华民国宪法"掺杂着形形色色的政治意图，甚至出现"一部宪法，各自表述"[2]的情形，但从法理层面，尤其是文本层面出发，台湾地区现行"宪法"的"一中性"成分仍然发挥着独特的作用。在两岸各自根本法都

---

[1] 张翔：《宪法释义学——原理·技术·实践》，法律出版社2013年版，第54页。
[2] 曾建元：《一个宪法，各自表述：台湾宪法秩序中的"一个中国架构"》，载《中华通识教育学刊》（台湾）2006年第4期。

239

充分肯定"一中性"的基础上,双方对于一个中国框架的各自主张就能够在法理上形成重叠表述的客观状态。在这种情况下,两岸各自根本法上的"一中性"要素,就能够为双方通过政治力运作形成合乎一个中国框架的政治基础提供质料。

据此,我们在处理"中华民国宪法"法理定位时,可秉持合法性与有效性相分离的方法处之,将二者分开对待。一方面,应坚持否认这部"宪法"的合法性,否认其作为一部具有"主权"和"国家"属性"宪法"的法律地位,强调《中华人民共和国宪法》对台湾地区的法律效力;另一方面,应充分认识到这部"宪法"在台湾地区政治实践中的有效性,以合法性和有效性分离的思路,寻求解决运用"中华民国宪法"资源的现实困境。

三、本体论界定:理论描述下法理定位策略的提出与展开

在两岸政治关系发展的基本情势下,由认识论、方法论和本体论等定位要素构成的"中华民国宪法"定位策略基本思路,为目前重新界定这部"宪法"法理定位策略的提出和展开提供了最具可能性的选项。以两岸主权统一与政治对立的事实为认识基础,通过运用三个层面相分离的方法论体系,本书将形成由理论描述、实践策略和政策应用三个部分构成的"中华民国宪法"法理定位策略体系。

(一)理论描述:作为一个中国框架下宪制性规范的"中华民国宪法"

基于上述各部分的认知,从本体论层次看,"中华民国宪法"应被界定为一个中国框架下的一种宪制性规范,其中一个中国框架是界定这部"宪法"性质的限定性条件,而"宪制性规范"则是对两岸政治对立下这部"宪法"发挥实际功能的一种描述性界定。这一描述性界定的理论内涵体现为以下三个层次:

第五章　台湾地区宪制性规定法理定位策略：形成与应用

第一，从"制宪"逻辑和政治现实两个层面看，没有一个中国原则，就没有"中华民国宪法"，因而一个中国框架构成对这部"宪法"法理定位问的限制性条件。一方面，从其"制宪"逻辑来看，1946年"中华民国宪法"基于"一个中国"的事实而生成，基于"一个中国"的事实而存在，因而"一个中国"原则构成"中华民国宪法"得以存在的基础，没有"一个中国"就没有"中华民国宪法"。另一方面，从政治现实的角度看，没有大陆方面对一个中国框架的巩固诉求也就没有对"中华民国宪法"定位问题加以重新探讨的必要性。因此，"中华民国宪法"这一"宪制性规范"必然是立基于一个中国框架之内的一种存在。因此，综合上述两个层面的认知，"中华民国宪法"在国际场合，不具有作为一个国家根本法而应当具有的主权属性，因而它不能代表其实际实施区域的"台湾"的"主权属性"，而只能在两岸场合内，表现出其作为一个中国框架下的一种"宪制性规范"的特点，其存在的依据在于一个中国框架，其存在的范围也只能限于一个中国框架之内。

第二，从政治功能来看，"中华民国宪法"合乎一种"宪制性规范"的特征，因而对这部"宪法"做出"宪制性规范"的功能性描述符合其一般特点。在两岸政治对立尚未得到有效解决，两岸政治关系尚未得到合情合理安排的情况下，过多探讨"中华民国宪法"的正当性问题，无益于解决两岸政治分歧。[①] 但在两岸经济社会交往日益密切，而政治关系有待发展的背景下，务实地看待这部"宪法"的有效性问题，却又成为当前必须加以解决的问题。因此，认识"中华民国宪法"法理定位问题，应当更多地从功能角度出发，以对其在实践中发挥的实际功能为契机，形成对这部"宪法"的描述性界定。如本书第四章所述，"中华民国宪法"在台湾地区政治生活中发挥着本区域根本法的地位作用，因而其符合

---

① 祝捷：《论"宪制-治理"框架下的两岸政治关系合情合理安排》，载《台湾研究集刊》2015年第5期。

"宪制性规范"的一般特征。从描述性角度看,"宪制性规范"的界定重在强调这部"宪法"的有效性,而并不涉及这部"宪法"的正当性。实践表明,"中华民国宪法"符合宪法学理论中"根本法"在效力层面的一般特点,因而我们不能否认"中华民国宪法"是一种作为与大陆方面处于政治对立状态下的一方的根本法,即在台湾地区发挥实际效力的"宪制性规范"。

第三,"中华民国宪法"切实构成中国范围内一个特定区域的"宪制秩序"基础,与《中华人民共和国宪法》共同构成尚未统一之中国的宪制秩序规范要素。众所周知,尽管两岸当前尚未统一,但中国的主权和领土并未分裂,两岸各自规定均坚持一个中国框架的法理定位。在这种背景下,在大陆范围内发挥实际效力的《中华人民共和国宪法》和在台湾范围内发挥实际效力的"中华民国宪法"共同构成了中国人民构建国家宪政秩序的规范基础,这是从有效性层面对中国国家宪制秩序的客观描述。正如周叶中教授所言,"台湾问题是台湾现行'宪法'和新中国宪法之间的关系问题"[①],而解决台湾问题的标志,即是两岸最终归于同一部宪法所确定的宪政秩序之下。易言之,从宪法学视角观之,当前由两岸两部"宪法"共同奠定的中国宪法秩序被纳入由一部在两岸范围内均具有最高效力的宪法所取代,即是台湾问题得以解决的法理标志。因此,在暂时搁置两岸各自根本法正当性争议的前提下,仅从有效性视角观之,坚持"一个中国"立场,保留对"国家统一"目标追求的《中华人民共和国宪法》与"中华民国宪法",共同构成了两岸关系的法理纽带,[②] 更为两岸宪政秩序在未来的有效对接提供了条件,二者在当前历史条件下共同构成尚未统一之中国的宪政秩序体系。

---

① 周叶中:《台湾问题的宪法学思考》,载《法学》2007年第6期。
② 李晓兵等:《"一国两制"下两岸宪政秩序的和谐建构》,澳门理工学院"一国两制"研究中心2011年版,第192页。

（二）实践策略："中华民国宪法"法理定位策略的提出

"策略定位"范式意指在研究过程中，应从"立场可实现性"的角度，思考和探索特定立场如何在现实中实现的问题。[①] 基于本书研究主题对于巩固和维护一个中国框架、拓展两岸政治关系发展空间的重要意义，本书理应在形成对"中华民国宪法"法理定位理论描述的基础上，形成一套具有可实现性的定位策略表述，并基于这一表述，形成一系列可供大陆方面借鉴的政策表述。基于以上各章节的综合考量，在形成"中华民国宪法"法理定位策略的过程中，应明确以下三项描述基点：

第一，"中华民国宪法"法理定位策略仅适用于两岸场合，两岸均应避免在国际场合触及这部"宪法"及其定位问题。任何政治策略都应服务于特定的政治立场，我们在当前形势下重新认识"中华民国宪法"定位问题，其目的即在于巩固一个中国框架，进而促进两岸政治关系发展。因此，"中华民国宪法"法理定位策略应当通过存在场合的界定，保障其策略目标的有效实现。基于这一认知，在形成"中华民国宪法"法理定位策略的过程中，应注意强调"中华民国宪法"定位的"中国性"，明确界定这一安排适用的地域范围，通过"两岸"这一"地理概念与政治概念的复合体"[②]，避免这一问题受到两岸在国际空间问题上的政治争议的影响，保证这一安排不致在国际场合对一个中国框架产生负面影响。

第二，"中华民国宪法"的正当性基础并不完整，其并不具有代表作为主权者的"中国人民"的效力。在两岸主权统一的基本前提下，由于"中华民国宪法"并未获得作为全中国主权者的中国人民之确认，其仅能体现作为中国人民一部分之台湾人民的政治意志，故其正当性基础尚不完

[①] 祝捷：《两岸关系定位与国际空间：台湾地区参与国际活动问题研究》，九州出版社2013年版，第6页。

[②] 祝捷：《两岸关系定位与国际空间：台湾地区参与国际活动问题研究》，九州出版社2013年版，第147页。

整。基于正当权威与实际权力相分离的方法，在形成法理定位策略的过程中，应注意区分"中华民国宪法"的实际有效性与法理正当性，从其实际政治功能的角度认知其有效性，从其法理基础的角度认知其正当性。如上所述，尽管在"宪政改革"的过程中，"中华民国宪法"已经成为台湾人民在国家尚未统一特殊条件下对其政治转型事实的一种确认，但这并不意味着这部"宪法"已经具有如同一般主权国家宪法一样的正当性基础。从制宪主体的角度看，"中华民国宪法"的正当性基础依然不完整，因而应当继续坚持否认"中华民国宪法"的正当性基础，避免有条件地认可这部"宪法"造成两岸存在两部具有完整正当性的"宪法"、存在两个"中央政府"乃至"两个国家"的政策误读。

第三，"中华民国宪法"实际效力范围仅及于台湾当局实际控制区域（即台、澎、金、马地区），在台湾地区内部处于台湾地区政治根本法的地位，在台湾地区法域内具有最高法律效力。众所周知，历史上，"中华民国"曾是全中国采用的"国号"，"中华民国宪法"亦曾是一部适用于全中国的"宪法"，但在中国因革命发展的过程中，其在实质上和形式上被双重废止，然而，这种来自中国人民的政治决断却因外力打断而遭到中止，使"中华民国宪法"成为实际效力仅及于台湾当局实际控制地区的规范性文件。基于本书第四章的分析，"中华民国宪法"在岛内政治生活中体现出"政治根本法""权利保障法"和"认同整合法"的基本功能，因此，从描述性角度视之，这部"宪法"在台湾地区实际发挥着"区域根本法"的作用，即在内容上规定台湾地区最为根本、最为重要的问题，其在台湾地区法域[①]内具有最高法律效力。因此，在法理定位策略中，应

[①] 所谓"法域"，是指具有或适用独特法律制度的区域，乃是一个纯粹的法学概念，与"国家""主权"等概念无关，一个主权国家之内也可以有多个法域。在两岸政治对立的事实条件下，在不考虑法律体系正当性的前提下，大陆和台湾事实上存在着两套互相平行的法律体系，大陆人民和台湾人民在各自公权力机关的实际控制范围内，仅遵守、执行和适用本区域内的法律。对大陆和台湾分属两个不同法域的认识，并不影响大陆和台湾同属"一个中国"的事实，这一点已为两岸学界和实务界所公认。韩德培主编：《国际私法新论》，武汉大学出版社1997年版，第447页。

第五章　台湾地区宪制性规定法理定位策略：形成与应用

当明确这部"宪法"处于台湾地区政治根本法的地位，其在岛内法律体系中具有最高地位。基于对台湾方面可接受性的考量，在表述中，可不使用"台湾地区"的表述，而转而借鉴两岸领导人会谈时所使用的"台湾方面"的表述，将之称为"台湾方面根本法"。

基于对上述三个方面的认知，"中华民国宪法"法理定位策略的基本内涵的表述应为：在两岸范围内，"中华民国宪法"（台湾地区现行"宪法"）是一部坚持一个中国框架，但正当性基础不完整，效力及于台湾当局实际控制地区，在实践中发挥台湾方面根本法作用的规范性文件。

（三）政策应用："中华民国宪法"法理定位策略的展开

在形成对"中华民国宪法"法理定位的描述性认知后，还应结合两岸关系发展的具体情况，在适当场合应用这一结论，使这一结论能够真正起到拓展两岸政治空间的作用。基于上述认知，在实践中，本书所提出的"中华民国宪法"法理定位策略可展开为以下几项具体政策措施：

第一，在两岸场合，可将"中华民国宪法"称为"台湾方面宪制性规定"或"台湾方面根本法"，将《中华人民共和国宪法》和"中华民国宪法"合称为"两岸各自宪制性规定"或"两岸各自根本法"。在2015年11月7日两岸领导人的首次会谈中，大陆方面即称马英九为"台湾方面领导人"[1]，而非以往所使用的"台湾地区领导人"，这种由"方面"取代"地区"的做法，使马英九不会被界定为"地区领导人"，充分照顾了台湾方面的感受。毫无疑问，这种以"台湾方面"取代"台湾地区"的表述方法，既体现出台湾的地域性特点，又避免以地区的称谓产生所谓"矮化"台湾的效果，提升了台湾方面的可接受程度。同时，"宪制性规定"或"根本法"的表述，既可以客观描述"中华民国宪法"在

---

[1]《实录：国台办主任张志军介绍"习马会"成果并答问》，资料来源：http://news.sohu.com/20151108/n425615915.shtml，最后访问日期：2017年5月20日。

台湾地区内部的实际效力,又能够避免直接将其称为"宪法"可能导致的不必要的舆论猜测和误读,从而使整个政策表述更具精准性。[①] 因此,在两岸范围内,对"中华民国宪法"做出法理定位时,我们亦可采用"台湾方面"这一提法,将"中华民国宪法"成为"台湾方面宪制性规定"或"台湾方面根本法"。

第二,在两岸场合,借助"中华民国宪法"文本规范中的"一中性"资源,提出体现"九二共识"和一个中国框架核心意涵的新表述。根据本书对"九二共识"在台湾地区"政党轮替"常态化的背景下面临挑战的分析和论述,当前透过对"中华民国宪法"有效性的认可,从而借助这部"宪法"的"一中性"规定,巩固一个中国框架,约束台湾地区内部部分政党和政治人物的统"独"立场是兼具必要性与可行性的重要思路。基于上文形成的"中华民国宪法"法理定位策略,大陆方面应提出恰当的政策表述,以达到借助这一策略实现维护一个中国框架的重要目标。在两岸场合,大陆方面可采用如下表述:两岸各自宪制性规定都认同和确认"一个中国"的事实,两岸在交往过程中均应遵守各自对一个中国框架的规定,在此基础上,两岸可进一步扩大各层次交往,增进政治互信,消除政治对立。

第三,在两岸场合,不否认台湾当局主管两岸事务及内政事务的公权力机关的合法性,尊重台湾地区现有涉及两岸事务和内政事务法律规定在岛内的法律效力。众所周知,在2013年的APEC会议上,时任国台办主任张志军和时任台湾陆委会主委王郁琦首次直接接触并互称官衔,创造了

[①] 2016年2月26日,外交部长王毅在访美期间接受采访时提出,希望并期待届时台湾新执政者以她自己的方式表明愿意继续推动两岸关系和平发展,愿意接受他们自己"宪法"规定的大陆和台湾同属一个中国。这一表述在两岸和国际范围内引起强烈反响,由于王毅外长直接使用了"宪法"一词,引起台湾方面许多人士的过度联想。《王毅宪法说 大陆观点——过度解读恐昙花一现》,资料来源:http://www.chinatimes.com/cn/newspapers/20160301000394-260109,最后访问日期:2017年5月20日。

大陆和台湾两岸事务主管部门负责人直接交往机制，在两岸范围内取得了较好的政治效果，被舆论广泛视为两岸政治互信增强的重要体现。[1] 但是，由于两岸政治分歧犹存，这种建基于两岸事务主管部门负责人之间的直接接触和交往机制并未得到进一步推广，两岸其他事务主管部门之间仍须采取透过民间机构的间接交往模式。[2] 除此之外，尽管当前两岸均允许各自司法部门在民事审判活动中援引对方民事法律规范，但这种援引范围仅涉及民事法律规范，而不包含其他法律部门，这种适用上的限制，为构建两岸区际法律冲突规范体系造成了不小障碍。"中华民国宪法"是台湾地区公权力机关和台湾地区法律体系的构建基础，因此，在有条件地认可"中华民国宪法"有效性的前提下，大陆方面可选择适当时机，将两岸事务主管部门之间形成的直接接触模式加以推广，不再否认台湾当局负责内政事务的公权力机关的合法性，不再否认台湾地区法律体系的合法性，为进一步增强两岸政治互信，提升两岸各类事务主管部门之间的交往效率和交往深度，促进两岸区际法律冲突规范体系的构建提供条件。具体说来：1. 可根据两岸关系发展状况，适时将"陆委会模式"推广至台湾当局所有主管内政事务的公权力机关，除涉及国防、外交等主权事项的部门外，允许两岸对口事务主管部门负责人之间直呼官衔。2. 可适当允许大陆方面有关出版物、规范性文件在提及台湾当局相关部门时，除涉及国防、外交等主权事项的部门外，不再使用引号处理。3. 授权最高人民法院制定司法解释，明确规定大陆涉台司法审判中，允许在发生区际法律冲突的情况下，将适用台湾地区有关规范的范围拓展至除国防、外交等主权事务之外的各法律部门。

---

[1] 《观察：王张互称官衔是很不容易突破的一小步》，资料来源：http://www.crntt.com/doc/1030/1/7/4/103017432.html?coluid=0&kindid=0&docid=103017432，最后访问日期：2017年5月20日。

[2] 周叶中、段磊：《海峡两岸公权力机关交往的回顾、检视与展望》，载《法制与社会发展》2014年第3期。

第二节　台湾地区宪制性规定法理定位策略的可实现性论证

在两岸范围内，尤其是在大陆学界，有不少学者认为，基于一个中国原则的基本要求、统一风险及模式选择的压力和两岸政治互信不足等原因，大陆方面不可能承认"中华民国"或"中华民国宪法"，而只能以回避的方式继续搁置这一问题。[①] 我们必须承认，尽管在当前条件下，有条件地认可"中华民国宪法"的有效性有助于巩固一个中国框架和拓展两岸政治交往空间，但本书提出的"中华民国宪法"法理定位策略与大陆方面既有的政策主张仍存较大差异，因而这一策略存在一定的风险性。同时，就台湾方面而言，其是否能够在大陆方面就"中华民国宪法"定位问题释出善意的情况下做出符合一个中国框架的回应，从而使这一定位策略发挥其应有的两岸意义，亦即这一策略在台湾地区的可接受性问题，亦是本书必须直面的问题。基于上节提出的"中华民国宪法"法理定位策略，本节将针对上述问题，重点分析这一策略的风险性和可接受性问题，为我对台工作实践提供适用于"中华民国宪法"的具体表述方式，形成"中华民国宪法"法理定位的一揽子策略方案。

一、政治与法律风险及其回应

尽管从本书上述各章的研究结论来看，基于有条件地认可"中华民国宪法"有效性与合法性的立场形成的"中华民国宪法"法理定位策略，是合乎一个中国框架主权意涵之要求，符合两岸政治关系现状，有利于巩固"一个中国"法理事实的，但考察两岸政治关系发展的实际情况，我

[①] 王英津：《论两岸政治关系定位中的"中华民国"问题（下）》，载《中国评论》（香港）2016年2月号。

第五章 台湾地区宪制性规定法理定位策略：形成与应用

们不得不在完成上述论证之后，认真面对这一定位策略在实践中可能存在的风险性。作为当前制约两岸关系发展的瓶颈问题，对"中华民国宪法"法理定位问题的重新安排，对大陆的涉台政策体系的整体布置会产生极大影响。因此，若不能做好相应的风险评估工作，则可能使大陆涉台政策整体陷入被动，甚至出现"过去数十年间对台工作努力毁于一旦"的危险。从既有研究来看，大陆方面对本策略政治风险的忧虑主要体现在两个方面：一是这一策略是否有利于反对和遏制"台独"，是否会在实践中反而造成助长"台独"或"独台"活动的实际效果；二是这一策略是否会对未来两岸实现最终统一造成障碍。就前者而言，本策略可能存在的政治风险主要体现在两个具体层次，一是有学者提出当前岛内对"中华民国"政治意涵的认知有较大差异，因而大陆方面贸然认可"中华民国宪法"可能会为岛内部分政治势力所利用，造成促进"台独"或"独台"活动的实际影响；二是有学者认为宪法与政府、国家、主权等概念息息相关，一旦大陆方面认可"中华民国"可能会在国际上造成默认"台湾主权"等"台独"活动的实际影响。

（一）政治风险之一：反"独"实效性的分析与回应

众所周知，"中华民国宪法"与"中华民国"息息相关，密切相连，而随着台湾岛内政治局势的变化，尤其是"台湾主体性"意识在岛内政治活动中作用的日益凸显，"中华民国"的政治意涵正发生一定变化。因此，作为"中华民国宪法"核心之"中华民国"的政治意涵和法理意涵是什么，将直接影响到"中华民国宪法"法理定位策略在两岸范围内，尤其是在台湾地区内部所产生的实际效果。当前，岛内对"中华民国"政治意涵的认知存在极大差异，这种差异主要体现在对"中华民国"与"中国"和"台湾"的关系上，如下表所示：

表 5-1　台湾地区内部对"中华民国"政治意涵的认知差异对比①

"中华民国"	中国	台湾
政治意涵之一	"中华民国"是中国的"国号",是"代表中国的唯一合法政府",即"中华民国"=中国。②	("中华民国"到台湾)
政治意涵之二	"中华民国"的"主权"及于全中国,但当前"治权"范围仅及于台、澎、金、马,即"中华民国"="主权"的中国+"治权"的台湾。③	("中华民国"到台湾)
政治意涵之三	"中华民国"是历史上、地理上、文化上、血缘上中国和现实意义上的台湾。④	
政治意涵之四	—	"中华民国"是台湾在"宪法"上的"国号",即"中华民国"=台湾。⑤("中华民国"就是台湾)

从上述四种岛内对"中华民国"政治涵义的认知来看,上述四种认知,有些能够为"九二共识"所包容,有些则处于"台独"与"独台"的边缘地带,有些则是为大陆方面坚决反对的"台独"分裂立场。基于台湾地区内部对"中华民国"争议意涵认知的差异,有学者认为,贸然认可"中华民国"或"中华民国宪法"可能会在岛内产生不利于巩固一个中国框架的政治效果或是产生以虚化的"一个中国"为代价换取实际的"两岸分治"的政治影响从而对促进和平统一造成负面效果⑥,因此,大陆方面应继续坚持对"中华民国"和"中华民国宪法"的模糊定位模

---

① 本表为作者自制。
② 此即"两蒋"统治时期,台湾当局之官方立场,这种定位视中华人民共和国为"叛乱团体"。
③ 此即台湾当局1992年作成之"关于'一个中国'内涵的说帖"之观点,同时为台湾地区现行"宪法增修条文"所肯定,因而亦为台湾当局官方正式立场。
④ 此即台湾当局1994年发布的"台海两岸关系说明书"之观点。
⑤ 此即民进党1999年"台湾前途决议文"之观点,至今仍为民进党方面对"中华民国"政治意涵的正式立场。
⑥ 如大陆学者王英津认为,"中华民国"对于大陆而言是一柄双刃剑,在"反独"面向上,"中华民国"具有一定正向价值,但在"促统"面向上,"中华民国"负向价值比较明显,因而当大陆的对台工作由"反独"阶段进入"促统"阶段后,所谓"中华民国"的负面效益会逐步增大,进而成为两岸统一的重大障碍。王英津:《论两岸政治关系定位中的"中华民国"问题(下)》,载《中国评论》(香港)2016年2月号。

第五章 台湾地区宪制性规定法理定位策略：形成与应用

式，以避免上述政治风险。我们必须承认，在当前的两岸关系现状和台湾地区内部政治格局之下，上述疑虑并非毫无依据，但依照本书所提出的"中华民国宪法"法理定位策略，这一风险仍属这一策略的可控范围之内：

第一，当前台湾地区内部对"中华民国"政治涵义的认知存在较大差异，因而有学者认为这种认知的差异可能导致大陆方面善意的认可"中华民国"或"中华民国宪法"可能会被部分持"台独"分裂立场的政党所利用，从而造成不利于巩固一个中国框架的效果。在台湾地区实现政治转型的过程中，其内部社会体现出极为复杂的多元化特点，因此，岛内不同政治力量对"中华民国"政治意涵存在不同认知是无法避免的客观事实。但是，在体现出多元化特点的同时，台湾社会亦是一个遵循法治原则的法治社会，"宪法"和"法律"在台湾民众中具有极高的权威性。因此，尽管岛内各政治派别对"中华民国"的政治意涵认知不同，但他们的这种差异化认知都必须寻求合乎台湾地区现行"宪法"的依据。本书所提出的"中华民国宪法"法理定位策略，强调这部"宪法"是一个中国框架下的"宪制性规范"，没有"一个中国"就没有"中华民国宪法"，因而"中华民国宪法"文本规范本身也体现出强烈的"一中性"色彩，因此抓住了这部体现出"一中性"的"宪法"，也就抓住了台湾方面的两岸政策基点，在对台政策论述中不断强调这部"宪法"的"一中性"，也就实现了借助这部"宪法"巩固一个中国框架的目的。因此，我们应当包容存在于台湾地区内部各政党之间对"中华民国"政治意涵的理解差异，同时，积极运用法治思维，借助台湾地区现行"宪法"规范中的"一中性"，束缚岛内不同政治派别对一个中国框架的不同意见，从而有效避免台湾地区内部多元化政治主张对一个中国框架的负面影响。

第二，有学者认为，大陆方面承认"中华民国""中华民国宪法"，将会造成认可台湾当局合法性，乃至在国际上造成默认台湾"主权"的

251

政治影响,从而使"两岸分治"合法化,或是造成"一国两府"甚至"两国两府"的局面。针对这种担忧,本书需说明的是,本策略并非要求大陆方面对"中华民国宪法"无条件地全盘认可,而是在两岸场合与国际场合相分离、历史定位与现实定位相分离和正当权威与实际权力相分离的前提下,有条件地认可这部"宪法"的有效性。因此,本策略对"中华民国宪法"的认可,只是对一种客观现状的认可,而不构成对台湾当局合法性的认可,更不构成对台湾"主权"的认可,因而本策略的应用只是对"两岸在政治上互不隶属现状"的客观描述,而不会造成"一国两府"和"两国两府"的分裂局面。同时,"内战法理",在两岸尚未签署和平协议的情况下,这种内战状态就并未结束,因而应用本策略并不会导致"两岸分治"局面的"合法化"。同时,需要说明的是,在一个中国框架下对两岸政治关系定位做出合情合理安排,为两岸提供了在一个中国框架范围内,就包括台湾当局定位在内的两岸政治关系定位问题展开协商的可能性,因此,在不造成"两个中国"或"一中一台"的情况下,"一国两府"的方案并非完全不在两岸共同接受的范围之内,而大陆方面亦有学者提出所谓"一国两府一中央"的两岸政治关系定位方案,[①]亦是对这一问题的理论回应。当然,这些方案属两岸政治协商之内容,并非本书所能解决,因而此处不做过多赘述。

(二)政治风险之二:阻碍"促统"的可能性分析与回应

实现祖国的完全统一是中华民族的根本利益所在,因此,在探讨两岸政治关系议题时,应当注意处理好"反独"与"促统"的关系。有学者认为,"中华民国""中华民国宪法"对于"反独"而言是一种"正资产",但对"促统"而言却是一种"负资产",因而贸然承认"中华民

[①] 王英津:《论"国家—政府"分析框架下的两岸政治关系定位》,载《台湾研究》2015年第6期。

国"或"中华民国宪法"可能会在有利于"反独"的同时,为未来"促统"制造障碍。针对这种担忧,我们应从两个层面加以考量。

一方面,我们应在新形势下,超越两岸既有的零和博弈思维,重新思考和认知未来两岸实现和平统一的具体形式。从两岸关系发展的历史来看,在过去数十年间,两岸的确存在以"争正统"为表现形式的政治斗争,在这一背景下,两岸实现统一的过程,长期被人们视为一种零和博弈,亦即或是大陆统一台湾,或是台湾统一大陆。因此,对"中华民国""中华民国宪法"的否定,构成大陆方面在过去通过各方面,尤其是在国际社会的努力,取得"争正统"斗争的阶段性胜利的标志。在这种思维模式下,一旦认可"中华民国宪法",则大陆方面在过去数十年间获得的"正统优势"将不复存在,而未来通过零和博弈模式实现和平统一的成功几率也将大大下降。然而,时空变换,当前两岸关系的重点已不再是双方的"正统"争议,与大陆争取"中国代表权"早已不是台湾岛内的主流民意之所在。在这种背景下,两岸在获得反分裂斗争胜利的基础上,未来探讨和平统一的过程,也必须超越既有的零和博弈思维,转而采取能够提升两岸共同利益的正和博弈思维,亦即是说,未来两岸和平统一的过程,既非大陆(作为主体)统一台湾,更非台湾(作为主体)统一大陆,而是由两岸共同构建一个统一的中国。

另一方面,我们应从作为解决台湾问题基本方针的"一国两制"科学构想出发,通过将这一构想的基本精神与两岸关系的实际情况相结合,以更具包容性的方式加以考量。"一国两制"的基本精神体现为以宽容的态度和和平方式处理国家统一问题,这种精神最终落脚在将坚持"一国原则"和尊重"两制差异"有机地结合在一起,探索适当的途径解决国家统一问题。[①] 就台湾问题而言,"一国两制"意味着将坚持一个中国框

[①] 周叶中:《"一国两制"法理内涵新释》,载《中国评论》(香港)2014年第12期。

架和尊重包容两岸不同的政治、法律、社会制度相结合。这种在一个中国框架基础上对两岸差异的包容，既体现在和平统一之后，也当然地体现在和平统一之前。从这个意义上讲，"一国两制"是两岸关系发展事实、现状和目标的聚合体，它既是对两岸关系发展的一种事实上的确认，也是对两岸关系现状的一种描述，更是对两岸关系发展目标的一种展望。因此，在不违背一个中国框架的前提下，认可台湾地区现行"宪法"的有效性，本身就是对两岸关系现状的一种客观认识，是合乎"一国两制"基本精神的。而大陆方面这种客观认识，也必将使台湾民众更为理性和客观地认识大陆对台政策，逐渐改变其对在台湾地区业已"标签化""污名化"的"一国两制"方针的错误印象，从而为日后两岸探讨和平统一问题提供有益的政治基础。①

（三）法律风险及其回应

除上述两项可能存在的政治风险外，认可"中华民国宪法"的有效性亦存在一些必须加以考量的法律风险。总体而言，本策略这种存在于理论上的法律风险集中体现为，台湾当局具有修改和解释"中华民国宪法"的实际权力，那么，大陆方面认可"中华民国宪法"的有效性，是否意味着将巩固一个中国框架的主动权转移至台湾当局手中？易言之，一旦大陆方面强调台湾地区现行"宪法"对一个中国框架的重要意义，那么如何应对台湾方面修改这部"宪法""一中性"条款的可能性？基于这一可能出现的法律风险和本策略的理论内涵及台湾地区有关制度安排，这一法律风险仅存在于理论层面，且仍属可控范围之内。具体说来：

第一，从本策略的理论内涵看，本策略将"中华民国宪法"界定为一种一个中国框架下的"宪制性规范"，因此一个中国框架是施行本策略

---

① 关于"中华民国宪法"法理定位策略与"一国两制"在台湾地区具体实现形式的探索，本章第四节将有详细叙述，此处仅表明观点，具体内涵不做赘述。

第五章　台湾地区宪制性规定法理定位策略：形成与应用

的前提条件和最终目标。易言之，本策略所主张的对"中华民国宪法"有效性的认可，是一种有条件的认可，这种条件即这部"宪法"的"一中性"条款，若这些条款被台湾当局通过修改或解释的方式所破坏，则本策略即失去了适用的条件。同时，"制宪台独""修宪台独"和"释宪台独"均构成实现"台湾法理独立"的主要方式[①]，因此，台湾方面若选择以包含"制宪""修宪"和"释宪"在内的各种方式，触动上文所述的"一中性"条款，推动"台湾法理独立"，大陆方面则可停止适用本策略，并依照《反分裂国家法》之规定采取相应应对措施。

第二，从"修宪"的角度看，台湾地区现行"宪法增修条文"对修改这部"宪法"的程序规定了超高的制度门槛，这为本书所提出的"中华民国宪法"法理定位策略提供了防范风险的重要"安全阀"。根据台湾地区现行"宪法"之规定，要发动"修宪"，需四分之一"立委"提议，四分之三"立委"出席及出席"立委"四分之三通过，并在公告半年后经"公投"通过方可完成。在当前岛内政治格局之下，任何政党都无法以一己之力实现对这部"宪法"的修改，而大多数台湾民众亦不可能支持对涉及统"独"议题的"宪法"条文的修改。同时，依照台湾地区通行宪法学理论的认知，领土构成国家的要素之一，尽管台湾地区现行"宪法"规定了"领土"缩小的许可性条款，因而许可"国家领土"的缩小，但"领土"应当是"一代人不能加以处置"的宝贵遗产，因而这一制度可以"抱做'备而必不用'之制度"[②]。易言之，构成台湾地区现行"宪法""一中性"的"固有疆域"条款是一项极端重要的条款，任何对这一条款的修改和解释，都可能在台湾地区的多元社会条件下成为众矢之的。因此，尽管台湾地区各党派可能依据不同的政治形势，发表有所区别的两岸政策主张，但只要台湾地区现行"宪法"文本未作修改，这

[①] 周叶中：《台湾问题的宪法学思考》，载《法学》2007年第6期。
[②] 陈新民：《宪法学释论》，作者自刊2010年版，第100—103页。

些主张在台湾地区都不具备法理效力，都不能被认为是台湾当局的官方主张。可以说，台湾地区现行"宪法"的稳定性，远高于台湾当局与岛内各政党两岸政策的稳定性，因而借助这一资源，能够在较长一段时间保障一个中国框架法理基础的稳定性。

第三，从"释宪"的角度看，以台湾地区"司法院大法官"的政治超然性地位及其既有的涉及两岸关系的"释宪"实践为判断基准可知，"大法官"直接对本书所提及的包括"中华民国固有疆域"条款在内的"一中性"条款作出违背一个中国框架解释的可能性较低。考察台湾地区"司法院大法官"涉及两岸关系的"解释"，其中虽不乏有倾向于将"中华民国""台湾化"者，但这些"大法官解释"多系通过对大陆人民在台基本权利、台湾民众结社自由等问题做出界定，而并未直接涉及本书所界定的明确体现"一中性"的"宪法"条款（亦即具有高度政治敏感性的条款）。另外，在上述"释字第328号解释"中，"大法官"在"解释文"中明确提出，"宪法第四条……其所称固有疆域之界定，为重大之政治问题，不应由刑事司法权之释宪机关予以解释"[1]，由此，"大法官"已将涉及"一中性"问题的"固有疆域"条款明确排除出其"释宪"范围之中。曾作为当时作成"释字第328号解释""大法官"之一的吴庚在其论著中表示，该号"解释""是因立法院内统'独'争论而延生的释宪案，大法官若受理并作实体解释，则后果更为严重"[2]。由此可见，台湾地区"司法院大法官"虽在岛内具有极高的权威性，但其在作成具有高度敏感性的"释宪"时，亦会充分考虑到该"解释"的政治影响力。综上，台湾地区"司法院大法官"以明目张胆地方式，作成既违背台湾地区现行"宪法"基本精神，又可能造成两岸关系持续动荡的"解释"，以破坏这部"宪法"中的"一中性"条款的可能性较小，因而本策略内潜

---

[1] "释字第328号解释"之"解释文"。
[2] 吴庚：《宪法的解释与适用》，三民书局2003年版，第580页。

第五章 台湾地区宪制性规定法理定位策略：形成与应用

在地法律风险也相应地仅存于理论层面。

综上所述，本书并不全然否认"中华民国宪法"法理定位策略存在着被台湾当局借"修宪""释宪"等方式破坏的法律风险，但一方面，本策略已预留了在出现此种极端情况下，大陆方面撤回相应策略的政策空间；另一方面，从台湾地区现行"宪法"设置的"修宪"门槛和"大法官"的"释宪"实践来看，台湾当局透过这条路径破坏本策略的现实可能性极小。

二、可接受性及其提升方式

在两岸尚处于政治对立的状态之下，策略对两岸双方的可接受性构成了这一策略是否具有可行性最为重要的标准之一。[①] 就"中华民国宪法"法理定位而言，这一问题具有高度政治敏感性，两岸双方对这一问题的分歧较大，因而如何通过一定的务实策略，提升本书所提出的"中华民国宪法"法理定位策略的可接受性，成为一项极为重要的任务。

（一）策略表述的可接受性：两岸政治关系方案的可实现性之"结"

在当前条件下，两岸对双方政治关系的探讨与最终方案的确定，只能因循双方以共识方式形成的合意，而不可能以某一方的意志为依据。因此，在处理两岸关系，尤其是两岸政治关系时，可接受性，成为衡量一种方案可行性的关键性指标，提升方案的可接受性，成为避免两岸陷入"自说自话"境地的必然要求。然而，在两岸就双方政治关系定位及相关问题提出各自政策主张时，却面临着"一"与"二"的矛盾，这一矛盾使相关方案的可接受性受到极大限制。

一方面，大陆方面在处理两岸关系时往往强调大陆和台湾同属"一

[①] 祝捷：《论"宪制-治理"框架下的两岸政治关系合情合理安排》，载《台湾研究集刊》2015年第5期。

个中国"。一个中国框架是大陆方面对台政策的底线,也构成两岸关系和平发展的政治基础和前提,如果台湾方面不接受一个中国框架,则双方便不具备任何协商的空间,若台湾方面执意远离甚至背弃这一框架,则两岸甚至有可能重新回到20世纪80年代之前的军事对峙,乃至军事冲突阶段。但是,大陆方面在制定对台政策时也并非没有考虑到台湾方面的实际情况,而是在坚持原则的前提下,通过政策表述的变通,使之更具包容性,为两岸政治商谈提供必要空间。以一个中国原则为例,这一原则经历了从"前提"到"原则",再到"框架"的演变,使两岸展开协商谈判的政治基础随着两岸关系的发展而不断做出适当调整,由此,在两岸场合,大陆方面可以包容台湾方面对一个中国原则政治内涵的不同表述,形成以"九二共识"为代表的"建设性模糊"。

另一方面,台湾方面在处理两岸关系时往往强调台湾与大陆的事实区隔。坚持"台湾主体性"构成台湾方面两岸政策的政策主轴,基于这一意识,台湾方面在提出两岸政治关系定位方案时,往往以各种形式强调自身相对于大陆的独立地位,避免产生其对大陆方面具有从属性的意味。因此,若大陆方面忽视了台湾的"主体性"地位,则其所提出的政策方案,也无法为台湾方面所接受,甚至可能在政客的操纵下成为台湾民众抵制的对象。以"一国两制"为例,虽然这一政策提出的初衷即是为解决台湾问题,而且较好地处理了台湾地区在实现和平统一之后的政治安排,但却因为这一方案所体现出的"垂直统一模式"色彩[1]可能造成"矮化台湾"而被自李登辉当局以来的台湾方面历届执政当局所拒绝。当然,尽管台湾当局越来越强调两岸关系之中台湾的"主体性"地位,但是,"两岸同属一个中国"仍是存在于其官方正式立场和现行"宪法"规范文本中的正式表述,而无论是"特殊的两国论"还是"一边一国论"都是违背其

---

[1] 王英津:《关于"一国两制"台湾模式的新构想》,载《台湾研究集刊》2009年第2期。

第五章 台湾地区宪制性规定法理定位策略：形成与应用

"宪法"规定的。

正如有学者提出，实行"区间定位"是解决台湾定位问题的可行思路，① 在处理两岸政治关系定位问题时，亦应当考虑到解决策略的区间问题。可以说，就这一问题而言，任何具有可行性的政策方案，都应当处于绝对的"一"和"二"之间，在坚持一个中国框架，坚决反对和遏制"台独"分裂活动的基础上，既不违反大陆方面的"一中"底线，又尊重和包容台湾方面的"主体性"诉求。唯此，才能尽量提升相关方案的可接受程度，避免陷入政策"独白"带来的窘境之中。

（二）通过表述变通提升"中华民国宪法"法理定位策略在台湾地区的可接受性

如同其他涉及两岸"主权""国家"争议的问题一样，"中华民国宪法"法理定位问题，并非一个单向议题，仅凭大陆方面"独白"式的政策表述是无法解决这一问题的，只有两岸双方给予对方以具有可实现空间的定位策略，才能使这一问题最终得以突破。因此，上述对"中华民国宪法"法理定位策略的认知如何获得实现，亦即如何获得两岸的共同接受，成为继如何提出一项合乎法理的策略方案之后的又一项重要问题。因循上述对两岸政治关系定位方案可接受性的认知，可接受性的标准，要求大陆方面在制定政策时，注意提升具体政策主张的包容度，而台湾方面亦应放弃部分明显违背"一个中国"法理事实的极端主张。唯此，双方才有可能在既尊重一个中国框架底线，又包容台湾"主体性"诉求的区间内，寻求对"中华民国宪法"法理定位策略的合情合理安排。从两岸协商的历史来看，透过表述变通的方式，能够有效降低双方对争议议题的对抗性，实现"求同存异"的实际效果，并立基于此进一步推动两岸实现

---

① 李义虎：《台湾定位问题：重要性及解决思路》，载《北京大学学报（哲学社会科学版）》2014年第1期。

"聚同化异"。

受岛内日益膨胀的"民粹主义"的催化,"台湾主体性"意识正逐渐走向异化,在部分政治人物的鼓噪之下,甚至会出现除两岸分属"两个中央政府"、两岸根本法均是代表"一国主权的宪法"之外的定位方案都很难为"台湾人民"所接受的极端情形。基于这一认知,有学者认为,从目前台湾社会的主流声音来判断,除了"两个中央政府"或"两个中国"的定位,其他定位都很难接受。① 但是,从理论和实践两个层面看,这种担忧显然是缺乏立论基础的。

一方面,在理论层面,在民粹主义的理论框架内,尽管"民粹主义"以形式上的"反精英"为旗帜,但实际上"精英主义是潜藏在民粹主义背后的逻辑"②,亦即是说,精英阶层是民粹主义政治动员的设计者和主导者,大众只不过是可以提供合法性的动员对象而已③。因此,所谓的"台湾社会的主流声音"在一定程度上是一种被台湾岛内政治人物包装和构建出的产物,并不代表真正意义上"台湾人民"的主流意志,而只是以"台湾人民"之名,为部分台湾政治人物的政治主张提供"合法性"的产物而已。

另一方面,在实践层面,尽管台湾岛内部分政党和政治人物不断强调"台湾主体性",甚至于强调"中华民国就是台湾"等极端主张,但这并不意味着其在大陆提出一些具有建设性的主张会教条式地予以抵制。考察台湾方面对待相关问题的实践来看,在2016年2月26日外交部长王毅同志提出台湾执政者"应当接受他们自己'宪法'规定的大陆与台湾同属一个中国"④的表述后,台湾方面各政党均在一定程度上表现出欢迎态

---

① 王英津:《论"国家—政府"分析框架下的两岸政治关系定位》,载《台湾研究》2015年第6期。
② 孙哲:《权威政治》,复旦大学出版社2004年,第369页。
③ 林红:《民粹主义:概念、理论与实证》,中央编译出版社2007年版,第143页。
④ 《王毅:台湾新执政者"违宪"不可想像》,资料来源:http://www.crntt.com/doc/1041/3/6/9/104136983.html? coluid=0&kindid=0&docid=104136983,最后访问日期:2017年5月20日。

第五章　台湾地区宪制性规定法理定位策略：形成与应用

度，并未出现指责和苛求大陆方面政策主张的言论。①

因此，在实践中，大陆方面除应坚持对"中华民国宪法"做出"一部正当性基础不完整的，但效力及于台湾当局实际控制地区，在实践中发挥台湾方面根本法作用的宪制性文件"的法理定位之外，还应当在表述策略上，有原则地包容台湾方面对这一表述的不同看法。具体说来，这种有原则地包容体现在两个方面：1. 坚持一个中国框架对这种包容策略的规制作用，强调台湾方面任何对"中华民国宪法"的认知都不得超越这部"宪法"对"中国"国家符号的归属性，亦即是说，绝不包容将这部"宪法"与"中国"相分离的表述，任何围绕这部"宪法"的表述，都必须坚持这部"宪法"的"一中性"。2. 在坚持原则的基础上，尊重台湾方面对大陆政策表述的不同态度，对台湾方面基于"中华民国宪法"所主张的"一中性"提出的相关表述不持异议，允许台湾方面基于这一论述范式对八二宪法和大陆的法理定位做出类似的表述，亦即是说，在台湾方面秉持对"中国"国家符号认同的前提下，尊重其对"中华民国"政权符号的认同态度。

由此，出于谋求对"中华民国宪法"法理定位策略可接受性的目的，只要两岸能够形成在一个中国框架下，认可对方根本法有效性，而暂不涉及（或各自表述）对方根本法的正当性问题的政治效果即可。在这一思维的指引下，在两岸范围内，我们可在"去主权化"的思路指引下，将《中华人民共和国宪法》和"中华民国宪法"并称为"两岸各自宪制性规定"或"两岸各自根本法"，以降低这种定位模式的主权属性，尊重和包容台湾方面的所谓"对等尊严"诉求，提升台湾民众对这一定位模式的

---

① 《陆委会：正面看待大陆务实面对我"宪法"》，资料来源：http://www.crntt.com/doc/1041/3/7/6/104137633.html?coluid=0&kindid=0&docid=104137633，最后访问日期：2017 年 5 月 20 日；《民进党：依"中华民国"宪政确保海峡稳定》，资料来源：http://www.crntt.com/doc/1041/3/7/9/104137957.html?coluid=0&kindid=0&docid=104137957，最后访问日期：2017 年 5 月 20 日。

261

可接受程度。直至两岸正式就和平统一问题展开政治谈判时，即全中国的新一次"立宪时刻"到来时，双方才可以在达成协议前的一瞬间，相互承认对方宪法作为各自区域范围内具有完整正当性基础的宪制性文件，并随之使这两部宪法均为一部新的全中国的宪法所取代。

第三节　台湾地区宪制性规定法理定位策略与其他模式之比较

两岸双方在历史上和现实中并不缺乏对"中华民国宪法"定位模式（包括对两岸各自根本法关系）的创造和想象。从比较的角度出发，对本书所提出的"中华民国宪法"法理定位策略模式进行比较论述，对于深化认识本书所倡导之策略定位模式的特点及其优势，具有重要的理论意义和实践意义。针对"中华民国宪法"法理定位问题，两岸各方仍存在较大分歧，大陆学界近年来逐渐认识到这部"宪法"对两岸关系发展与遏制"台独"分裂活动的重要意义，因而倾向于以一定方式认可这部"宪法"的实际效力，但学者们对于以何种方式、何种形式认可其效力，仍存在一定分歧；台湾学界内部对于这部"宪法"定位的认知分歧更大，既有将"中华民国宪法"视为其推动"台湾制宪独立"之障碍，因而将这部"宪法"界定为"只适用于中国之宪法，仍强行在台湾实施"[①]，不具有当然的正当性者，也有仍坚持"中华民国宪法"的根本法地位，认为应当遵守其"宪法权威"者。本书所探讨的"中华民国宪法"法理定位策略，只有一个中国框架之内，方可获得两岸双方共同接受，从而成为具有可实现性的实践策略，基于这一认知，本书将可能落入这一"为两岸共同接受"场域范围内，且在两岸范围内较具影响力的，关于"中华

[①] 李鸿禧：《对台湾"国家地位"问题的若干意见》，载台湾教授协会编：《台湾"国家定位"论坛》，前卫出版社2009年版，第300页。

民国宪法"法理定位模式的理论模式,与本书所提出的策略定位模式相比较,从而明晰本书定位模式的特点,强化本书论述的逻辑周延性。当前,关于"中华民国宪法"定位问题,较具代表性和影响力的观点主要有台湾学者张亚中提出的"一中三宪"模式、大陆学者杜力夫提出的"台湾地区组织法"模式和大陆学者祝捷提出的"宪制-治理"模式。

一、台湾地区宪制性规定法理定位策略与"一中三宪"模式

"一中三宪"模式,是台湾学者张亚中教授于2009年首次提出的一套理论体系,这一体系立基于"一中两宪"对两岸政治关系的静态描述,提出超越于"中华民国"与中华人民共和国之上的"整个中国"的概念,并提出以构建效力高于两岸各自根本法的"第三宪"为两岸统合的主要方式。"一中三宪"模式提出后,引起两岸学界的高度关注,不少学者将这一模式视为台湾方面有关学者提出的,较具可实现性的理论模式之一,并将这一模式与大陆方面有关学者对两岸政治关系定位问题提出的理论体系加以对比。[①] 作为一套较为系统的从两岸宪政秩序视角探讨两岸政治关系定位问题的理论模型,"一中三宪"模式在思维方式上有着许多值得我们借鉴之处,但这一模式与本书所提出的"中华民国宪法"法理定位策略仍存在一定差异。

(一)"一中三宪"模式的基本意涵

自2009年以来,张亚中教授陆续发表《一中三宪:重读邓小平的"和平统一、一国两制"》[②]《共同体:两岸统合与第三宪的梁柱》[③]《两岸

[①] 古小明:《"国家球体理论"与"一中三宪"之比较分析》,载《世界经济与政治论坛》2011年第1期。
[②] 张亚中:《一中三宪:重读邓小平的"和平统一、一国两制"》,载《中国评论》(香港)2009年8月号。
[③] 张亚中:《共同体:两岸统合与第三宪的梁柱》,载《中国评论》(香港)2009年10月号。

统合的实践》① 等论著，提出一套以两岸既有"宪政秩序"为观察视角，以两岸统合为目标的"一中三宪"模式。考察张亚中对"一中三宪"模式的描述，这一理论模型的理论意涵可归纳为以下几点：

第一，"一中三宪"模式的逻辑起点是"一中两宪"模式及其可能引起的争议。如何解决"中华民国"问题是两岸政治关系定位的核心问题，面对这一问题，张亚中曾提出将"中华民国"界定为"整个中国内部的两个宪政秩序主体"之一，而黄光国所倡导的"一中两宪"模式，正是对这一思想的简化与补充。然而，"一中两宪"模式的提出，仍然无法打消大陆方面对台湾方面意欲将"一个中国""虚化"的忧虑，而台湾方面亦有可能利用"两宪"将两岸关系界定为实质上的"两国"。为解决"一中两宪"模式的缺陷，张亚中提出应当通过构建两岸"第三宪"的方式，将大陆方面视为核心利益诉求的"一中"予以"宪法化、实体化"，从而为两岸统合提供支柱。

第二，"一中三宪"模式的理论资源来源于欧洲一体化模式。与大陆学者长期执着于通过"国家"等概念对两岸关系加以解释不同，长期以来，台湾学者高度关注其他国家和地区用于解决国家统一和地区整合的实践模式，并将两德模式和欧盟模式视为可用于解释和预测两岸关系的理论模型。张亚中认为，欧盟创造了一种介于"联邦"和"邦联"之间的"欧洲共同体"，是一种"合中有分、分中有合"的体制，这一体制中蕴含的许多精神和经验都值得两岸参考。② 在"一中三宪"模式的构建过程中，与欧洲一体化相类似的"两岸统合"构成其目的导向，用共同创建"第三宪"的方式解决两岸统合过程中双方对国家、民族等方面的差异问题。亦即是说，"一中三宪"是两岸法律的框架，而"共同体"则是让整

---

① 张亚中：《两岸统合的实践》，载《中国评论月刊》2010 年 6 月号。
② 张亚中：《一中三宪：重读邓小平的"和平统一、一国两制"》，载《中国评论》（香港）2009 年 8 月号。

第五章 台湾地区宪制性规定法理定位策略：形成与应用

个框架是否能够更坚实的梁柱。① 总之，欧洲一体化模式的成功经验，为"一中三宪"模式的构建提供了重要的外部理论资源。

第三，"一中三宪"模式的论证逻辑在于通过构建"整个中国"这一"第三主体"之"第三宪"的方式，促进大陆方面认可"一中两宪"现状，台湾方面承诺"不分裂整个中国"，从而实现"第三宪"逐渐取代"两宪"，最终实现"两岸统合"之目的。张亚中认为，在此之前台湾学者黄光国提出的"一中两宪"模式未能获得大陆方面接受的关键在于，这一模式未能排除"两国两宪"的分裂可能，从而使大陆方面无法将"中华民国宪法"视为与《中华人民共和国宪法》平等的"第二宪"。因此，"一中三宪"模式着力于通过构建一个由中华人民共和国和"中华民国"共同组成的"整个中国"的概念，以"整个中国"的"第三宪"作为约束两岸"两宪"的外在规范，这部"第三宪"的核心内容即在于，两岸承诺"不分裂整个中国"②，从而开启双方统合的过程。与此同时，"一中三宪"模式与"一中两宪"一样，将"中华民国宪法"的合法性地位视为一个无需证成的命题，其在"一中三宪"之中，自然具有与《中华人民共和国宪法》想平等的"两宪"地位。

从"一中三宪"模式的理论意涵来看，这一模式不仅着眼于对两岸政治关系现状的描述，更注重对这一基础之上的两岸走向和平统一方式的理论预测，因此张亚中认为，"一中三宪"是一个"既处静态、又为动态的架构"③。同时，为增强"一中三宪"模式对大陆方面的可接受性，张亚中还将"一中三宪"与"一国两制"加以对比，提出"一中三宪"中的"第三宪"是"两宪"上面的大帽子或大屋顶，原有的"两宪"并

---

① 张亚中：《共同体：两岸统合与第三宪的梁柱》，载《中国评论》（香港）2009年10月号。
② 张亚中：《两岸和平发展基础协议刍议》，载《中国评论》（香港）2008年10月号。
③ 张亚中：《一中三宪：重读邓小平的"和平统一、一国两制"》，载《中国评论》（香港）2009年8月号。

存,亦即"两制"并行,因而"一中三宪"就是"和平统一、一国两制"的另一种表述与实践。①

(二)"一中三宪"模式对"中华民国宪法"法理定位的启示

"一中三宪"模式延续了"一中两宪"将两岸政治关系定位建立于两岸"宪法关系"定位的基础之上的研究思路,更加注重对两岸各自基本立场的考量,从而强化了其自身的可实现性,对我们思考相关问题具有一定借鉴意义。这一理论模型之中的许多理论要素,对于我们探索"中华民国宪法"法理定位问题具有一定启示意义。

第一,"一中三宪"模式既认可两岸均依照各自根本法认同"一个中国"的政治现实,又将"两岸分治"的现状作为其立论的重要基点,兼顾了两岸双方对这一问题政治诉求的现实情况,有助于提升其理论方案的可接受性。

第二,"一中三宪"模式否定了台湾从中国中分裂出去的可能性,以"第三宪"这一高于两岸"两宪"的外在规范强化一个中国框架的约束力,这一思路可成为我们完成对"中华民国宪法"法理定位之后实现对一个中国框架的进一步巩固时的可能选项。

第三,"一中三宪"模式的论述重点在于通过构建两岸"第三宪",实现从"一 X 两 Y"到"一 X 三 Y"②的转变,从而通过宪法路径,促进两岸统合和统一的完成,这一思路能够为我们完成对"中华民国宪法"法理定位的研究后,进一步探索"一国两制"在台湾地区的具体实现形式提供有益借鉴。

(三)"中华民国宪法"法理定位策略与"一中三宪"模式之差别

尽管"一中三宪"模式尽可能充分地考虑到两岸政治关系发展的实

---

① 张亚中:《一中三宪:重读邓小平的"和平统一、一国两制"》,载《中国评论》(香港)2009年8月号。
② 张亚中:《和平发展期的两岸政治定位与路径——从"一 X 两 Y"到"一 X 三 Y"》,载《中国评论》(香港)2011年9月号。

第五章 台湾地区宪制性规定法理定位策略：形成与应用

际情况，为我们透过宪政秩序的分析两岸政治关系问题提供了有益借鉴，但这一模式与本书所提出的"中华民国宪法"法理定位策略仍存在较大差别。这些差别主要体现在以下三点：

第一，从论证逻辑来看，与本书将"中华民国宪法"的合法性及其法理定位视为一个需要论证的问题不同，"一中三宪"模式的逻辑起点即是将"中华民国宪法"视为一部无需证成合法性基础的，在两岸范围内与《中华人民共和国宪法》相对等的"宪法"，即其所谓的"两岸两宪"。因此，对"中华民国宪法"地位的肯认，同样构成"一中三宪"模式的前提，因而无需论证，这一点同样构成"一中三宪"模式与"中华民国宪法"法理定位策略的最大差别。

第二，从研究前提来看，与本书将一个中国框架的主权意涵视为探讨"中华民国宪法"法理定位问题的前提不同，"一中三宪"模式创造了一个超越于"中华民国"与中华人民共和国之上的"整个中国"概念，并以两岸承诺"不分裂整个中国"作为双方开启这一模式的基础和前提。在"一中三宪"的理论体系之中，张亚中认为"一个中国"的表述很容易产生语言的陷阱，引申为"谁才是一个中国"的正统之争，或者是否有"两个中国"存在的分离之辩，因此应当以立基于两岸中国人所共有的主权的基础上，建构包含台湾和大陆在内的"整个中国"这一"第三主体"。[①] 尽管从表述上看，似乎"整个中国"这一概念并不违背一个中国框架的基本内涵，但实际上这一概念背后所蕴涵的是，两岸开始存在三个主体，即"北京中国""台北中国"和"整个中国"，同时在国际上应形成"两岸三席"的局面。这种立基于"整个中国"概念的两岸政治关系定位体系，实际上是在虚化"整个中国""主权"的基础上，赋予"台北中国"以与"北京中国"对等的法理地位，实际上违背了一个中国框

---

① 张亚中：《全球化与两岸统合》，联经出版事业公司2003年版，第275页。

架的主权意涵，因而与本书所提出的"中华民国宪法"法理定位策略存在重大差别。

第三，从研究结论来看，与本书将"中华民国宪法"法理定位问题的论域集中于两岸范围内不同，"一中三宪"模式除在两岸范围内给予"中华民国宪法"以与《中华人民共和国宪法》对等地位外，还将之与张氏在此之前所倡导的"第三主体""两岸三席"等观点相结合，将这一问题的论域扩展到国际范围。张氏所称的"两岸三席"，意指在一个国际组织内，两岸有三个席位，一个代表大陆，一个代表台湾，一个由两岸共同组成的代表团为第三席。[①] 由此可见，"一中三宪"模式，借鉴欧盟模式，将两岸宪法关系衍生出的政治关系适用于国际场合，意图在国际范围内大大扩展台湾的活动空间的做法，实际上超越了一个中国框架的主权意涵。因此，"一中三宪"模式中台湾地区参与国际空间的相关主张同本书存在较大差异。

二、台湾地区宪制性规定法理定位策略与"中国台湾地区基本法"模式

"中国台湾地区基本法"模式，是大陆学者杜力夫教授最早于2007年就台湾地区"宪政改革"的"合法性"提出的理论模型。作为大陆方面较早就"中华民国宪法"定位问题做出探讨的学者，杜力夫通过对"中华民国宪法"制宪过程及其对一个中国框架的维护立场之分析，提出"中华民国宪法"实为"中国台湾地区基本法"，它具有"法律上的合法性"的观点。[②] 与众多台湾学者将"中华民国宪法"视为一部合法性"无须证成"的"宪法"的立场不同，"中国台湾地区基本法"模式从

[①] 张亚中：《两岸共同推动国际共同参与》，载张亚中：《论统合》，中国评论学术出版社2013年版。

[②] 杜力夫：《"一国两制"视角下"中华民国宪法"的定位》，载《"一国两制"研究》（澳门）2013年第4期。

"一国两制"的基本理念出发,将政治合法性与法律合法性相区分,从法律合法性的角度对"中华民国宪法"的合法性视为一个问题,在解决这个问题的基础上探讨其具体定位问题,体现出大陆学者对这一问题的思维特点,值得我们借鉴与分析。

(一)"中国台湾地区基本法"模式的基本意涵

自 2007 年以来,杜力夫教授陆续发表《台湾"宪政改革"的政治功能对两岸关系的影响》[1]《"一国两制"视角下"中华民国宪法"的定位》[2] 等论著,提出一套在"一国两制"之下,通过将政治与法律相区分,认可"中华民国宪法"法律合法性的"中国台湾地区基本法"模式。考察杜力夫对"中国台湾地区基本法"模式的描述,这一模式的理论意涵可归纳为以下几点:

第一,"中国台湾地区基本法"模式将"中华民国宪法"这一有效管辖范围仅及于台湾地区的"宪法"视为一种名不副实的产物,并将其界定为"中国台湾地区基本法"。杜力夫从两岸政治现实出发,认为 1949 年之后,"中华民国政府"已不能代表中国,所谓的"中华民国到台湾"实际上是"国民党当局到台湾",这一当局虽然名为"中华民国政府",但本质上只是"中国领土上的一个地方当局"。[3] 因此,原本作为中国根本大法的"中华民国宪法"在 1949 年之后也在实际上变为台湾地区"基本法",因而这部"宪法"应当被大陆方面视为具有法律上合法性的"中国台湾地区基本法"。

第二,"中国台湾地区基本法"模式尝试将政治合法性和法律合法性

---

[1] 杜力夫:《台湾"宪政改革"的政治功能对两岸关系的影响》,载《太平洋学报》2007 年第 11 期。
[2] 杜力夫:《"一国两制"视角下"中华民国宪法"的定位》,载《"一国两制"研究》(澳门) 2013 年第 4 期。
[3] 杜力夫:《台湾"宪政改革"的政治功能对两岸关系的影响》,载《太平洋学报》2007 年第 11 期。

相区分，从而为认可"中华民国宪法""中华民国政府"在岛内法律上的合法性提供可能。杜力夫认为，"宪法的合法性来源于制定宪法的政治权力的合法性，而政治权力的合法性具有双重含义，即政治合法性与法律上的合法性"[①]。基于这一认知，尽管"中华民国宪法"在1949年之后已经丧失其作为中国根本法的合法性，但由于其在台湾地区的实际存在和实施以及大陆方面对台湾当局的认可立场，这部"宪法"在台湾地区应具有法律上的合法性。

第三，"中国台湾地区基本法"模式在认可"中华民国宪法"在台湾地区合法性的基础上，认为两岸必须通过政治谈判，达成作为"中国宪法协定"的两岸和平协议，实现两岸统一。除对作为台湾地区法律现实的"中华民国宪法"做出定位外，"中国台湾地区基本法"模式还为采取这一模式之后，两岸走向结束对立，实现和平统一的路径做出安排。杜力夫认为，从法律性质上分析，两岸和平协议就是两岸共同制定的宪法性文件，而制定这一文件的基础和前提即是通过赋予"中华民国宪法"以"中国台湾地区基本法"的定位，使之能够与大陆方面以平等地位，通过协商方式展开政治谈判，最终形成作为"两岸宪法共识法治化成果的和平协议"[②]。

（二）"中国台湾地区基本法"模式对"中华民国宪法"法理定位的启示

"中国台湾地区基本法"模式与前述由台湾学者提出的"一中两宪""一中三宪"模式有所不同，这一模式将"中华民国宪法"本身的合法性视为一个应当予以探讨的问题，以政治合法性和法律合法性相区分的方

---

① 杜力夫：《"一国两制"视角下"中华民国宪法"的定位》，载《"一国两制"研究》（澳门）2013年第4期。
② 杜力夫、游志强：《论两岸和平发展中的"宪法共识"》，载《福建师范大学学报（哲学社会科学版）》2015年第3期。

第五章 台湾地区宪制性规定法理定位策略：形成与应用

式，赋予了"中华民国宪法"以"区域基本法"的法律地位。这一理论模式之中的许多理论要素，对于我们探索"中华民国宪法"法理定位问题具有启示意义。

第一，在研究思路上，应注意从政治思维到法律思维的转变，不必"因名累实"。杜力夫认为，大陆方面将"中华民国宪法"界定为一部伪宪法的立场，是出于中国国家政权更迭，政府继承的需要，是一种政治思维的典型体现，当前我们应当尽快实现政治思维到法律思维的转换，在"一国两制"基本精神的指引下，实事求是，正视现实。因此，"中国台湾地区基本法"模式提出，"中华民国宪法"虽延续1949年之前的"国家根本法"之名，但其实质已因国民党政权败退台湾而转变为一部区域基本法，因此我们不必因"名"累"实"，要对台湾地区现行的"中华民国宪法"予以"正名"和定位。① 可以说，这种将政治思维与法律思维相区分，将名、实相区隔的方法，有助于我们在处理"中华民国宪法"法理定位问题时，不为革命史观内含的意识形态包袱所累，能够更加务实地解决这一问题，值得我们借鉴。

第二，在研究立场上，应在坚持一个中国框架的基础上，重视"中华民国宪法"在台湾地区的实际效力。杜力夫认为，"中华民国宪法"是一部有台湾人民参与制定的"宪法"，是一部坚持一个中国框架的"宪法"，因而它不是部分"台独"分裂分子所称的"外来宪法"，而是一部在台湾地区具有合法性的，坚持"一个中国"立场的"宪法"。同时，这部"宪法"也"是实实在在地被用来规范这一地区的基本社会关系，并提供了社会基本制度的宪法性规范，是台湾地区制定其他法律法规所依据的'法源'"②。因此，我们应当在重视"中华民国宪法""一中宪法"属

---

① 杜力夫：《"一国两制"视角下"中华民国宪法"的定位》，载《"一国两制"研究》（澳门）2013年第4期。
② 杜力夫：《"一国两制"视角下"中华民国宪法"的定位》，载《"一国两制"研究》（澳门）2013年第4期。

性的前提和基础上，认可其合法性，使之成为反对"台独"的重要工具。可以说，这种立基于一个中国框架，重视"中华民国宪法"实际适用情况的研究立场，能够帮助我们从两岸关系现状出发，认知当前重新定位"中华民国宪法"的重要价值，值得我们借鉴。

第三，在研究结论上，应在给予"中华民国宪法"合情合理安排的基础上，重视这一结论对两岸关系和平发展、两岸和平统一的应用。杜力夫认为，调整对"中华民国宪法"定位的认识，能够为两岸展开政治谈判，消除政治对立，达成作为"中国宪法协定"的和平协议提供基础。可以说，在遏制和反对"台独"分裂活动的基础上，为推动两岸实现政治对话寻找衔接点，应当成为我们研究"中华民国宪法"问题的研究目的之一，这种积极将"中华民国宪法"定位之结论应用于两岸政治关系发展的研究思路，值得我们借鉴。

（三）"中华民国宪法"法理定位策略与"中国台湾地区基本法"模式之差别

"中国台湾地区基本法"模式，体现出大陆学者思考"中华民国宪法"定位问题的基本立场，为我们认识"中华民国宪法"法理定位策略提供了有益借鉴。但是，这一模式与本书所提出的"中华民国宪法"法理定位策略仍存一定差别，这些差别主要体现在以下几点：

第一，与本书将一个中国框架的主权意涵视为探讨"中华民国宪法"法理定位问题的背景与前提，通过"去主权化"思维，在两岸范围内研究这一问题的思路不同，"中国台湾地区基本法"模式并未直接就"中华民国宪法"法理定位的主权背景做出分析。众所周知，处理"中华民国宪法"问题，实际上是要在一定程度上对两岸主权争议做出回应，因此，应当在重新证成一个中国框架主权意涵的基础上，在探讨这一问题时，实现"去主权化"，避免因主权争议造成的两岸纷争。然而，遗憾的是，"中国台湾地区基本法"模式在论证中并未重视主权对解决"中华民国宪

第五章　台湾地区宪制性规定法理定位策略：形成与应用

法"定位问题的价值，而只是在对定位后两岸实现和平统一时，最终实现中国主权由两岸人民共用的问题做出简要叙述。① 因此，只有明确一个中国框架的主权意涵，才能使"中华民国宪法"法理定位问题的解决方案不至走向类似于"一中两宪"方案可能导致的"两国两宪"结论，提升这一方案对大陆方面的可接受性。

第二，与本书将"中华民国宪法"的宪制史演进视为解决这一问题的重要理论面向不同，"中国台湾地区基本法"模式对"中华民国宪法"历史演变的关注度较低，在一定程度上单纯地以这部"宪法"的实际效力为依据，否定了《废除六法全书决定》确立的"废除伪法统"的立场。考察"中华民国宪法"问题起源与变化可知，宪制史的发展，构成了我们考察这一问题时必须予以充分考虑的问题。从大陆方面的政策表述来看，如何处理《废除六法全书指示》和《共同纲领》等为1949年后中国法治建设奠定基础的文件对待"中华民国宪法"的态度，如何解释制宪权在中国革命历史过程中对"中华民国宪法"定位的影响，是我们解决"中华民国宪法"定位问题时必须予以考虑的。然而，"中国台湾地区基本法"模式并未过多考虑到历史因素对解决这一问题的影响，而是简要地以"中华民国宪法"在台湾地区实际政治活动中发挥的作用为主要依据，提出应当实事求是地看待这部"宪法"。尽管这一思路也构成本书分析"中华民国宪法"法理定位问题的重要依据，但历史面向仍然是我们分析这一问题时不可或缺的部分，若不能将《废除六法全书指示》等规范性文件对"中华民国宪法"的立场和当前重新定位"中华民国宪法"的原因加以对接，将可能造成历史和现实相冲突的不利影响。

第三，与本书提出"中华民国宪法"法理定位策略的表述变通思路不同，"中国台湾地区基本法"模式在实事求是看待"中华民国宪法"本

---

① 杜力夫：《"一国两制"视角下"中华民国宪法"的定位》，载《"一国两制"研究》（澳门）2013年第4期。

质的基础上，并未就大陆方面可直接采取而台湾方面亦有较高接受可能的表述策略做出探讨。本书在提出"中华民国宪法"法理定位策略后提出，在实践中包容台湾方面对这一表述的不同看法，并允许台湾方面基于这一论述范式对大陆的八二宪法和大陆当局的法理定位做出类似的表述。这种基于定位策略的务实思路，能够尽可能地提高"中华民国宪法"法理定位策略在台湾地区的可接受程度，避免这一策略沦为政策"独白"。尽管"中国台湾地区基本法"模式从"中华民国宪法"的效力范围出发，对这部"宪法"做出区域基本法的法理界定，但这种界定是否能够为台湾方面接受，是否能够真正成为两岸共识，应成为一个我们必须考虑的问题，单向度地描述性思路尽管可能在法理上能够得出符合"中华民国宪法"特征的结论，但"对中国领域内的两个政权以及两个宪法的定位，是相互的、双向的"[1]，因而一项对台湾方面而言缺乏可接受程度的结论最终仍无助于解决这一问题。

三、台湾地区宪制性规定法理定位策略与"宪制-治理"模式

"宪制-治理"模式，是大陆学者祝捷教授就两岸政治关系合情合理安排提出的理论模型。作为大陆方面较早对两岸政治关系定位、两岸和平协议等问题做出研究的学者，祝捷通过对两岸各自宪制性规定对于"一中性"的确认以及两岸对治理理念的认可，尝试以构建"宪制-治理"框架，提出"一中宪制框架内两个平等的治理体系"作为解决两岸政治关系合情合理安排的解决思路。[2] 在这一思路中，祝捷提出应当基于两岸各自宪制性规定中的"一中性"资源，建构两岸均能认可的法理基础，从而构建起一套替代"主权-治权"框架的"宪制-治理"框架。"宪制-治

---

[1] 杜力夫：《"一国两制"视角下"中华民国宪法"的定位》，载《"一国两制"研究》（澳门）2013年第4期。

[2] 祝捷：《论"宪制-治理"框架下的两岸政治关系合情合理安排》，载《台湾研究集刊》2015年第5期。

理"模式的构建过程中,体现出对两岸各自宪制性规定,尤其是台湾地区现行"宪法""一中性"资源的深度挖掘和运用,体现出大陆学者对这一问题的思维特点,值得我们借鉴与分析。

(一)"宪制-治理"模式的基本意涵

自2014年以来,大陆学者祝捷陆续发表《论"宪制-治理"框架下的两岸政治关系合情合理安排》《"一个中国"原则的法治思维析论》[1]等论著,提出一套透过法理策略思维,借助两岸各自根本法中的"一中性"因素,巩固一个中国原则,形成"一中宪制框架下的两个平等治理体系"的两岸政治关系定位合情合理安排方案。在完成这一系列论述的过程中,祝捷对两岸各自根本法的"一中性"资源进行了较为充分的挖掘,并形成了立基于法治思维的两岸政治关系定位方案,这一模式的理论意涵可归纳为以下几点:

第一,"宪制-治理"模式实现了以法治思维为核心的台湾问题研究范式转向,提出将"策略定位"范式与法治思维融合,形成解决两岸间现实问题提供可资适用的法治策略。祝捷认为,长期以来,在两岸关系论域,"法理规范都不具有独立的地位和价值,而是单向度地映射政治场与已经形成的立场,在两岸关系中面临实践窘境"[2]。要解决这一问题,就应当将策略定位范式与法治思维相结合,将法律规范作为法治策略引入两岸关系论域,从而发挥其能动性作用,实现台湾问题研究范式的转向。

第二,"宪制-治理"模式确立了两岸政治关系合情合理安排之中"合情合理"的法理内涵,将合规范性和可接受性列为判断"合情合理"的两项法理标准。祝捷认为,在两岸政治关系定位问题上,应当运用法治

---

[1] 祝捷:《"一个中国"原则的法治思维析论》,载《武汉大学学报(哲学社会科学版)》2016年第1期。
[2] 祝捷:《"一个中国"原则的法治思维析论》,载《武汉大学学报(哲学社会科学版)》2016年第2期。

思维，将"合情合理"转化为具有实践意义的具体标准。从两岸关系的实践来看，这种标准应当解析为：1. 基于两岸各自规定对"一个中国"的认同和两岸对法治原则的认同，应将合规范性作为"合情合理"的第一项标准；2. 基于两岸共同接受对于策略方案的重要意义，应将可接受性作为"合情合理"的第二项标准。[1] 在这两项标准之下，考量两岸政治关系合情合理安排的策略方案的可行性。

第三，"宪制-治理"模式在对"主权-治权"框架的内涵及其缺陷做出深入分析的基础上，形成建基于两岸根本法上"一中性"之上的"宪制-治理"框架，进而提出以"一中宪制框架内两个平等治理体系"描述两岸政治关系定位现状的观点。祝捷认为，作为大陆学界对两岸政治关系安排研究的理论主轴，"主权-治权"框架存在着包括两岸对"主权"认知不同、对"治权"概念存在争议、未能解决两岸之间"承认争议"等诸多缺陷，因而应当通过反思、检讨，提出新的研究框架。为此，祝捷提出具有资源优势、话语优势和发展优势的"宪制-治理"框架，以两岸宪制性规定中的"一中性"表述取代"主权"，以两岸都可接受的"治理"一词取代"治权"，形成既合乎两岸政治关系法理规范，又具有可接受性的"宪制-治理"框架，并基于这一框架，对两岸政治关系定位现状做出"一中限制框架内两个平等治理体系"的描述。[2]

(二)"宪制-治理'模式对'中华民国宪法"法理定位的启示

"宪制-治理"模式与前述由两岸学者提出的"一中三宪"模式、"中国台湾地区基本法模式"有所不同，这一模式力求超越既有的"主权-治权"框架，注重对两岸根本法的"一中"内涵的挖掘。可以说"宪制-

---

[1] 祝捷：《论"宪制-治理"框架下的两岸政治关系合情合理安排》，载《台湾研究集刊》2015年第5期。

[2] 祝捷：《论"宪制-治理"框架下的两岸政治关系合情合理安排》，载《台湾研究集刊》2015年第5期。

第五章　台湾地区宪制性规定法理定位策略：形成与应用

治理"模式虽并未将"中华民国宪法"法理定位问题作为其论述重点，但这一理论模式之中的许多理论要素对于我们探索"中华民国宪法"法理定位问题具有启示意义。

第一，"宪制-治理"模式在分析过程中注重对整个策略法理基础的分析，其方法论体系具有较强的创新性，对于我们形成具有较强法理色彩的"中华民国宪法"法理定位问题具有重要启示。相对于既有研究成果而言，"宪制-治理"模式注重将法治思维视为一种能够为解决两岸棘手问题提供可供选择的策略[1]，而非用于论证某种政治立场的论据或描述现象的理论说辞，这对于台湾问题研究的思维转向具有重要意义。本书在第一章即提出，"中华民国宪法"问题具有极强的宪法学色彩，应积极运用法治思维取代传统的政治思维对这一问题加以考量。同时，在前期的相关研究成果中，祝捷即提出可使用"宪制性规定"一词作为描述台湾地区现行"宪法"的表述方式[2]，这一表述对本书最终结论的形成亦具重要参考价值。

第二，"宪制-治理"模式对台湾地区现行"宪法""一中性"的分析较为深入，注重以这部"宪法""一中性"因素为基础，形成对两岸具有较强可接受性的"一中宪制框架"，这对于我们立足"中华民国宪法"法理定位问题，关照两岸形成一个中国框架的法理共识，巩固两岸关系政治基础具有重要启示。本书将"中华民国宪法"的"一中性"功能视为这部"宪法"的重要政治功能之一，同时，"一中性"也构成我们当前重新研究和分析这部"宪法"法理定位问题的原因之一。因此，"宪制-治理"模式对台湾地区现行"宪法""一中性"的探讨，对本书进行相应的分析与论证具有重要借鉴意义。

---

[1] 祝捷：《论"宪制-治理"框架下的两岸政治关系合情合理安排》，载《台湾研究集刊》2015年第5期。
[2] 周叶中、祝捷：《关于重视两岸法律制度"一中性"的思考》，载周叶中、祝捷：《两岸关系的法学思考》，九州出版社2013年版。

第三"宪制-治理"模式将"可接受性"作为两岸政治关系合情合理安排的重要标准,从而使解决两岸政治关系合情合理安排的方案能够立足于两岸都能接受的认知基础之上,这对于我们以超越两岸"各说各话"的"独白"窘境,更好地处理"中华民国宪法"法理定位问题,具有重要启示。与两岸政治关系合情合理安排问题一样,本书探讨的"中华民国宪法"法理定位问题,亦是涉及两岸政治关系发展的重大问题,这一问题长期横亘于两岸之间,而未能获致解决。故本书在提出"中华民国宪法"法理定位策略时,将可接受性作为形成结论的一项重要标准,并予以专门论述。因此,"宪制-治理"模式对于"可接受性"的相关论述和认知,对于本书结论的形成具有重要借鉴意义。

(三)"中华民国宪法"法理定位策略与"宪制-治理"模式之差别

"宪制-治理"模式,体现出大陆学者处理两岸政治关系定位问题的新思维,为我们认识这一问题,并立足于这一问题思考"中华民国宪法"法理定位策略提供了有益借鉴。但是,这一模式与本书所提出的"中华民国宪法"法理定位策略仍存一定差别,这些差别主要体现在以下两点:

第一,与本书对两岸主权争议构成探讨"中华民国宪法"法理定位策略以及进而解决两岸政治关系争议的思路不同,"宪制-治理"模式在反思、检讨"主权-治权"框架的基础上,以"宪制"取代"主权"以体现"合情合理"安排中的"合规范性"要求。可以说,"宪制-治理"模式试图通过两岸宪制性规定的"一中性""共识",规避"主权"对解决两岸政治定位问题带来的负面影响,降解其敏感度。[1] 然而,由于"中华民国宪法"法理定位问题与两岸政治关系定位问题相比,其与两岸主权争议的关联性更加直接,因而本书不得不通过对两岸主权争议的梳理,

---

[1] 祝捷:《论"宪制-治理"框架下的两岸政治关系合情合理安排》,载《台湾研究集刊》2015年第5期。

形成一个中国框架基础上的"去主权化"思路,以求对两岸主权关系进行再确认,从而夯实本书的论证基础。

第二,与本书以明确提出现阶段"中华民国宪法"法理定位策略的研究目的不同,"宪制-治理"模式的关照重点在于两岸政治关系合情合理安排问题,在于如何通过运用"中华民国宪法"中的"一中性"因素,巩固两岸政治关系的基础。[①] 从这个意义上讲,"宪制-治理"模式绕过了对"中华民国宪法"有效性问题的探讨,将之视为一种客观存在的事实,以求运用这一事实实现对一个中国框架的巩固。尽管本书在论证过程中,亦涉及"宪制-治理"模式所探讨的"中华民国宪法"的"一中性"问题,但本书的论证重点在于如何透过对这部"宪法"政治功能的分析,形成对其正当性、有效性等问题的探讨,从而形成对其法理定位问题的解决策略。易言之,由于本书与"宪制-治理"模式论证侧重的差异,二者在对待"中华民国宪法"法理定位问题的论证思路上存在一定差异。当然,需要说明的是,二者在论证思路上的差异并未影响其各自完成相应的论证目标。

第四节　台湾地区宪制性规定法理定位策略与两岸政治关系发展

给予"中华民国宪法"以合情合理合法的定位,能够为促进两岸政治关系发展提供重要的规范支持,使两岸政治关系产生本质变化。就"中华民国宪法"的政治功能而言,在未来两岸政治关系发展的过程中,通过给予"中华民国宪法"以合情合理合法的定位,能够为形成"一个中国"法理共识,促进两岸民众国家认同意识的整合,探索"一国两制"

[①] 祝捷:《论"宪制-治理"框架下的两岸政治关系合情合理安排》,载《台湾研究集刊》2015年第5期。

在台湾地区具体实现形式提供理论支撑。本书将通过对两岸政治关系发展中的三个重大问题的分析,讨论对"中华民国宪法"做出合情合理定位后,两岸政治关系发展的新局面。

一、台湾地区宪制性规定法理定位与"一个中国"法理共识的形成

维护一个中国框架是我们在当前形势下重新审视"中华民国宪法"问题的重要现实原因。考察两岸各自根本法的基本内容可见,双方关于"一个中国"的规定体现出一种"暗合"态势,即两岸双方制定的根本法,在并未事先进行协商,也不可能协商的情况下,在一个中国问题上表现出某种契合。一方面,两岸各自根本法对两岸主权统一和国家主权范围的界定呈现出一致的态势,从而为维护一个中国框架的主权意涵奠定了宪制基础。另一方面,两岸各自根本法均以"谋求国家统一"为处理两岸关系的最高准则,在处理涉对方事务时均预留了特殊的制度安排空间,从而为两岸实现和平统一的最高目标提供宪制依据。可以说,这种来自两岸各自规定的"暗合"态势能够为我们在一定形势下巩固和维护一个中国框架奠定宪制性基础。

然而,这种"暗合"态势的存续和应用,却严重依赖于两岸双方,尤其是台湾方面对一个中国框架的法理立场,亦即其现行"宪法"之中的相关规定。作为这种"暗合"态势的构成部分,台湾地区现行"宪法"中的"一中性"因素仅仅是规范意义上的,并不必然导致"事实"上的"一中"。[①] 从政治层面上看,在台湾地区再次发生政党轮替的情势下,一个中国框架极有可能再次遭受到台湾方面有关政治力量的挑衅甚至破坏。因此,在给予"中华民国宪法"法理定位策略的基础上,推动两岸形成

---

① 周叶中、祝捷:《"一中宪法"与"宪法一中"——两岸根本法之"一中性"的比较研究》,载黄卫平等主编:《当代中国政治研究报告》第十辑,社会科学文献出版社2013年版。

关于一个中国框架的法理共识，将两岸对一个中国框架的"暗合"升级为两岸对一个中国框架的"共识"，从而保障两岸关系的"历史和法理基础"[①]不会发生改变，应当成为两岸双方在未来政治关系发展上共同树立的目标。

在实现这一目标的过程中，两岸必须在现有的以根本法规定的"暗合"之基础上，推动两岸形成关于一个中国框架的法理共识，将两岸对一个中国框架的"暗合"升级为两岸对一个中国框架的"共识"。这种两岸在宪制性规定层面形成法理共识的表现形式，即应当是大陆和台湾基于一个中国框架，经平等协商签署的《海峡两岸和平协议》。具体说来：首先，和平协议是两岸在宪制性规定层面形成的法理共识，它建基于两岸各自规定中"一中性"的"暗合"之上，是两岸合意的产物，也是两岸同胞共同做出的一种政治决断；其次，和平协议是大陆和台湾对两岸关系和平发展共识的一种制度化表现形式，它能够为两岸关系和平发展提供制度化、常态化的保障；最后，和平协议是维护两岸关系和平发展制度框架的宪制性基础，它是两岸进一步完善制度框架的前提。

"中华民国宪法"法理定位策略能够为两岸在根本法"暗合"基础上形成一个中国框架的法理共识，签订和平协议奠定基础。做出这一判断的理由有以下三点：

第一，"中华民国宪法"法理定位策略的提出，能够为构建具有"主体间性"特点的两岸宪制关系，促进两岸在平等的法律地位上签署和平协议提供必要的前提。众所周知，对话必须承认相异主体的存在，即在互为"他者"的情境下，互相理解，在主体间的相互承认之中，不断地扩大交往共同体的范围。[②] 有条件地认可"中华民国宪法"的有效性，对于

[①] 此语为 2015 年 11 月两岸领导人习近平、马英九会谈后，时任国台办主任张志军在新闻发布会上对"九二共识"的描述。

[②] 唐桦：《两岸关系中的交往理性初探》，载《台湾研究集刊》2010 年第 3 期。

消解两岸政治分歧,提升台湾当局和台湾民众对大陆对台政策的认同度,进一步贯彻"寄希望于台湾人民"的政策方针有着重要意义。因此,以有条件地认可"中华民国宪法"有效性的法理定位策略的提出,为打开两岸政治对话空间,促使两岸达成关于一个中国框架的法理共识,签署具有宪制性地位的和平协议提供了重要的前提和基础。

第二,"中华民国宪法"法理定位策略的提出,能够有效保障作为未来两岸宪制性文件的和平协议的权威性和有效性。作为两岸高阶政治共识的表现形式,未来两岸协议的权威性和有效性依赖于两岸对这一协议的共同认可,从两岸各自区域内部来说,这一协议的权威性和有效性则来源于双方各自宪制性规定。因此,在两岸签署和平协议前,大陆和台湾首先必须解决如何看待对方宪制性规定的有效性问题。"中华民国宪法"法理定位策略的提出,恰恰解决了这一问题,为两岸有条件地认可对方宪制性规定的有效性,提供了具有可行性的思路。因循这一思路,双方可在暂时搁置对方宪制性规定正当性的前提下,认可其有效性,从而为双方立基于各自根本法权威性和有效性基础上签署和平协议提供法理基础。

第三,"中华民国宪法"法理定位策略的提出,能够为提升海峡两岸和平协议的认同度,提供重要的前提支持。海峡两岸和平协议的性质是中华民族认同基础上的法理共识[①],因此,和平协议应当是两岸人民形成的一种广泛共识。易言之,唯有建立在两岸民众广泛政治共识的基础上的和平协议,才能获得两岸民众的共同认可,才能真正具有其所应当具有的权威性。作为两岸共同认可的,具有宪制性作用的规范文件,两岸和平协议的权威性,应当来源于包括大陆人民和台湾人民在内的中国人民。然而,从民主的一般原理看,以公民投票为主要形式的直接民主在两岸创制和平协议的过程中的可行性有限,而最为高效地形成这种权威性的方式,莫过

---

① 周叶中、祝捷:《论海峡两岸和平协议的性质——中华民族认同基础上的法理共识》,载《法学评论》2009年第2期。

于通过将两岸各自根本法的有效性，以两岸公权力机关协商签署的方式，赋予和平协议。从这个意义上说，以有条件地认可"中华民国宪法"有效性为核心的法理定位策略，恰恰可以为未来和平协议的有效性提供支柱，从而提升这一协议的权威性和认同度。

二、台湾地区宪制性规定法理定位与两岸"国家认同"的整合

两岸民众共同的国家认同意识是两岸永久和平的重要保证，也是两岸逐渐消除对立情绪、进一步累积共识的民意基础。从实践层面看，大陆方面长期否定"中华民国宪法"的存在，在一定程度上为"台独"分裂分子将这部"宪法"逐步"台湾化"，从而使这部"宪法"从维护一个中国框架的法理支柱，转变为凝聚"台湾主体性"意识的法理符号，提供了有利条件。基于"中华民国宪法"法理定位策略的基本意涵，在大陆方面有条件地认可"中华民国宪法"的有效性和合法性之后，两岸当前凸显的民意对立情绪将得到有效缓解，双方可以在此基础上探索构建两岸民意整合机制。

第一，"中华民国"问题构成两岸民众政治意识高度对立的重要表现形态，因而在两岸范围内有条件地认可"中华民国宪法"的有效性，能够消解两岸因"中华民国"问题而产生的不必要的对立情绪，为两岸民意的整合提供基础。"中华民国宪法"作为台湾地区的"最大公约数"，对广大台湾同胞而言具有重要的政治意义，他们对这部"宪法"寄予极高的政治认同感。因此，当有人对这部"宪法"的有效性提出质疑时，他们即会从感性出发，自觉地做出抵制行动。然而，与台湾民众不同，由于长期隔绝，广大大陆民众并不了解台湾民众的这种特殊的政治情感，因而对"中华民国""中华民国宪法"和作为"中华民国"象征的"国旗""国歌"等均体现出一定的排斥态度。这就使"中华民国""中华民国宪

法"等尚且能够为"九二共识"所包容,在一定意义上有利于巩固一个中国框架的存在,成为两岸民众政治意识斗争的"战场"——2013年发生的所谓"张悬事件"① 和2016年台湾地区领导人选举前夕发生的"周子瑜事件"②,即在一定程度上体现出台湾民众对"中华民国"政治符号的政治情感和两岸民众在这一问题上的对立情绪。可以说,大陆方面回避"中华民国""中华民国宪法"定位问题,将"中华民国宪法"长其界定为伪宪法的政策主张,是导致两岸民众对立情绪的重要原因之一。因此,可以预见的是,通过本书所提出的法理定位策略,大陆方面可有条件地认可"中华民国宪法"的有效性,在一定范围内包容体现出"中国性"的"中华民国"符号的存在,台湾民众对大陆相关涉台政策的可接受度将大大提升,两岸民众针对"中华民国"符号的对立情绪也将得到大大缓解,这将对两岸同胞实现心灵契合提供重要契机。

第二,大陆方面有条件地认可"中华民国宪法"的有效性,能够促进两岸治理结构的形成与完善,通过构建跨海峡的两岸民意整合机制,为引导台湾民众国家认同意识重新回到"一个中国"的轨道上,在台湾重塑已被高度扭曲和分裂的"国家认同",逐步形成两岸民众共有的"中国国家认同"提供条件。两岸治理是近年来诸多学者关注和倡导的一个学术概念③,尽管两岸学者对这一概念的认知有所差异,但将治理概念引入两岸关系论域,强化多主体,尤其是两岸民众对两岸关系发展方向的影响,无疑是两岸治理概念的精髓之一。当前,台湾民众"国家认同观"的扭曲和异化,很大程度上是受到岛内部分政党和政治人物的操弄,而两

---

① 《台歌手张悬演唱会上展示青天白日旗　大陆学生不满》,资料来源:http://news.ifeng.com/taiwan/3/detail_2013_11/05/30974917_0.shtml,最后访问日期:2016年4月7日。
② 《国台办就周子瑜事件表态　警惕个别事件挑拨两岸》,资料来源:http://mt.sohu.com/20160119/n434965798.shtml,最后访问日期:2017年5月20日。
③ 张亚中:《全球化与两岸统合》,联经出版事业股份有限公司2003年版,第231页以下;张亚中、祝捷:《两岸治理:一个形成中的结构》,载《法学评论》2010年第6期。

岸民众之间的隔阂，更助长了这种扭曲和异化。依照本书提出的法理定位策略，大陆方面认可"中华民国宪法"的前提条件是一个中国框架，因而在实施这一策略的过程中，一个中国框架将得到来自法理层面的有效强化。在这个过程中，通过两岸以平等协商方式构建跨海峡的两岸民意整合机制，两岸普通民众之间的多元交往将得到强化，而民众之间的意见将为两岸关系的发展方向，尤其是台湾民众"国家认同观"的转变起到重要意义。

第三，大陆方面有条件地认可"中华民国宪法"的有效性，为两岸签署具有宪制效力的和平协议奠定基础，能够为两岸民众共同形成超越于大陆和台湾各自"政权认同"和"意识形态认同"之上的"中国国家认同"提供助益。大陆方面认可"中华民国宪法"的有效性，有助于两岸签署体现为"一个中国"法理共识的和平协议，而和平协议的签署，则将为两岸民众各自的"国家认同"意识的重塑提供重要载体。众所周知，台湾当局通过"宪政改革"实现了"内部代表性"的强化，同时也促进了岛内民众对"以台湾为中心"的"宪法"的认同感，而这种认同感在部分"台独"分裂分子的催化之下，正逐渐转化为台湾民众对"台湾"的"国家认同感"。在两岸未能形成区别于"九二共识"的高层次政治共识的情况下，大陆方面对"台独"分子的这种"软性台独"手段缺乏足够的制约能力，而两岸和平协议则能够通过其对两岸交往参与人群的强大影响力和其对台湾地区利益获取能力的强大驱动力，给予"台独"分裂势力以强有力的打击。[①] 与此同时，和平协议还将在其发挥效力的过程中，逐步凝聚两岸民众的"国家认同"共识，使同属中华民族的两岸人民，在作为"中华民族认同基础上的法理共识"[②] 的和平协议之下，建立

[①] 祝捷：《海峡两岸和平协议研究》，香港社会科学出版社有限公司2010年版，第446页。
[②] 周叶中、祝捷：《论海峡两岸和平协议的性质——中华民族认同基础上的法理共识》，载《法学评论》2009年第2期。

超越两岸各自政权和意识形态之上的"中国国家认同"。

三、台湾地区宪制性规定法理定位与"一国两制"在台湾地区具体实现形式的探索

任何对两岸政治关系定位问题的政策主张，都应既立足于当前的政治现实，又能够有预见性地关照未来，从而实现现实与未来的有机结合。有学者认为，"中华民国""中华民国宪法"对巩固一个中国框架、反对和遏制"台独"分裂活动而言是一项"正资产"，但对实现两岸和平统一而言却是一项"负资产"，因而提出大陆方面应维持对"中华民国"和"中华民国宪法"定位问题的回避立场。[①] 这种观点显然是缺乏对"中华民国"问题，尤其是"中华民国宪法"定位问题研究的基础上提出的，其立论基点是将"中华民国宪法"的有效性与正当性相绑定，继而将有条件地认可"中华民国宪法"等同于承认"中华民国"，乃至于承认台湾"主权属性"。基于上文的相关论述可知，这种观点是值得商榷的。但如何在实现对"中华民国宪法"重新定位的基础上，关照两岸和平统一问题，即如何在此基础上实现对"一国两制"在台湾具体实现形式的探索，成为一项与本书研究直接相关的重要问题。

长期以来，基于"一国两制"在香港、澳门地区的具体实践，人们往往忽略了台湾问题和港澳问题的差异，将"一国两制"与其在港澳地区的具体实现形式相等同，从而使"一国两制"这一本来极具包容性的理论体系在应用于台湾问题时被过度限缩了。同时，由于台湾岛内部分政治人物的鼓噪，"一国两制"这一提法在台湾地区逐渐陷于"污名化"境地，岛内民众对于被政治人物错误解读的"一国两制"多持疑虑甚至抵

---

① 王英津：《论两岸政治关系定位中的"中华民国"问题》，载《中国评论》（香港）2016年2月号。

第五章　台湾地区宪制性规定法理定位策略：形成与应用

制倾向。① 需要承认的是，在我们未能给予"中华民国""中华民国宪法"以合情合理合法定位的情况下，台湾方面对于在港澳地区以特别行政区制度为具体实现形式的"一国两制"持抵触情绪是可以理解的。可以说，对"中华民国""中华民国宪法"做出合情合理安排，构成我们探索"一国两制"在台湾具体实现形式的必经步骤之一。在我们充分考虑台湾地区实际情况，给予"中华民国"和"中华民国宪法"以明确地、合情合理定位的情况下，本着包容的态度重新探讨"一国两制"在台湾地区的具体实现形式便具有了全新的意义。具体说来：

第一，"一国两制"在台湾具体实现形式的提出具有很强的理论和实践价值，能够为我们在这一方针的基础上探讨作为现阶段两岸政治关系瓶颈问题的"中华民国宪法"问题提供重要的理论支撑。具体说来：1."一国两制"的具体实现形式理论，其本质在于将"一国两制"的基本精神和具体实现形式加以区分，使"一国两制"成为一套一般与具体、抽象与具象相结合的理论体系，从而为我们探讨原本已成为理论死角的"中华民国""中华民国宪法"提供空间。2."一国两制"的具体实现形式理论，其内涵在于将"一国两制"在港澳和台湾的具体实现形式加以区分，使"一国两制"理论能够结合香港、澳门和台湾的具体情况，形成更加具有实践生命力的理论体系，从而使我们在探讨"中华民国""中华民国宪法"问题时，能够不受作为"一国两制"在香港、澳门实现形式的特别行政区制度的约束，从而发挥更大的理论想象力。3."一国两制"的具体实现形式理论的提出，能够澄清台湾岛内部分人士对"一国两制"的误解②，即将"一国两制"等同于特别行政区制度的观点，使两岸能够在更为广阔的前提下，就双方政治关系的发展和两岸复归统一问题展开

---

① 庄吟茜：《"一国两制"在台湾的污名化：剖析与澄清》，载《台湾研究》2016年第1期。
② 周叶中：《"一国两制"法理内涵新释》，载《中国评论》（香港）2014年12月号。

探讨。

第二，务实探讨"中华民国宪法"法理定位问题，能够为我们以此为契机，强化"一国两制"在台湾地区具体实现形式理论中"一国"的法理地位，增强整个政策体系的权威性、确定性和可接受性提供机遇。具体说来：1. 对两岸各自根本法规定中的"一个中国"共识做出合乎实际的政策表述，能够使"一国两制"之中的"一国"，实现从政权符号层面到国家符号层面，再到法理认同层面的转变。2. 对规范文本之中体现出强烈"一中性"色彩的"中华民国宪法"做出重新认识和合情合理安排，能够使"一国两制"中的"一国"具备更具权威性、确定性和可接受性的规范支柱。3. 对兼具"一中性"与"台湾主体性"色彩的"中华民国宪法"做出合情合理安排，能够为"一国两制"中的"一国"提供更多可供两岸双方协商探讨的空间，使体现"一国"的"一中"规范和体现"两制"的"台湾性"规范并存，从而为最终通过"一国两制"实现和平统一奠定基础。

第三，务实探讨"中华民国宪法"法理定位问题，能够展现出大陆对台湾地区政治制度和政治实践现状的包容与尊重态度，打消台湾方面部分人士对"一国两制"方针将可能对台湾地区现有政治体制产生负面影响的疑虑，从而使"一国两制"在台湾具体实现形式中"两制"具有更为广阔的理解空间，为两岸在未来实现和平统一奠定基础。具体说来：1. 在当前形势下有条件地认可"中华民国宪法"，能够强化两岸政治互信，消除台湾方面部分人士对大陆对台政策，尤其是"一国两制"方针的疑虑态度，以认可这部"宪法"有效性的方式强调"一国两制"在台湾地区具体实现形式的构建，不会改变台湾民众通过政治转型形成的政治体制，更不会破坏台湾民众民主权利的行使，消解所谓"和平统一意味着台湾民主失败"错误观点带来的负面影响。2. 在当前形势下有条件地认可"中华民国宪法"，能够为日后祖国实现和平统一时，对台湾地区的宪法地位问题做出具有可操作性的预期安排，使台湾民众对台湾地区现有制度的延续具有更大信心。3. 在当前形势下有条件地认可"中华民国宪法"，并不违背"一国两制"科学构想的基本精神，而是对当前两岸虽同属一个中国，但因尚未统一而导致的两种政治制度并存现状的确认，从而使"一国两制"在台湾具体实现形式所描述的时间范围，从统一之后扩展到尚未统一的历史阶段，使这一科学构想具有更强的理论容量，为两岸在这一方针之下共议和平统一提供科学指引。

结　语

　　辨明正理乃力行实践之基础，唯有论明道理，方可在实践的过程中无后顾之忧。明理乃是法治基本精神的重要体现，本书所欲者，正是通过借助宪法学的理论推导，形成对极具敏感性与争议性的政治问题的解决之道。早有学者指出，台湾问题不仅是政治问题，也是法律问题，归根到底是宪法问题，台湾地区现行"宪法"和《中华人民共和国宪法》之间的关系问题，构成台湾问题宪法属性的重要体现。[①] 因此，"中华民国宪法"法理定位问题是我们反对和遏制"台独"分裂活动、促进两岸实现和平统一道路上必须面对的重大现实问题，对"中华民国宪法"做出合情合理安排，构成我们运用法治思维和法治方式解决台湾问题的重要步骤。

　　当前，传统意义上由政治、历史、文化、社会等因素构筑的一个中国框架正面临严峻挑战，所谓"台湾主体性"意识正逐步侵蚀一个中国框架在台湾地区政治环境中的存在空间，可以说，当前一个中国框架在政治、历史、文化、社会等层次，都面临"断裂"的危险。在一个中国框架面临极大挑战的背景下，为这一框架寻找更具权威性、稳定性和可接受性的论述支柱，成为我们稳定两岸关系发展政治基础的当务之急和必然之需。在文本规范中坚持"两岸同属一个中国"原则的"中华民国宪法"，应成为我们用于巩固和维护一个中国框架时必须高度重视和重点运用的重

[①] 周叶中：《台湾问题的宪法学思考》，载《法学》2007年第6期。

要资源。基于上述认知，本书的核心观点体现为：应在充分考量两岸在主权、历史等方争议的基础上，以巩固和维护一个中国框架为目标，有条件地认可"中华民国宪法"的有效性，并这部"宪法"文本中的"一中性"因素为基质，通过两岸共同努力，以政治力的催化，形成合乎两岸关系实际，能够为两岸共同接受的策略方案。

"中华民国宪法"问题构成制约两岸关系发展的瓶颈，它牵涉到两岸关系中诸多极为复杂的历史和现实问题。面对如此重要与复杂的问题，本书所欲实现的目标，只是通过初步的理论探讨，得出一个初步的、可供两岸在现阶段加以探讨和参考的策略方案。在两岸关系日益复杂多变的情况下，要解决这样一个涉及两岸各方政治诉求的重大实践问题，只能依靠各方通过长时间博弈，以阶段化、议题化的方式，通过平等协商，累积共识，唯此，才能最终得出一个为各方共同接受的方案。

在两岸博弈复杂化、台湾地区"政党轮替"常态化、台湾民众"国家认同"趋异化的背景下，无论是两岸政治人物、学者，还是关注两岸关系问题的普通民众，都不应奢望两岸能够在短期内通过几次简单的协商，即达成对"中华民国""中华民国宪法"法理定位问题的稳定共识，而是应充分认识到当前两岸关系发展的复杂性和易变性，做好双方通过长期沟通交流逐渐实现积累共识的准备。随着两岸关系的不断发展，在未来必将会有越来越多关心两岸关系发展、关心祖国和平统一的人士，将自身的精力倾注于两岸政治关系发展的思考过程中。通过两岸各界人士集思广益，群策群力，诸如"中华民国宪法"法理定位之类两岸仍存在较大分歧的重大问题终将获得智慧地解决。

参考文献

一、简体中文著作

1. 《邓小平文选》（第三卷），人民出版社1993年版。

2. 《孙中山全集》（第5卷），中华书局1986年版。

3. 《孙中山选集》，人民出版社1956年版。

4. 《张澜文集》，四川教育出版社1991年版。

5. ［奥］凯尔森：《法与国家的一般理论》，沈宗灵译，中国大百科全书出版社1996年版。

6. ［德］卡尔·施米特：《宪法学说》，刘锋译，上海人民出版社2005年版。

7. ［德］卡尔·施米特：《政治的概念》，刘宗坤译，上海人民出版社2004年版。

8. ［法］西耶斯：《论特权 第三等级是什么》，冯棠译，商务印书馆1990年版。

9. ［日］芦部信喜：《制宪权》，王贵松译，中国政法大学出版社2012年版，第3页。

10. ［英］安东尼·吉登斯：《民族-国家与暴力》，胡宗泽、赵力涛译，生活·读书·新知三联书店1998年版。

11. 陈端洪：《制宪权与根本法》，中国法制出版社 2010 年版。

12. 陈端洪：《宪治与主权》，法律出版社 2007 年版。

13. 陈孔立：《走向和平发展的两岸关系》，九州出版社 2010 年版。

14. 崔之清主编：《台湾是中国领土不可分割的一部分：历史与现实的实录》，人民出版社 2001 年版。

15. 范宏云：《国际法视野下的国家统一研究》，广东人民出版社 2008 年版。

16. 范宏云：《国家统一的国际法问题研究》，九州出版社 2014 年版。

17. 高全喜：《立宪时刻——论〈清帝逊位诏书〉》，广西师范大学出版社 2011 年版。

18. 高全喜：《政治宪法学纲要》，中央编译出版社 2014 年版。

19. 高全喜：《立宪时刻：论〈清帝逊位诏书〉》，广西师范大学出版社 2011 年版。

20. 海峡两岸关系协会编：《"九二共识"历史存证》，九州出版社 2006 年版。

21. 李松林、祝志男：《中共和平解决台湾问题的历史考察》，九州出版社 2012 年版。

22. 江国华：《宪法哲学导论》，商务印书馆 2007 年版。

23. 梁西主编：《国际法》，武汉大学出版社 2003 年版。

24. 林冈：《台湾政治转型与两岸关系的演变》，九州出版社 2010 年版。

25. 刘国深等著：《台湾政治概论》，九州出版社 2006 年版。

26. 刘山鹰：《中国的宪政选择——1945 年前后》，北京大学出版社 2005 年版。

27. 孟庆涛：《革命·宪法·现代性》，中国政法大学出版社 2012 年版。

28. 王奇生：《党员、党权与党争——1924—1949 年中国国民党的组织形态》，华文出版社 2010 年版。

29. 俞荣根：《道统与法统》，法律出版社 1999 年版。

30. 夏勇：《宪政建设——政权与人民》，社会科学文献出版社 2004 年版。

31. 张春英主编：《台湾问题与两岸关系史》（下），福建人民出版社 2014 年版。

32. 张凤山：《"台独"的历史演变》，九州出版社 2008 年版。

33. 中华人民共和国国务院新闻办公室：《"一国两制"在香港特别行政区的实践》，人民出版社 2014 年版。

34. 周叶中、江国华主编：《从工具选择到价值认同——民国立宪评论》，武汉大学出版社 2010 年版。

35. 周叶中、祝捷：《两岸关系的法学思考（增订版）》，九州出版社 2014 年版。

36. 祝捷：《海峡两岸和平协议研究》，香港社会科学出版社有限公司 2010 年版。

37. 祝捷：《两岸关系定位与国际空间——台湾地区参与国际活动问题研究》，九州出版社 2013 年版。

38. 祝捷：《台湾地区权利保障司法案例选编》，九州出版社 2013 年版。

39. 周叶中、段磊：《两岸协议实施机制研究》，九州出版社 2015 年版。

40. 周叶中、祝捷：《构建两岸关系和平发展框架的法律机制研究》，九州出版社 2013 年版。

41. 王鸿志：《政治狂澜的浪花：台湾第三势力研究》，九州出版社 2013 年版。

42. 武汉大学两岸及港澳法制研究中心编：《海峡两岸协议蓝皮书（2008—2014）》，九州出版社 2014 年版。

二、繁体中文著作

1. ［日］若林正丈：《战后台湾政治史：中华民国台湾化的过程》，洪郁如等译，台湾大学出版中心 2014 年版。

2. 包宗和、吴玉山主编：《争辩中的两岸关系理论》，五南图书出版股份有限公司 1999 年版。

3. 包宗和、吴玉山主编：《重新检视争辩中的两岸关系理论》，五南图书出版股份有限公司 2011 年版。

4. 陈慈阳：《宪法学》，元照出版公司 2005 年版。

5. 陈佳宏：《台湾独立运动史》，玉山社 2006 年版。

6. 杜正胜：《台湾心、台湾魂》，河畔出版社 1998 年版。

7. 黄光国：《一中两宪：两岸和平的起点》，生智文化事业有限公司 2005 年版。

8. 黄嘉树：《大棋局》，中国评论学术出版社 2013 年版。

9. 李鸿禧：《宪法与人权》，元照出版公司 1999 年版。

10. 李晓兵等：《"一国两制"下两岸宪政秩序的和谐建构》，澳门理工学院"一国两制"研究中心 2011 年版。

11. 邵宗海：《两岸关系》，台湾五南图书出版股份有限公司 2006 年版。

12. 邵宗海：《两岸协商与谈判》，新文京开发出版股份有限公司 2004 年版。

13. 王泰升：《台湾法律史概论》，元照出版公司 2001 年版。

14. 王泰升：《台湾法的断裂与连续》，元照出版公司 2002 年版。

15. 吴庚：《宪法的解释与适用》，三民书局 2003 年版。

16. 肖蔚云：《香港基本法与一国两制的伟大实践（One Country, two Systems: an Account of the Drafting of the Hong Kong Basic Law)》，宋小庄等译，北京大学出版社 2001 年版。

17. 颜厥安：《宪邦异式——宪政法理学论文集》，元照出版公司 2005 年版。

18. 张亚中主编：《两岸政治定位探索》，台湾大学政治学系两岸暨区域统合研究中心 2010 年版。

19. 张亚中：《统合方略》，生智文化事业有限公司 2011 年版。

20. 张亚中：《两岸统合论》，生智文化事业有限公司 2002 年版。

21. 张亚中：《两岸主权论》，生智文化事业有限公司 1998 年版。

22. 张亚中：《论统合》，中国评论学术出版社 2013 年版。

23. 张亚中：《全球化与两岸统合》，联经出版事业公司 2003 年版。

24. 周叶中、祝捷：《台湾地区"宪政改革"研究》，香港社会科学出版社有限公司 2007 年版。

25. 朱松岭：《国家统一宪法学问题研究》，香港社会科学出版社有限公司 2011 年版。

26. 苏起、郑安国编：《"一个中国、各自表述"共识的史实》，翰芦图书出版有限公司 2003 年版。

27. 杨允中、许昌、王禹、姬朝远等：《"一国两制"理论探析》，澳门理工学院"一国两制"研究中心 2012 年版。

28. 张五岳：《分裂国家互动模式与统一政策之比较研究》，业强出版社 1992 年版。

三、简体中文论文

1. 陈端洪：《一个政治学者和一个宪法学者关于制宪权的对话》，载《开放时代》2010 年第 3 期。

2. 陈孔立：《两岸政治定位的瓶颈》，载《台湾研究集刊》2011 年第 3 期。

3. 陈星：《论台湾政党体制的制度化问题》，载《台湾研究集刊》2013 年第 4 期。

4. 杜力夫、游志强：《论两岸和平发展中的"宪法共识"》，载《福建师范大学学报（哲学社会科学版）》2015 年第 3 期。

5. 杜力夫：《论两岸和平发展的法治化形式》，载《福建师范大学学报（哲学社会科学版）》2011 年第 5 期。

6. 杜力夫：《台湾"宪政改革"的政治功能对两岸关系的影响》，载《太平洋学报》2007 年第 11 期。

7. 范宏云：《从国际法的承认理论与实践论台湾是中国的一部分》，载《江汉论坛》2003 年第 6 期。

8. 范忠信：《反思与超越——中国法制史学"革命史观"之初省》，载《中国法律评论》2014 年第 3 期。

9. 高全喜、田飞龙：《协商与代表——政协的宪法角色及其变迁》，载《华东政法大学学报》2013 年第 5 期。

10. 古小明：《"国家球体理论"与"一中三宪"之比较分析》，载《世界经济与政治论坛》2011 年第 1 期。

11. 郭震远：《中国内战及其延续中的两岸政治关系——关于两岸政治协商起点的探讨》，载《统一论坛》2010 年第 3 期。

12. 黄嘉树、王英津：《主权构成：对主权理论的再认识》，载《太平洋学报》2002 年第 4 期。

13. 黄嘉树：《论反独与促统的区别与联系》，载《问题与思路》2004 年第 10 期。

14. 季烨：《台湾立法机构审议两岸服务贸易协议的实践评析》，载《台湾研究集刊》2014 年第 2 期。

15. 季烨：《台湾地区两岸协议监督机制法制化评析》，载《台湾研究》2014 年第 6 期。

16. 江国华：《主权价值论》，载《政治学研究》2004 年第 2 期。

17. 蒋晓伟：《论中国的"法统"》，载《哈尔滨工业大学学报（社会科学版）》2013 年第 1 期。

18. 李宏图：《概念史与历史的选择》，载《史学理论月刊》2012 年第 1 期。

19. 李龙、刘连泰：《废除"六法全书"的回顾与反思》，载《河南政法干部管理学院学报》2003 年第 5 期。

20. 李秘：《以"互为主体"的默契巩固"两岸一中"的共同认知》，载《北京联合大学学报（人文社会科学版）》2013 年第 4 期。

21. 李鹏：《以"当局"作为两岸商谈政治定位起点之理论探讨》，载《台湾研究集刊》2014 年第 2 期。

22. 李义虎：《台湾定位问题：重要性及解决思路》，载《北京大学学报（哲学社会科学版）》2014 年第 1 期。

23. 李义虎：《作为进程的两岸政治对话》，载《首届两岸和平论坛学术论文集》2013 年 10 月。

24. 林震：《试析"一个中国"原则的来源和内涵》，载《中央社会主义学院学报》2002 年第 2 期。

25. 刘国深：《两岸关系和平发展新课题浅析》，载《台湾研究集刊》2008 年第 4 期。

26. 刘国深：《两岸政治僵局的概念性解析》，载《台湾研究集刊》1999 年第 1 期。

27. 刘国深：《台湾地区"宪政改造"对国家统一的影响》，载《台湾研究集刊》2006 年第 4 期。

28. 刘红：《"台湾主体性"的本质和影响分析》，载《北京联合大学学报（人文社会科学版）》2014 年第 3 期。

29. 刘佳雁：《两岸政治关系中"一个中国"问题之省思》，载《台湾研究》1998 年第 4 期。

30. 毛启蒙：《从"主权"与"治权"的话语透视两岸关系》，载《台湾研究集刊》2014 年第 4 期。

31. 毛启蒙：《两岸关系研究语境中的"治权"释义——再论"主权"与"治权"话语下的两岸关系》，载《台湾研究集刊》2015 年第 3 期。

32. 毛启蒙：《授权体制与分权形态："一国两制"台湾模式的基本矛盾与若干问题再探讨》，载《台湾研究》2015 年第 4 期。

33. 苗连营：《关于制宪权的形而下思考》，载《上海交通大学学报（哲学社会科学版）》2003 年第 3 期。

34. 聂鑫：《国民大会的理论与实践》，载《比较法研究》2008 年第 5 期。

35. 聂鑫：《"中华民国宪法"在我国台湾地区的变迁——"修宪"与"释宪"的二重变奏》，载《中国社会科学内刊》2007 年第 2 期。

36. 沈志华：《中共进攻台湾战役的决策变化及其制约因素（1949—1950）》，载《社会科学研究》2009 年第 3 期。

37. 唐桦：《两岸关系中的交往理性初探》，载《台湾研究集刊》2010 年第 3 期。

38. 王建源：《两岸授权民间团体的协议行为研究》，载《台湾研究集刊》2005 年第 2 期。

39. 王建源：《在实施与规范之间——论国家统一前的两岸交往秩序》，载《台湾研究集刊》2001 年第 2 期。

40. 王英津：《论"国家—政府"分析框架下的两岸政治关系定位》，载《台湾研究》2015 年第 6 期。

41. 王英津：《论两岸关系研究中的"主权－治权"分析框架及其替代方案》，载《广西师范大学学报（哲学社会科学版）》2014年第5期。

42. 伍俐斌：《〈马关条约〉是否"割让"台湾给日本之考辩》，载《台湾研究》2013年第3期。

43. 徐晓望：《元代求及台湾、彭湖相关史实考》，载《福建师范大学学报（哲学社会科学版）》2011年第4期。

44. 颜圣举：《试论〈中苏友好同盟条约〉签订的过程及其影响》，载《西伯利亚研究》2007年第2期。

45. 杨锦麟：《"一国两治"析论》，载《台湾研究集刊》1988年第3期。

46. 杨开煌：《中共面对"中华民国议题"之研究》，载《第一届北京"台研论坛"论文集》。

47. 姚礼明：《从主权概念、国际法看中国对台湾拥有绝对的主权》，载《台湾研究》2001年第1期。

48. 叶正国：《两岸海洋事务合作法律治理的实践逻辑》，载《台海研究》2016年第1期。

49. 殷啸虎：《关于台湾现行"宪法"的定性与定位》，载《法学》1995年第9期。

50. 喻锋：《主权的缘起：历史理性、合法性与认同基础》，载《世界经济与政治》2008年第4期。

51. 张凤山：《台湾自古就是中国领土》，载《台湾研究》2000年第1期。

52. 张晋藩：《辛亥革命百年话法统》，载《法学杂志》2011年第11期。

53. 张萌、刘相平：《台湾"台湾史"研究谱系及其史观嬗变述论》，载《太平洋学报》2016年第9期。

54. 张仁善、杨宇剑：《论近代"法统"理念的构建与袁世凯对民初"法统"的改造》，载《法治研究》2015 年第 3 期。

55. 周保巍：《概念史研究对象的辨析》，载《史学理论月刊》2012 年第 1 期。

56. 周叶中、段磊：《海峡两岸公权力机关交往的回顾、检视与展望》，载《法制与社会发展》2014 年第 3 期。

57. 周叶中、段磊：《论"法治型"两岸关系的构建》，载《福建师范大学学报（哲学社会科学版）》2015 年第 6 期。

58. 周叶中、段磊：《论两岸协议的接受》，载《法学评论》2014 年第 5 期。

59. 周叶中、祝捷：《"一中宪法"与"宪法一中"——两岸"根本法"之"一中性"的比较研究》，载黄卫平等主编：《当代中国政治研究报告》（第十辑），社会科学文献出版社 2013 年版。

60. 周叶中、祝捷：《关于大陆和台湾政治关系定位的思考》，载《河南政法干部管理学院学报》2009 年第 3 期。

61. 周叶中、祝捷：《论我国台湾地区"司法院"大法官解释两岸关系的方法》，载《现代法学》2008 年第 1 期。

62. 周叶中：《论构建两岸关系和平发展框架的法律机制》，载《法学评论》2008 年第 3 期。

63. 周叶中：《台湾地区的宪法学思考》，载《法学》2007 年第 6 期。

64. 朱松岭、许崇德、易赛键：《"法理台独"理论根源之批判》，载《福建师范大学学报（哲学社会科学版）》2010 年第 3 期。

65. 朱天顺：《国民党在台湾的"法统"危机》，载《台湾研究集刊》1989 年第 3 期。

66. 朱卫东：《"德国模式"不适用两岸关系》，载《台声》1999 年第 9 期。

67. 祝捷：《"民主独立"的台湾故事与香港前路》，载《港澳研究》2015 年第 2 期。

68. 祝捷：《巩固"一个中国"原则的法治思维析论》，载《武汉大学学报（哲学社会科学版）》2016 年第 2 期。

69. 祝捷：《论"宪制-治理"框架下的两岸政治关系合情合理安排》，载《台湾研究集刊》2015 年第 5 期。

70. 祝捷：《论两岸海域执法合作模式的构建》，载《台湾研究集刊》2010 年第 3 期。

71. 祝捷：《通过释宪的权力控制———一种诠释学的诠释》，载肖金明主编：《人权保障与权力制约》，山东大学出版社 2007 年版。

四、繁体中文论文

1. 陈星：《新思维下的两岸关系新模式》，载《中国评论》（香港）2008 年 7 月号。

2. 曹永和：《台湾史研究的另一个途径——"台湾岛史"概念》，载《台湾早期历史研究续集》，联经出版事业公司 2000 年版。

3. 陈隆志：《台湾国家进行曲》，载《新世纪智库论坛》第 39 期。

4. 杜力夫：《"一国两制"视角下"中华民国宪法"的定位》，载《"一国两制"研究》（澳门）2013 年第 4 期。

5. 杜力夫：《也谈两岸关系中的主权与治权》，载《中国评论》（香港）2014 年 11 月号。

6. 杜力夫《"一国两制"视角下"中华民国宪法"的定位》，载《"一国两制"研究》（澳门）2013 年第 4 期。

7. 黄光国：《两岸间的"法理现实"与"政治现实"》，载《中国评论》（香港）2009 年 1 月号。

8. 黄光国：《以"一中两宪"跨越和平协议的门槛》，载《中国评论》（香港）2009 年 5 月号。

9. 李鸿禧：《对台湾国家地位问题的若干意见》，载台湾教授协会编：《台湾国家定位论坛》，前卫出版社 2009 年版。

10. 李仁淼：《自制宪权直观点思考我国宪政改革之问题点》，载《月旦法学教室》第一四四期。

11. 沈君山：《一个中国两种制度的和平竞赛》，载《中国时报》（台湾）1984 年 1 月 23 日。

12. 沈君山：《一屋两室，各执门钥》，载《九十年代》（台湾）1985 年 5 月号。

13. 童振源：《两岸政治关系的合情合理合宪安排》，收录于《首届两岸和平论坛会议论文集》（未出版，2013 年 10 月）。

14. 王泰升：《自由民主宪政在台湾的实现：一个历史的巧合》，载《台湾史研究》第 11 卷第 1 期。

15. 王英津：《论两岸政治关系定位中的"中华民国"问题（上）》，载《中国评论》（香港）2016 年 1 月号。

16. 王英津：《论两岸政治关系定位中的"中华民国"问题（下）》，载《中国评论》（香港）2016 年 2 月号。

17. 谢大宁：《两岸政治上是可能双赢的：对张茜红先生文章的回应》，载《中国评论》（香港）2009 年 4 月号。

18. 许宗力：《两岸关系法律定位百年来的演变与最新发展——台湾的角度出发》，载《月旦法学杂志》1996 年第 12 期。

19. 叶俊荣：《法统的迷思——台湾民主代表性的操控与重构》，载《当代公法新论（上）：翁岳生教授七秩诞辰祝寿论文集》，元照出版公司 2002 年版。

20. 叶俊荣：《宪法的上升与沉沦：六度修宪后的定位与走向》，载《政大法学评论》第 69 期。

303

21. 张茜红：《评张亚中教授的〈两岸和平发展基础协定刍议〉》，载《中国评论》（香港）2009 年 3 月号。

22. 祝捷：《论海峡两岸和平协议的基本原则》，载《"一国两制"研究》（澳门）2011 年第 7 期。

23. 祝捷：《十六大以来中央对台工作的理论创新：回顾、成就与展望》，载《"一国两制"研究》（澳门）2013 年第 4 期。

五、规范性文件

1. 《中华人民共和国宪法》。

2. 《反分裂国家法》。

3. 《中共中央关于废除国民党的"六法全书"与确定解放区的司法原则的指示》。

4. "中华民国宪法"（1946 年）。

5. "中华民国宪法增修条文"（2005 年）。

6. "台湾地区和大陆地区人民关系条例"。

7. 台湾地区"国家统一委员会"："关于一个中国的涵义"说帖（1992 年 8 月 1 日）。

8. 台湾当局"台海两岸关系说明书"（1994 年）。

9. 台湾地区"释字第 31 号解释"。

10. 台湾地区"释字第 85 号解释"。

11. 台湾地区"释字第 117 号解释"。

12. 台湾地区"释字第 150 号解释"。

13. 台湾地区"释字第 261 号解释"。

14. 台湾地区"释字第 328 号解释"。

15. 台湾地区"释字第 329 号解释"。

16. 台湾地区"释字第 509 号解释"。

17. 台湾地区"释字第 710 号解释"。

18. "民进党党纲"（1991 年）。

六、网络类文献

1. 《蔡英文"中华民国现行宪政体制论述"真假之辨》，资料来源：http：//www. chbcnet. com/zjps/content/2015-06/06/content _ 1129583. htm。

2. 《国台办发言人就台湾选举及周子瑜事件答记者问》，资料来源：http：//www. taiwan. cn/xwzx/bwkx/201601/t20160116 _ 11366642. htm。

3. 《国台办新闻发布会辑录（2013-10-16）》，资料来源：http：//www. gwytb. gov. cn/xwfbh/201310/t20131016 _ 5042316. htm。

4. 《洪秀柱提"一中同表"：整个中国内部宪政治权分立》，资料来源：http：//news. ifeng. com/a/20150515/43766830 _ 0. shtml。

5. 《陆委会：正面看待大陆务实面对我"宪法"》，资料来源：http：//www. crntt. com/doc/1041/3/7/6/104137633. html? coluid = 0&kindid = 0&docid = 104137633。

6. 《马英九："中国大陆仍是我们的领土"》，资料来源：http：//news. sina. com. cn/c/2013-10-18/075628466460. shtml。

7. 《马英九：两岸关系可从两德统一的历史经验中学习》，资料来源：http：//taiwan. huanqiu. com/article/2014-09/5149662. html。

8. 《马英九：中国大陆还是我们"宪法上的国土"》，资料来源：http：//news. 163. com/13/0612/11/915RJLT800014JB6. html。

9. 《马英九"总统"接受墨西哥〈太阳报〉的专访》，资料来源：www. prisident. gov. tw。

10. 《马英九称蒋介石最大贡献是"定宪法涵盖全中国"》，资料来源：http：//taiwan. huanqiu. com/news/2011-06/1763082. html。

11. 《马英九回应国台办：台湾前途由 2300 万人决定》，资料来源：

http：//war. 163. com/14/0612/09/9UHE3HGK00014OVF. html。

12. 《民进党：依"中华民国"宪政确保海峡稳定》，资料来源：http：//www. crntt. com/doc/1041/3/7/9/104137957. html？coluid = 0&kindid = 0&docid = 104137957。

13. 《倪永杰答中评：两岸将走向冷和平!》，资料来源：http：//www. crntt. com/doc/1040/9/1/7/104091780. html？coluid = 136&kindid = 4711& docid = 104091780&mdate = 0119095236。

14. 《实录：国台办主任张志军介绍"习马会"成果并答问》，资料来源：http：//news. sohu. com/20151108/n425615915. shtml。

15. 《王毅：台湾新执政者"违宪"不可想象》，资料来源：http：//www. crntt. com/doc/1041/3/6/9/104136983. html？coluid = 0&kindid = 0&docid = 104136983。

16. 《王毅宪法说　大陆观点-过度解读恐昙花一现》，资料来源：http：//www. chinatimes. com/cn/newspapers/20160301000394 - 260109。

17. 《习近平提"坚持两岸共同政治基础不动摇"等四点意见》，资料来源：http：//www. chinanews. com/tw/2015/11 - 07/7611419. shtml。

18. 《习近平总书记会见台湾和平统一团体联合参访团》，资料来源：http：//news. xinhuanet. com/politics/2014 - 09/26/c_1112641354. htm。

19. 《谢长廷："宪法各表"是对两岸现况最精确描述》，资料来源：http：//taiwan. huanqiu. com/news/2014 - 02/4845936. html。

20. 《于泽远："九二共识"变成"九二事实"?》，资料来源：http：//www. zaobao. com/news/china/story20160323 - 595863。

21. 《张亚中：蔡英文赢，两岸进入冷内战?》，资料来源：http：//www. crntt. com/crn-webapp/mag/docDetail. jsp？coluid = 0&docid = 104089703。

22. 《张亚中：两岸主权问题不可以模糊》，资料来源：http：//www. crntt. com/doc/1032/2/6/2/103226249. html？coluid = 0&kindid = 0&docid

=103226249&mdate=0617010356。

23.《中国民主同盟关于否认伪国大伪宪法伪总统的紧急声明》,资料来源:http://www.dem-league.org.cn/mswx/1195/15991.aspx。

24. 张遂新:《打击"台独",不应误伤台湾民心》,资料来源:http://hk.crntt.com/doc/1040/8/8/3/104088317.html?coluid=0&kindid=0&docid=104088317。

25. 郑海麟:《论两岸关系中的"未完成继承"问题》,资料来源:http://www.21ccom.net/html/2016/gtzc_0229/1956.html。

26. 中国台湾网:《国台办发言人就台湾选举及周子瑜事件答记者问》,资料来源:http://www.chinanews.com/tw/2016/01-16/7719093.shtml。

27. 中时电子报:《蔡英文:中华民国宪政体制下推动两岸关系》,资料来源:http://www.chinatimes.com/cn/realtimenews/20150604002766-260407。

后　　记

　　本书是在我博士学位论文的基础上略加修改而成的。给自己的博士论文和学术专著撰写后记，无疑是一件令人欣喜不已的事。可以说，自攻读博士学位的第一天起，我就对自己未来学术专著和博士论文的后记抱有很大的期待，我好奇自己将以怎样一段文字来总结自己学术生涯中的一个重要的节点。然而，在完成博士论文写作，提笔撰写后记的过程中，在此之后一次次修改这篇后记的过程中，我却不免失落。因为我发现自己能够在数月之内，洋洋洒洒地写出二十余万字的论文，却无法在更长的时间内写出一篇自己梦想中充满诗意和文采的论文后记。或许是浸润在大量论述性的文字之中太久的缘故吧，我竟一时间无法寻找到合适的感性语汇去表达自己的心意，也难怪有朋友称我是一个可以准确地表达，但却无法精美地表达的人。不过，也许遗憾才是人生中值得记住的闪光点吧，那么，就让我用一篇略带遗憾的后记，来结束这篇博士论文，结束这部著作，也结束这段与之密切相联的，值得记住的时光吧。

　　正如开篇所言，本书是在我博士学位论文基础上略加修改而成的，而我对书稿的遗憾，也就藏在"略加修改"这四个字当中。撰写博士论文的过程，就是一个不断集中肯定和否定自我的过程。十个月的写作，在思考和研究台湾地区宪制性规定法理定位问题的过程中，我无数次提出令自己"满意"的观点，又无数次在接受新的观点和思路之后，推翻自己的

后　记

观点，这个过程，痛苦却又无比幸福。尽管我无法体会母亲孕育孩子时的感觉，但我仍愿意将这篇论文视为我的孩子，犹记得初稿完成的那个夜晚，我竟兴奋地叫道，"十月怀胎，一朝分娩，我的孩子终于出世了！"然而，在初稿完成之后，这种肯定和否定的循环却未能终结。在经历论文预答辩、答辩之后，我一度萌生大幅度修改论文的想法，甚至拟定了逐章逐节重新检讨、翻修的宏大计划。然而，自入职武汉大学法学院，实现从博士生到高校教师的身份转换之后，我的这一高歌猛进的想法，却为繁忙的教学科研工作所摧垮。2016年末的某一日，我最终不得不承认，"略加修改"之后，将文章付梓出版，接受学界师友的进一步批评指正，似乎是更为切合实际的选择。然而，苦于杂事缠身，书稿真正最终定稿，竟到了2017年五月底我在台湾东吴大学访学之时。此后，这本著作的付梓又屡经波折，仅在出版阶段就延宕了一年有余。2018年11月的某一天，我终于接到责任编辑的消息，告知我书稿即将出版。于是，在这样一个静谧的夜晚，我独自藏在一间小屋，打开了已经尘封许久的这篇后记，一字一句地重读、修改起来……

能够进入台湾问题研究领域，得益于我的恩师周叶中教授。2013年刚刚开始攻读博士学位时，导师指点我选择的第一个具体研究对象是两岸协议，在研究过程中，我陆续与导师周叶中教授合作完成了《论两岸协议的接受》等系列论文，对两岸协议的实施过程完成了较为系统的理论梳理。在与导师合作完成专著《两岸协议实施机制研究》的写作之后，我的研究对象转向"法治型"两岸关系研究，即探讨如何在台湾地区政党轮替常态化的背景下，运用法治思维和法治方式确认、保障和推进两岸关系和平发展。然而，2014年以来两岸关系不断遭遇波折，如何运用法治思维，尤其是宪法思维，为一个中国原则提供法理支撑，进一步拓展两岸政治交往空间，逐渐成为当务之急，而以充分的学理论证廓清台湾地区现行"宪法"的法理定位更是其中的焦点性话题。因此，在导师的指点下，我最终选定了与这一问题密切相关的台湾地区宪制性规定法理定位问题作为自己的博士论文选题。可以说，虽然攻读博士学位期间，我都以台湾问题为研究方向，但具体研究对象却与这一题目的关联度不高。因此，在选定这一题目作为博士学位论文选题时，尽管我深知这一问题的重大理论与实践意义，但内心不免有些忐忑，更是屡有退缩的想法。但是，在恩师的支持和勉励下，我最终还是选择硬着头皮去思考和研究这一问题。将近一年的"头脑风暴"，让我对"中华民国"问题、"中华民国宪法"问题的认知有了不少提升，许多原本浅显的想法，也在写作的过程中得到升华。在这个过程中，我更是"被迫"了解、思考和研究与这一问题相关的许多涉及两岸政治关系的重大问题，更是因之翻阅了大量宪法学基础理论的论著，从而获取了许多之前从未关注过的知识，产生了不少思想的火花。在撰写博士论文的过程中，两岸关系风云突变，"中华民国宪法"更是屡屡成为两岸关系论域内的"高频关键词"，这让我充分感知到自己论文的研究价值。现在回想这篇论文从选题到写作的全过程，我不由地敬佩恩师当初的远见卓识，更感激老师对我坚定的支持。我想，若是少了来自老师的这份肯认，我定然无法坚持，更无法有如此之多的收获。在论文完成之际，我并不奢望这篇简单的博士学位论文能解决横亘于两岸之间多年的台湾地区宪制性规定定位问题，只期望这篇论文能为解决这一问题贡献出点滴智慧，略尽自己的一份绵薄之力。

作为一篇"规范"的后记，致谢总是不可或缺的一部分。回想2010年，我选择报考武汉大学法学院，下定决心改变自己大学前三年颓废与慵懒的生活状态。在经历了长达十余个月的研究生考试复习之后，我终于惊险通过考试，得以进入武汉大学学习，开始了一段令自己都难以置信的全新旅程。时光如白驹过隙，在过去的这段旅程中，我应当感谢太多曾帮助和支持过我的人们。

在论文完成之际，我首先要感谢我的恩师周叶中教授和师母陈丹频老师。正如2013年我在硕士论文的后记中所言,在来到武大读研之前,我不敢奢想能听老师的一堂课,更无法想象有朝一日跟随老师攻读博士学位,这对我这样一个平凡得不能再平凡的人而言无疑是一种莫大的荣幸与奖励。光阴稍纵即逝,今日再次读起这段文字,心中唯有对恩师的感激之情。这些年来,老师对弟子的鼓励、鞭策、提携和关爱,都让我须臾不敢忘怀,而老师提出的做学问要从中国实际出发、从百姓的利益出发、提出建设性意见的要求,更是时时刻刻影响着我。恩师对我的恩情天高地厚,学生无以为报,唯有在以后的学习和工作之中,继续努力,以求不辜负老师对我的期望。

感谢武汉大学法学院的秦前红老师、陈晓枫老师、江国华老师、祝捷老师、伍华军老师、胡芬老师、徐晨老师、李炳辉老师和黄明涛老师等对我的帮助和支持,他们或在课堂上授予我宝贵的知识,或为我的论文提出许多具有重要借鉴意义的意见,让我收获颇多。感谢安徽大学程雁雷老师,福建师范大学杜力夫老师,中国人民大学王英津老师,北京联合大学朱松岭老师、陈星老师,中国社会科学院刘佳雁老师,海峡两岸关系法学研究会尹宝虎秘书长、张自合老师、许颖老师、张天泽老师,厦门大学彭莉老师、季烨老师、唐桦老师,上海台湾研究所倪永杰老师、张笑天老师,西北政法大学管华老师,中国社会科学院刘山鹰老师,清华大学聂鑫老师,惠州学院段皎琳老师,河南师范大学王鹤亭老师,福建社科院刘凌斌老师等师长对我学习和科研工作的帮助、支持和鼓励。在此,向诸位老师表示诚挚的感谢!

在我的博士论文答辩过程中,答辩委员会的各位老师对文章中的许多观点和不足均提出了十分有理论和实践价值的意见。在论文的匿名评阅中,三位匿名评审人均对论文文稿提出过极具针对性的意见建议。在此,作者特向组成论文答辩委员会的北京大学湛中乐教授、华中科技大学曹海晶教授和武汉大学秦前红教授、陈晓枫教授、江国华教授,以及三位匿名论文评阅专家表示最诚挚的感谢！

珞珈山下求学五年，由硕及博，诸多同窗好友使我受益良多。首先必须感谢我的师兄叶正国，叶师兄曾多次与我深入探讨，帮助我认真推敲观点，明晰逻辑，每每在论文撰写过程中遇到困难时，他总会给予我重要的启发和鼓励，助我认真思考，突破瓶颈。感谢我的师兄、师姐，张彪、刘文戈、蔡武进、朱道坤、张鲁萍、左文君、涂云新、高冠宇、谢忠华、刘桂新、张倩、张莺、王艺璇、张霄龙、周旸扬、周海源、张珮钰等，以及博士同班同学张小帅、陈婕、付婧、余超、彭超、韩玉亭等在我攻读博士学位期间给予我的帮助和支持。感谢莫广明、张培、向雪宁、刘言、章小杉、汤景业、游志强、宋静、王萌、沈拓、赵天、赵嘉君等与我一同参与过两岸关系研究的师弟师妹，在博士论文写作的过程中，他们都曾以不同方式为我提供过帮助和支持。师弟庞远福、苏绍龙、李卓、刘一鋆、林骏等虽并非专注于台湾问题研究，但他们亦在我论文写作的过程中，从自身的研究方向出发，或分享观点，或提供资料，为我的写作提供了不少帮助。硕士学习期间的结识好友徐婧、黄琰童、陈建科、娄旭和谢垚琪等一直以来对我帮助颇多，与他（她）们在一起的日子是快乐的，我相信，我们的友谊将天长地久。值得一提的是，我自中学起的挚友张子杨在2015年赴台"自由行"期间，还碰巧被我"抓住"，奔波十余公里为我寻到一本与本书写作相关的台版书籍，在此一并致谢。

武汉大学台湾研究所林子荣博士、中国人民大学国际关系学院毛启蒙博士、对外经贸大学国关学院庄吟茜博士、厦门大学台湾研究院王贞威博士、南京大学台湾研究所张萌博士等，都是我有幸在从事两岸关系研究过程中结识的学友，他们皆是本领域的青年才俊，他们都曾以不同方式为我的论文写作提供过帮助，在此向他们表示感谢。

本书的出版无疑应感谢九州出版社的支持和帮助，使得这部著作有了面世的机会。

后　记

最后，我必须感谢我的亲人，没有你们的支持，我想我不仅难以完成这篇论文，更难以完成多年的学业。唯将此文献给养育我多年的母亲、视我如己出的岳父、岳母和值得我珍爱一生的妻子，希望你们平安、幸福。

段　磊

二〇一六年五月十九日凌晨　初稿　于江城武汉
二〇一七年五月三十日夜　二稿　于台北·外双溪
二〇一八年十一月二十九日夜　定稿　于广州·石牌桥